立德
树人

高等学校学生管理法治化研究丛书

良法与善治

高等学校学生管理法治化论纲

卢少华◎著

知识产权出版社
全国百佳图书出版单位

图书在版编目（CIP）数据

良法与善治：高等学校学生管理法治化论纲 / 卢少华著. — 北京：知识产权出版社，2016.8
ISBN 978-7-5130-4418-9

Ⅰ.①良…　Ⅱ.①卢…　Ⅲ.①大学生—法制教育—研究—中国　Ⅳ.①G641.5 ②D920.4

中国版本图书馆CIP数据核字（2016）第206296号

内容提要

本书系"高等学校学生管理法治化研究"丛书的基础理论研究篇，该书秉承立德树人的宗旨，以中国特色社会主义法治理论为指导，科学界定高校学生管理法治化的内涵、原则，提出德育与法治结合，管理与育人结合，良法与善治是实现高等学校学生管理法治化的基本途径。同时该书以问题为导向，坚持理论与实践相结合，选取当前高等学校学生管理中热点、难点问题，进行深入透彻的法理分析，并提出了有针对性的建议对策，具有较强的理论性、指导性、针对性和实用性。本书对于高校教育工作者、从事高等教育管理和法学研究的学者、教育主管部门的管理者有一定的参考和借鉴价值。

责任编辑：杨晓红　　　　　　　　责任出版：卢运霞
封面设计：李志伟

良法与善治：高等学校学生管理法治化论纲
卢少华　著

出版发行 知识产权出版社有限责任公司	网　　址：http://www.ipph.cn
社　　址：北京市海淀区西外太平庄 55 号	邮　　编：100081
责编电话：010-82000860 转 8114	责编邮箱：1152436274@qq.com
发行电话：010-82000860 转 8101/8102	发 行 传 真：010-82000893/82005070/82000270
印　　刷：北京中献拓方科技发展有限公司	经　　销：各大网上书店、新华书店及相关专业书店
开　　本：787mm×1092mm　1/16	印　　张：18.5
版　　次：2016 年 8 月第 1 版	印　　次：2016 年 8 月第 1 次印刷
字　　数：300 千字	定　　价：49.00 元
ISBN 978-7-5130-4418-9	

总 序

党的十八届四中全会就全面推进依法治国进行专门部署，全面依法治国被纳入"四个全面"战略布局。十三五规划要求政府活动全面纳入法治轨道。教育事业是国民经济和社会发展的重要内容，与人民群众利益息息相关，也关系着国家和民族发展的未来。加强依法治校、推进教育法治是促进教育事业蓬勃发展的关键，是维护人民群众合法权益的保障，也是实现中华民族伟大复兴中国梦的基础。学生是教育工作的主体，推进高等学校学生管理法治化是高校依法治校，规范学校管理，保障学生权利，构建现代大学制度的重要内容。

"高等学校学生管理法治化研究"丛书包括了理论研究、案例评析以及实践指导等内容。该丛书具有立意准、视角新和实用性强等特点。

第一，立意准。丛书坚持正确方向，以中国特色社会主义法治理论为指导，坚持弘扬法治精神，运用法治思维和法治方式促进高校学生管理法治化。丛书强调贯彻国家的教育方针，以立德树人为根本任务，通过法治文化育人，培养德、智、体、美等全面发展的社会主义建设者和接班人。

第二，视角新。丛书基于法治视角，对高等学校学生管理中所涉及的学籍、奖助、网络行为、心理健康教育、后勤服务、就业创业以及学生民主参与等管理内容进行了较为系统深入的法理剖析，并提出了法治化的对策建议。

第三，实用性强。丛书以问题为导向，在实证调研的基础上，全面梳理了高校学生管理法治化的现状和存在的主要问题，并进行了理论分析和归纳。同时撰写了案例分析和实践指导书，对推进高校学生管理法治化具有一定的指导意义，可作为高校学生工作者从事学生管理工作的参考书。

卢少华同志现任中国政法大学学生工作部部长，长期工作在高校学生管理工作第一线，具有丰富的管理和育人经验，掌握了大量实践案例，同时他坚持理论与实践相结合，潜心研究，不断创新，为我们提供了有价值的经验和思考。

该丛书是他带领中国政法大学学生工作者探索高校学生管理法治化的一次有益尝试，也期待他以及更多的教育工作者参与到教育法治的研究中，为我国教育法治的发展和教育事业的进步贡献力量。

中国行政法学研究会会长
中国政法大学副校长
马怀德
2016 年 7 月

自序

法治视野　人文情怀

科教兴国,人才强国。教育关系国家和民族的未来,也关系世界的和平与发展。立德树人,培养中国特色社会主义事业的建设者和接班人是中国教育事业的神圣使命。育人为本,德育为先,促进学生自由全面发展是教育的本质要求,高等学校学生管理[①]是集教育、管理、服务于一体的育人工作,对人才培养有重要的引领、规范、塑造功能,是人才培养重要的、不可分割的有机组成部分。学生管理法治化实质是法治文化育人,是人文精神、科学精神、公共精神、法治精神的体现,是实现管理科学化、人性化的制度保障与实施过程,是培养学生公民素质、建设社会主义法治国家的基础性、战略性、系统性工程。

一、高等学校学生管理法治化是落实依法治国方略,构建现代大学制度的必然要求

以习近平为总书记的党中央高度重视法治建设。十八届四中全会是自改革开放以来,在党的历史上首度以"依法治国"作为全会主题,通过了《中共中央关于全面推进依法治国若干重大问题的决定》,明确了全面推进依法治国,"建设

---

① 本书所使用的高等学校除在章节标题中使用之外,在正文中统一简称为高校。

中国特色社会主义法治体系，建设社会主义法治国家"的总目标。

贯彻落实依法治国方略，建立现代大学制度，规范和理顺大学与政府、社会的关系以及学校内部治理结构就必须依法治校，学生管理法治化是依法治校有机组成部分。也是学校科学、民主、依法决策，深化教育改革，凸显办学特色，提升人才质量的制度保障。

高校学生管理法治化是指高校在学生管理服务中，为落实立德树人根本任务，促进学生德智体美全面发展，保障学生权益，规范学校管理，依据宪法、法律法规，制定科学完备的规章制度，以调整学生管理各主体之间的权利义务关系，培养学生公民素质，推进依法治校，实现良法善治的过程。高校学生管理法治化是育人与管理相结合，德育与法治相结合，是服务和促进大学生健康成长成才的法治文化育人工作。

党的十八届四中全会《中共中央关于全面推进依法治国若干重大问题的决定》提出 "法律是治国之重器，良法是善治之前提"。对高校而言，学生管理法治化应基于教育目的立德树人和法治目标公平正义相结合，推进良法与善治相结合。

"良法"是指高校在构建大学章程以及各项规章制度时，必须依据宪法和法律等上位法，符合科学性、教育性、规范性和实用性原则。在内容上必须符合立德树人之教育目的，贯彻社会主义核心价值观，体现社会发展规律、教育规律以及学生成长成才的规律。在价值上，符合社会公平正义，有利于维护学校管理秩序，维护学生权利，促进学生健康成长。在形式上，必须逻辑一致，条理清晰，体系完备。

"善治"是指高校在学生管理过程中，必须贯彻立德树人的教育观念，强调育人为本，德育为先；提升师生法治信仰，营造法治文化；严格依法管理，遵循正当程序，维护学生权利；尊重学生主体，保证学生参与；完善体制机制，师生民主共治；公开社会监督，实现育人目标。

从当代高等教育发展的趋势来看，高校学生管理法治化是大势所趋。西方国家通过教育立法保障大学自治，在学生管理领域注重学生事务管理的法治化，体现了自由主义、个人主义为内核的法治观。由于文化传统、社会制度、国情社情不同，因此中外高等学校所承担的任务不同，指导思想、理念也不同。

我国高校学生管理法治化应当以马克思主义和社会主义法治理念为指导，贯彻党的教育方针，保证社会主义办学方向，以中国宪法、法律为依据，以立德树人为宗旨，以育人为核心，以科学管理为基础，以突出学校特色、解决实际问题为导向，以中国文化、世界文明、时代要求相结合为依托，以培养有社会责任感、创新精神、实践能力的，为社会主义现代化建设服务、为人民服务的德智体美全面发展的中国特色社会主义建设者和接班人为目标。这是我们进行高校学生管理法治化理念塑造、价值分析、制度建构等顶层设计的前提和基础。

二、高等学校学生管理法治化是应对和解决高等学校学生管理工作难题，提高工作科学化水平的必然选择

随着时代的发展和社会的进步，随着人们法治理念和权利观念增强，高校学生管理实践中出现了观念碰撞、价值矛盾和权利冲突等一系列问题，高校与学生之间法律纠纷呈不断上升趋势。而且随着教育部《全面推进依法治校实施纲要》的实施、《行政诉讼法》的修改以及教育行政诉讼案件列入最高人民法院公报公布的第九批指导性案例，教育行政案件纳入行政诉讼受案范围的要求进一步明确，司法介入将成为每个高校学生管理工作面临的新常态。

但是，司法不是万能的良药。司法虽然具有裁决的最终性，但毕竟受理范围有限，并不能涵盖高等学校学生管理实践中出现的诸多复杂问题。尤其在当前社会转型和利益多元化的大形势和背景下，一些问题的产生具有政治、经济、文化、社会等多方面的深刻原因，涉及高等教育领域改革的深层次问题，甚至涉及医疗、劳动、就业等社会民生的热点、难点问题。此类层出不穷的新问题给当前高校学生管理带来了巨大挑战。对于管理者而言，"老办法不管用，新办法没得用，硬办法不能用"；对于学生等利益相关方而言，则是"一心诉求、一肚怨气，一腔愤懑"；当矛盾纠纷无法通过正规合法途径予以解决时，最终往往走向两个极端，或是无原则的妥协，或是无底线的激化。无论哪种情况，都没有真正的赢家。更为严重的，它是以牺牲大学立德树人、传承社会主流价值观的教育形象，牺牲社

会规则和公平正义为代价的。

那么，如何解决这些复杂的问题？对此，习近平曾指出，要发挥法治的引领和保障作用，坚持运用法治思维和法治方式解决矛盾和问题。并强调，要努力推动形成办事依法、遇事找法、解决问题用法、化解矛盾靠法的良好法治环境，在法治轨道上推动各项工作。的确，法治作为当代中国民主政治的基石，是解决当今难题的最好方法。要破解当前高校学生管理的难题，必须遵循法治理念，实现高校学生管理的法治化。将高校学生管理纳入法治轨道，做到遇事找法、解决问题靠法。解决问题的思维和方法应由"情、理、法"并用变为"法、理、情"并用。法，以事实为依据，以法律为准绳，公平正义，分清责任，这是解决问题的根本和关键；理，讲明道理，以理服人；情，真诚沟通，人文关怀。

三、高等学校学生管理法治化是高校落实立德树人任务，法治文化育人的必要保障

我国高等教育的根本任务是立德树人。我国的《宪法》《教育法》和《高等教育法》都有清晰的表述。而立德树人的根本任务赋予了我们学生管理的职责，远远超过西方高等教育学生事务管理的职责。我们学生管理有其鲜明的指向和丰富的内涵。《宪法》第24条规定"国家通过普及理想教育、道德教育、文化教育、纪律和法制教育，通过在城乡不同范围的群众中制定和执行各种守则、公约，加强社会主义精神文明的建设。国家提倡爱祖国、爱人民、爱劳动、爱科学、爱社会主义的公德，在人民中进行爱国主义、集体主义和国际主义、共产主义的教育，进行辩证唯物主义和历史唯物主义的教育，反对资本主义的、封建主义的和其他的腐朽思想。"明确了教育内容；《高等教育法》第3条规定"国家坚持以马克思列宁主义、毛泽东思想、邓小平理论为指导，遵循宪法确定的基本原则，发展社会主义的高等教育事业。"对高等教育事业提出了明确的要求；第53条规定"高等学校的学生应当遵守法律、法规，遵守学生行为规范和学校的各项管理制度，尊敬师长，刻苦学习，增强体质，树立爱国主义、集体主义和社会主义思想，努力学习马克思列宁主义、毛泽东思想、邓小平理论，具有良好的思想品德，掌握

较高的科学文化知识和专业技能。"对学生提出了明确的要求。这是我们对学生进行思想政治教育、德育和管理的法律依据。

高校不仅对学生进行知识教育，更重要的是培养学生树立正确的世界观、人生观和价值观，培养学生优良的品德和完善的人格。学生管理法治化，应当弘扬遵纪守法、公平正义的法治精神，但是如果没有以人为本、尊重人权的人文精神，实事求是、求真务实的科学精神，天下为公、责任担当的公共精神的滋养，法治精神是不完整的。

所以，高校学生管理法治化是以学生为本，充满着人文关怀的，绝不只是法律意义上的定纷止争。在学生管理法治化的工作中，管理者既要严格执行规则，也要防止机械的、消极的照章办事。要充分发挥制度的引领、预测、评价、激励、约束、规范、塑造之育人功能，积极地营造人人知晓规则、人人遵守规则、人人善用规则、充满人文关怀的法治育人文化。法治育人文化的核心是立德树人，是集人文精神、科学精神、公共精神和法治精神为一体的育人文化。学校的一切教育管理工作都是为了学生健康成长成才。

我们应当通过学生管理法治化，引领学生积极培育和践行社会主义核心价值观，教育学生遵纪守法，遵守公民道德规范，遵守《高等学校学生行为准则》，遵守学校管理制度，养成良好的道德品质和行为习惯；教育学生刻苦学习，勇于探索，锐意创新，积极实践，努力掌握现代科学文化知识和专业技能；教育学生积极锻炼身体，具有健康的身心，良好的社会适应能力；教育学生有高雅的生活情趣和健康的审美观。促进学生全面发展。

四、高等学校学生管理法治化是培养学生公民素质，建设社会主义法治国家的基础性、战略性、系统性工程

公民是现代社会、法治国家的基础。公民能够依据宪法和法律明确自己和他人、社会、国家之间的权利义务关系，具有独立人格、独立判断、独立选择、独立责任，积极地参与社会生活，并依法享有权利、承担义务的基本素质。公民应做到权利与义务相结合，因为没有无义务的权利，也没有无权利的义务。公民应依法维护自身的正当权利，同时，公民在行使自己权利的时候不能妨害他人的权利以及公共利益。一方面，要培养学生的公民素质，特别是法治思维、规则意识和制度自觉，任务迫切而艰巨；另一方面，全面推进依法治国方略，建设自由、平等、公正、法治的社会，建设人人平等的制度文明，要有一个艰辛的历史过程，任重而道远。

大学生是建设社会主义法治国家的骨干和生力军，他们的公民素质如何关系到社会主义法治国家建设的成败。学生管理法治化对学生公民素质培养极为重要。所以，我们要提升对学生管理法治化的认识，从人才培养的高度，从建设社会主义法治国家的高度看，这是一项培养社会主义社会公民，建设社会主义法治国家的基础性、战略性、系统性工程。

作为一名学生工作者，如何推进高校学生管理法治化，做好育人工作，一直是笔者思考和探索的问题。结合自身三十年的工作实践以及学校法科的专业特色，笔者尝试从理论和实践两个层面对高校学生管理法治化进行梳理。在理论方面，通过本书《良法与善治：高等学校学生管理法治化论纲》来探索，在实践方面，通过《法理与情怀：高等学校学生管理法治化案例评析和实务指导》《规范与事实：高等学校学生管理法律法规释义及适用指南》来总结。

当前的高校学生管理法治化的相关研究主要集中在教育学和法学领域，多数采用行政法学的研究范式，立足于学生权利保护，分析批评当前高校学生管理体制和机制的弊端，提出要限制高校权力等建议。对此，本书坚持以学校和学生之间权利义务的平衡理念来理解高等学校学生管理法治化，即贯彻党的教育方针，规范学校管理，保障学生权利，追求公平正义，促进学生自由、个性、全面发展，培养优秀人才。

在界定高校学生管理、法治化等基本概念后，本书提出高校学生管理法治化价值在于能促进学生管理秩序的建立和学生全面发展，对于实现立德树人根本任务具有重要意义。而良法、善治、守法是实现法治化的基本路径。随后，立足于法治理念，本书从高校和学生法律关系入手，探究高校的法律地位，高校和学生之间法律关系的属性，就此提出应遵循法治精神，平衡高校权力和学生权利之间的关系，要规范高校权力运行，实现依法管理；亦保障学生权利行使，维护合法权益。本书认为高校学生管理法治化应当遵循立德树人、合法性、合理性、正当程序、诚实信用等基本原则。

任何研究最终是要解决问题。当前学生管理法治化研究多集中在学位授予、违纪处分等权利冲突的问题上。而实践中我国高校学生管理涉及领域众多，不仅有学籍管理、奖助管理，还有心理健康教育、就业创业等学生事务服务领域，甚至还有宿舍管理、食堂管理、医疗保障等后勤服务领域，我国高校学生管理的内容远超过国外高校学生事务管理的范围，其难度更大，法治化的挑战也更大。

对此，我们坚持以问题为导向，从学籍管理、奖助、惩戒、网络行为管理、心理健康教育、危机事件处理、学生就业创业、后勤服务与管理、学生民主参与和争议解决等领域，探讨高校学生管理法治化的实践运行。通过分析各领域基本的法律制度，存在的法律难点和热点问题，提出了相应的建议对策。当然因为种种原因，对于留学生、志愿服务、党团活动等领域的管理问题在本书分论中未能涉及，留下了些许缺憾，也希望本书再版时能够丰富这部分内容。

高校学生管理法治化，作为依法治国基本方略在学生管理领域的落实体现，其不仅需要高等教育工作者的努力，还需要社会公众法治素养的提升和社会整体法治环境的培育，绝非一朝一夕就可以完成的大事，其间要遇到的艰难险阻也定然不少。但是我们相信，只要不忘立德树人的初心，为了所有学生的健康成长成才，心怀法治信仰，心有人文情怀，高校学生管理法治化的美好前景就并不遥远。

目录

上篇　总论

下篇　分论

上 篇

总 论

导论：高等学校学生管理法治化的现状及问题

　　党的十八届四中全会明确提出了全面推进依法治国，"建设中国特色社会主义法治体系，建设社会主义法治国家"的总目标。提升高校学生管理法治化水平，实现高校依法治校是建立现代大学制度、落实依法治国方略的基本要求。伴随着教育部《全面推进依法治校实施纲要》的实施、《行政诉讼法》的修改以及教育行政诉讼案件列入最高人民法院公报公布的第九批指导性案例，教育行政争议纳入行政诉讼受案范围的要求进一步明确。全面了解高校学生管理法治化现状与问题是本书研究的起点，对高校规范学生管理，保障学生权利，推进学生管理法治化具有重要意义。我们通过在高校开展问卷调研和访谈、到教育行政管理法制部门调研和对近二十年高等教育典型案件进行梳理，以期全面了解高校学生管理法治化的现状与问题。

　　调研选取华东、华南以及西北等不同地区具有代表性的 8 所高校（教育部直属院校 4 所，省属院校 4 所，其中有 985 院校 3 所，211 院校 4 所）为样本来源，就学生管理法治化实践中的规章制度建设、机制运行状况、教师和学生等相关群体的法治素养及其对学生管理法治化的关注度、认可度进行了调研，以期把握当前高校学生管理法治化的现状以及存在的问题。调研采用自编的调查问卷进行数据收集，共发放问卷 520 份，其中教师发放 120 份，学生发放 400 份，回收问卷 510 份，有效问卷为 458 份，有效率 88.1%。问卷内容涉及学籍管理、违纪处分、奖助学金评定、就业创业、后勤服务、心理咨询、校园安全管理以及学生民主参与等。

　　本次受访教师为高校学生管理相关人员，其中学生辅导员占 68.3%，学生处、校团委工作人员占 25.7%，班主任（专任教师）占 5.0%，其他党政机关人员 1.0%；受访教师中从事学生管理工作的时间为 1~5 年为 70%，6~10 年的为 24%，11~15 年的为 6.0%。受访学生年级分布情况为：大一年级学生 24.4%，大二年级学生 15.7%，大三年级学生 35.7%，大四年级学生 24.2%。样本基本覆盖高校学生管理工作的各个方面，能够较好反映高校学生管理法治化的利益相关方的意见。

一、高等学校学生管理法治化基本态势良好

调研显示，各受访高校虽在专业背景、管理体制等方面有所不同，但在高等教育领域综合改革不断深入的大趋势下，推进学生管理法治化，提升依法治校水平已经成为各高校的普遍做法。

（一）高等学校学生管理的规章制度体系不断完善

科学完备的法律法规体系是法治建设的前提和运行的基础。近年来，我国高等教育法治建设发展迅速，《高等教育法》《普通高等学校学生管理规定》等一系列法律规范，为高校依法进行学生管理提供了坚实基础。目前高校都很重视学生管理的规章制度建设，调研显示，各受访高校均依照法律法规的原则和规定，制定了本校学生管理的具体规章制度。这些规章制度涉及学籍管理、违纪处分、奖助学金评定、后勤服务和校园安全管理等各方面，较为全面详尽地规范了学生在校期间的行为。而规章制度制定生效后，受访高校则多以《学生手册》、校园网公布等方式在全校范围公开，部分高校还编撰了《学生管理典》，并通过入学教育、专题宣传等方式让师生知晓并遵守。这些规章制度为高校有效开展学生管理提供了制度依据。

（二）高等学校学生管理规章制度实施水平获得师生较高评价

徒法不足以自行。高效的法治实施体系是法治建设的生命线，高校学生管理法治化的关键在于规章制度的执行。调研显示，受访各高校学生管理的规章制度整体实施程度较好，获得受访师生较高的评价和认可。调研中我们设计以 5、4、3、2、1 分依次表示非常严格、比较严格、一般、不太严格、不严格的选项来征求教师对于各项规章制度执行情况的意见，对于学校学籍管理、奖助学金评定、违纪处分和校园安全管理，受访教师平均得分均超过 4 分，分别为 4.2574 分、4.2178 分、4.0990 分和 4.0200 分。在奖助学金评定和校园安全管理等关系学生切身利益的问题上，29.6% 的学生认为学校的奖助学金评比工作非常符合公开、公平、公正的原则；41.1% 的学生认为比较符合，即累计超过 70% 以上的学生认为满意；有 21.5% 的学生评价校园安全管理为"很好"，41.1% 的学生认为"比较好"。

（三）高等学校学生管理利益相关方的教师学生群体具有基本的法治素养

公民的法治素养是法治建设的基石，教师、学生群体的法治素养的高低是高校学生管理法治化水平的重要体现。调研中，受访师生表现出基本的法治素养，他们普遍赞同和拥护依法治国的基本方略，认同学生管理法治化的工作理念。受访教师中表现出较强的规则意识和尊重学生权利的意识。如在对学生违规违纪调查程序问题上，受访教师中 89.1% 的教师支持给予学生陈述和申辩的机会，86.1% 的教师认可应对学生进行调查并制作笔录，67.6 的教师谈到对学生处以开除学籍处分前，会以书面形式告知拟被处分的学生有要求听证的权利。受访学生则表现出较强的权利意识和自主的维权能力。如在调查学生是否了解受处分学生的权利救济途径上，64.5% 的学生选择"通过学校正规程序书面申诉"，34.1% 的学生选择"向学校上级教育行政主管部门提出申诉"，16.5% 的学生选择"向人民法院提起诉讼"。关于处分解除，76.4% 的学生愿意采取"学校规定的违纪处分解除办法"处理而非其他手段解决，可见学生非常期待通过制定办法的方式规范处分解除。在调研学生遇到就业法律纠纷如何应对时，77.0% 的受访学生表示，会主动向学校就业中心申请援助；96.3% 的受访学生认为，学校应积极落实"完善用人单位招聘信息审核""就业权益保障纳入教学内容"等措施，保障学生就业合法权益。

二、高等学校学生管理法治化过程存在的问题和不足

虽然基本态势良好，但是由于认识的不同，以及管理水平的差异，高校学生管理法治化在实践中还有一些需要提升和改进的地方。

（一）高等学校学生管理的规章制度体系以及机制的科学性有待提升

综合调研情况，目前高校学生管理基本实现了有法可依，整体制度体系较为完备，但科学性仍待提高。这表现在有些规章制度明显落后于现实发展，有些规章制度内容规定超越权限，有些规章制度制定程序不合法，个别规章制度与上位法律法规冲突等。在调研中，我们也发现有受访学生不认可并质疑学校相关规章制度的情况，如有 46.9% 的受访学生认为宿舍卫生检查影响学生财产安全和个人隐私，应告知学生留寝照看私人物品，70.9% 的学生认为，如果学校检查宿舍卫生时侵犯了个人隐私，会向有关部门反映。有 25.1% 的受访学生表示，心理咨询或学生辅导会影响个人隐私等。当然，在实践中的确出现因学校规章制度不合理，导致学校败诉的案例。

（二）高等学校学生管理的规章制度在严格执行方面尚有不尽如人意的地方

高校学生管理涉及面很广，除学籍、奖助、惩戒等管理之外，和学生日常生活密切相关的后勤服务是非常重要的组成部分。受访师生普遍反映后勤服务是学生管理法治化的短板。受访教师给后勤服务执行规章制度的严格程度打出了 3.6832 的最低平均分，对后勤服务依法依规的程度整体评价较低。而有 51% 的受访学生对于食堂的食品安全和卫生品质表示担心。调研显示，处分、校园安全等学生管理制度在执行中有出现偏差的情况，如调研中受访学生有 7.5% 的人表示曾受过不合规定的处分，12.8% 的人听说其他同学曾受过不合规定的处分。29.1% 的人对同学所受处分决定是否合乎规定存疑。可见部分学生对学校处分决定的合规性和公正性存在质疑。另外在校园安全管理规章制度执行中，有 42.1% 的受访学生反映身边存在使用违禁电器的情况，这反映出学校在查处违禁电器问题时执纪不严。

（三）高等学校学生民主参与学校管理和决策的渠道有待进一步畅通

学生民主参与学校管理和决策是高校学生管理法治化的重要指标，当前各受访高校也在积极推进学生的民主参与，推出校长接待日、学生代表列席校长办公会等诸多措施，但效果并不显著。虽然 42.7% 的受访学生表示学校在制定事关学生切身利益的政策时，都"征求过并重视学生意见"，仍有 26.8% 的受访学生表示"征求过，但只是走走过场"，13.4%的受访学生表示"没征求过，都是学校说了算"。同时学生了解和选择参与学校民主管理和决策的渠道也相对较窄，选择最多的是22.2的学生选择了"参与院级学生代表大会"以及17.7的学生选择了"通过学生社团进行讨论并反馈"。关于学生对于参与民主管理的作用，大部分人选择了"反映学生管理中的现实问题"和"锻炼学生民主参与能力"，相比之下，仅有15.2的学生选择了"直接影响学校决策"，这在一定程度上反映出学生对民主参与的认识还有待提升。

（四）高等学校师生的学生管理法律法规的知识水平有待提升

调研显示，受访师生均表现出认同法治理念等基本的法治素质，但其学生管理相关法律法规知识水平还有待于提升，法治的知识结构有待完善。调研显示，受访教师对高校学生管理的法律法规了解程度普遍不高。仅对《普通高等学校学生管理规定》的了解程度较高，平均得分为3.7624；对《中华人民共和国高等教育法》《中华人民共和国学位条例》《中华人民共和国就业促进法》了解程度的平均得分分别为3.2871分、3.2475分和3.0221分，了解程度均为一般。受访教师和学生还存在着对常用高校学生管理具体规定了解不够的情况，调研中，仅有34.7%的受访教师、5.9%的受访学生能完全准确地回答出违纪处分的法定种类，有54.5%的受访教师、51.7%的受访学生能正确识别需要处以开除学籍的情况。另外，在校生未按学校规定缴纳学费是否影响学籍管理问题的调研显示，只有23.5%的学生选择了正确规定"不予注册"。造成这种情况的原因主要是学生管理法治化培训的普及度和效果有待加强，调研中40.4%的受访教师没有参加过各级教育行政部门和学校组织的学生管理法治化相关培训。

（五）高等学校学生中存在重权利轻义务的模糊认识倾向

法治的基本问题是如何保障权利和履行义务，而高校学生管理法治化的关键就在于权利和义务的冲突和平衡。调研显示，受访学生呈现出较强的维权意识，但出现了忽视责任义务的认识倾向。如在涉及诚信的就业协议解除问题上，只有45%的受访学生表示，毕业生单方解除就业协议会给个人及校方声誉造成不利影响，31%的学生则认为"无伤大雅"，而选择不知道的学生占24%。可见有一半以上的学生对就业协议的法律意义以及诚信的影响不甚了解；再如在调查学生如何处理奖助学金评定结果的异议时，41.7%的学生表示在自己身边出现奖助学金发放不实的现象时会选择举报，58.3%的学生表示不会；另外，面对他人使用违章电器，23.4%的同学会找"宿舍管理员举报"，43.6%的学生"害怕麻烦，不管不顾"，32.9%的学生会"一起使用，共同获利"。这在一定程度上反映了部分学生公共责任意识淡薄。

三、高等学校学生管理法治化热点问题

通过全面梳理近二十年学生诉高校典型案件，发现学生与学校之间的争议主要集中在退学及违纪处分不当影响学生受教育权，违法罚没学生财产，涉及学生隐私权、名誉权等人格权纠纷，学位授予争议以及学生伤害事故处理等几类典型问题。

（一）违纪处分及退学处理不当影响学生受教育权的争议

经过梳理典型案例，学生因违纪开除学籍以及退学处理不当引发学生和高校之间争议较为常见。从1998年田某诉北京科技大学拒发毕业证、学位证[1]，到李张二人诉重庆邮电大学案[2]，再到董某因找"枪手"替考诉郑州某大学开除学籍案[3]和甘露诉暨南大学开除学籍案[4]，这些案件都引起了社会的广泛关注。其中被称为"教育行政诉讼第一案"的田某诉北京科技大学拒发毕业证、学位证案最具典型意义。该案的处理结果表明，根据我国法律、法规的规定，高校具有对受教育者进行学籍管理、奖励或处分的权力，有代表国家对受教育者颁发学历证书、学位证书的职责；高校与受教育者之间属于教育行政管理关系，受教育者对高校涉及受教育者基本权利的管理行为不服，有权提起行政诉讼，高校是行政诉讼的

---

[1] 《最高人民法院关于发布第九批指导性案例的通知》。

[2] 《"女大学生怀孕被开除"两学生不服告学校败诉》，http://www.chinacourt.org/article/detail/2003/11/id/93789.shtml。

[3] 《替考被发现勒令退学"枪手"状告母校郑州大学》，http://www.china.com.cn/chinese/news/1001474.htm。

[4] 《甘露不服暨南大学开除学籍决定案》，http://www.calaw.cn/article/default.asp?id=7717。

适格被告。①而此类案件较为常见的原因在于，开除学籍以及退学处理决定涉及学生身份这一根本问题，直接影响到作为学生重要权利的受教育权。

而分析以上案例中存在的违纪处分及退学处理不当的问题，一是高校的规章制度违反《普通高等学校学生管理规定》中有关违纪处分的规定，恣意扩大开除学籍的法定情形。②二是在实际执行的过程中，高校未能做到错责相适应，罚当其责，有违《普通高等学校学生管理规定》中关于"学校给予学生的纪律处分，应当与学生违法、违规、违纪行为的性质和过错的严重程度相适应"的规定。三是高校未能严格遵循正当程序原则，未依照法定程序作出决定，未按照法定形式进行送达以及未告知学生具有陈述和申辩的权利，侵犯了学生的听证权和申诉权等程序性权利。总之，高校未能坚持处分与教育相结合原则，违反了学校对学生的处分应遵循的程序正当、证据充足、依据明确、定性准确以及处分恰当等基本要求。

（二）学校管理中罚没学生财产、乱收费等影响学生财产权的争议

在高校学生管理中，还存在着"以罚代管"的罚没学生财产，以及乱收费等侵犯学生财产权情况。特别是"以罚代管"罚没学生财产情形并非个案，一些高校甚至将没收和罚款写入了学校的规章制度。例如《西南某大学学生宿舍住宿管理办法》规定：宿管中心和学生所在单位定期和不定期地组织对学生寝室进行安全检查，对违禁物品和违规电器予以没收，对检查结果予以公布和记载。在实践中还出现了长春某学院学生在校内违规停车，被学校罚款200元这样的案例。③此类"以罚代管"的现象甚至在个别知名高校还有存在，特别是在民办高校中比较严重，如有的规定对学生在宿舍抽烟进行罚款，还有的规定对上课缺勤罚款等。

① 《最高人民法院关于发布第九批指导性案例的通知》。
② 《普通高等学校学生管理规定》第五十四条 学生有下列情形之一，学校可以给予开除学籍处分：（一）违反宪法，反对四项基本原则、破坏安定团结、扰乱社会秩序的；（二）触犯国家法律，构成刑事犯罪的；（三）违反治安管理规定受到处罚，性质恶劣的；（四）由他人代替考试、替他人参加考试、组织作弊、使用通讯设备作弊及其他作弊行为严重的；（五）剽窃、抄袭他人研究成果，情节严重的；（六）违反学校规定，严重影响学校教育教学秩序、生活秩序以及公共场所管理秩序，侵害其他个人、组织合法权益，造成严重后果的；（七）屡次违反学校规定受到纪律处分，经教育不改的。
③ 《长春科技学院大学生校内违停 学校罚款200元？》，http://news.xwh.cn/2016/0607/366068.shtml。

究其原因，或许是学校管理者非有意为之，但一定程度上表明了高校管理者的法治意识和法治水平还有待提升。

诚然，在宿舍中使用违规电器会造成巨大安全隐患，为了保证宿舍安全，应该对其进行管理和规范，对于学生校内违规的停车阻碍消防通道，学校确实应当规范。但无论是基于公共安全，还是学校已明令禁止，抑或罚款等已经上交财务处等诸般理由，高校此类没收财物、罚款的行为均违反了《行政处罚法》的规定。根据《行政处罚法》相关规定，行政处罚由具有行政处罚权的行政机关在法定职权范围内实施。没有法定依据或者不遵守法定程序的，行政处罚无效。并且行政处罚只能由法律、法规和规章在法定的范围内进行设定，部门规章和地方政府规章的设定权限都受到了严格的限制，学校规章制度无权随意设定行政处罚，学校不是合法的执行行政处罚的主体，不具备行政处罚权。此外，学校乱收费行为现象曾经一度比较严重，教育部、财政部等部门连续出台了相关规定，进行了集中专项整治。但目前为止仍然存在着少部分学校收取补考费、转专业费等不合理的收费现象。关于罚没学生财产、乱收费等侵犯学生财产权的这类行为必须进行规范和纠正，在学生管理中保障学生的财产权不受侵犯。

（三）涉及学生隐私权、名誉权等人格权的争议

从成都某大学通过教室录像拍摄到男女大学生接吻拥抱而被学校勒令退学[1]到六名学生诉湖南外语外贸学院案[2]，折射出了高校学生管理中要注重学生隐私权、名誉权等人格权的保护。虽然两起案件均因学校对学生勒令退学，影响了学生的受教育权而被诉至法院，但就案情来看，学校还侵犯了学生的隐私权和名誉权。特别是在一男一女学生诉成都某大学案中，学校以监控摄像录制到的影像作为处理学生的事实依据，其合理和合法之处值得商榷。学校为了安全等原因，在公共区域安装了监控录像设备，应同时设置提示标志，并对所录影像的保存、查看和运用应有严格的管理和规范，不得擅自提供用于其他用途。[3]同理，高校应用大数

[1] 《大学生教室接吻被勒令退学学生状告学校》，http://www.people.com.cn/GB/jiaoyu/1055/2782827.html。
[2] 《湖南6名男女大学生同宿案引发"隐私权"大讨论》，http://news.sina.com.cn/s/230699.html。
[3] 详见《北京市公共安全图像信息系统管理办法》。

据对学生开展精准资助，分析、掌握学生行动轨迹，直接涉及大数据应用与学生隐私保护之间的竞合；而对家庭经济困难学生典型事迹的宣传，也涉及其家庭背景以及人生经历等隐私问题，以上行为必须征得学生本人的同意。

六名学生诉湖南外语外贸学院案是我国首例在校学生状告学校侵犯名誉权案，在该案中学校作出了《关于男女学生在女生寝室公开同床共宿及酒后胡闹的处理决定》，决定给予其中4名男女学生开除学籍的处分，另一女生令其回家戒酒，学校召开学生大会对六名学生的行为进行了公开通报，并进行了细节性描述，涉及学生隐私和名誉权问题。一审判决书描述到："六原告在校就读期间，违反校规校纪，行为不当，被告怎样对之作出行政处分与本案无涉，但原告是被告校方的受教育者，被告有在对之违反校规校纪处理上防止名誉侵害行为的发生和保护原告隐私权不受侵害的义务。但被告在不适当的场合缺乏事实依据的前提下，公开宣扬有害于六原告身心健康的言语并造成较大社会影响，确已对六原告的名誉权构成侵害，应承担相应的法律后果。"但该案二审法院审理认为，校领导在学生大会上实施的行为属职务行为，根据《最高人民法院〈关于审理名誉权案件〉若干问题的解释》第四条规定："国家机关、社会团体、企事业单位等部门对其管理的人员作出的结论或者处理决定，当事人以其侵害名誉权向人民法院提起诉讼的，人民法院不予受理。"因此，二审法院作出终审裁定，认为该案不属于人民法院民事诉讼受案范围。本书认为，虽然司法对于该案并没有作出一个明确的指示，但学校公开披露有损学生的隐私权和名誉权细节的处理方式的确欠妥。而在李张二人诉重庆邮电大学案中，学校以校医院的诊断为依据和线索，对学生作出处理，也是典型的侵犯学生隐私的行为。高校校医院也违反了保守病人隐私的义务。另外，学校的心理咨询师和辅导员在日常的学生辅导工作中也有保护学生隐私的义务。

（四）学位授予中影响学生获得学业公正评价权的争议

作为最高人民法院公报公布的第九批指导性案例的何小强诉华中科技大学拒绝授予学位案[①]，和之前的刘燕文诉北京大学学位案[②]以及于艳茹诉北京大学

---

① 《最高人民法院关于发布第九批指导性案例的通知》。
② 《刘燕文诉北京大学不授予博士学位案》，http://www.chinacourt.org/article/detail/2003/11/id/93787.shtml。

案①，这几则案例都反映了易引发学生和高校之间争议的学位授予问题。《学位条例》明确规定了学位授予单位应当依法对达到一定学术水平或者专业技术水平的人员授予相应的学位，颁发学位证书。《教育法》和《高等教育法》亦规定，学生具有在学业成绩和品行上获得公正评价，完成规定的学业后获得相应的学业证书、学位证书的权利。学位作为学生经过学习，达到一定能力和水平的一种证明形式，涉及学生的切身利益。

关于学位授予问题，有人认为涉及司法审查与学术自治的问题。但学位授予涉及学生的重要权利，并非排除在法院的审查之外，对该类案件仍然需要司法阳光的沐浴。通过何小强诉华中科技大学拒绝授予学位案等案例，最高法明确了高等学校作出不授予学位的决定属于行政诉讼的受案范围，但是高等学校在学术自治的范围内有依法自行制定学术评价标准的职权。因此，在处理学位授予争议时要区分管理事项和学术事项，司法对学术事项应保持谦抑与尊重。②但对管理事项，法院会坚持以合法性的原则进行实质性审查。可见在高校学位授予过程中，关于管理事项高校必须严格依法依章执行。

（五）学生伤害等涉及学生人身权的争议

学生伤害事故的处理是高校学生管理难以回避和不易处理的问题。为处理好此类事件，教育部专门制定了《学生伤害事故处理办法》，就事故与责任、事故处理程序、事故损害的赔偿以及事故责任者的处理等进行了详细的规定。当出现学生意外伤亡的情况时，往往受害方都情绪激动，失去理智。多数学生及其家长抱着"大闹大解决，小闹小解决，不闹不解决"的想法，以"闹"的方式来寻求问题的解决。而部分高校管理者由于缺乏法治意识和法治思维，或是"花钱买平安，息事宁人"，或是"与我无关，高高挂起"，这实际上是对社会公平理念以及教育立德树人根本任务的背离。

在处理类似争议时，本书建议，一定要按照法治思维和法治方式来处理，严

① 《于艳茹诉北大案开庭 北大：信息公开对原告没好处》，http://news.163.com/15/0917/08/B3MVFO7T00014AED.html。
② 程燕雷："高等教育领域行政法问题"讲稿。

格遵循依法、客观公正、合理适当、及时、妥善的处理原则，严格依据《学生伤害事故处理办法》等法律法规，对学校应当依法承担相应责任的情形和无法律责任的情形的规定来处理。在处理学生自杀、自残案件时，面对年轻生命的逝去，无论是高校还是家属都会无比地痛心。但这不意味着高校面对家属的"闹访"就不知所措或者无原则地满足其要求。《学生伤害事故处理办法》明确规定了学生自杀、自伤的，学校无法律责任。① 双方都应按照法治思维和法治方式来冷静和理性地处理纠纷。如学校和家属确实无法达成和解时，学校应建议家属通过诉讼的方式来解决。如经法院审理查明学校确有过错的，学校应尊重法院的判决，承担相应责任。如法院明确学校无法律责任的，学校也宜从人道关怀的角度予以适当的关心。切不可不管不问，任凭家长在学校"哭闹"；也不可为了息事宁人，满足家长的"漫天要价"。当然，在处理此类问题时最难的是沟通，之所以难沟通，除了双方的立场不一致以外，其实是双方对事件的性质、责任认识不一，而要认识一致就必须以事实为依据，以法律为准绳，用法律分清责任。"法、理、情"并用才能解决问题。

---

① 《学生伤害事故处理办法》第十二条 因下列情形之一造成的学生伤害事故，学校已履行了相应职责，行为并无不当的，无法律责任：（一）地震、雷击、台风、洪水等不可抗的自然因素造成的；（二）来自学校外部的突发性、偶发性侵害造成的；（三）学生有特异体质、特定疾病或者异常心理状态，学校不知道或者难于知道的；（四）学生自杀、自伤的；（五）在对抗性或者具有风险性的体育竞赛活动中发生意外伤害的；（六）其他意外因素造成的。

第一章 高等学校学生管理法治化概述

党的十八届四中全会明确提出了全面推进依法治国，"建设中国特色社会主义法治体系，建设社会主义法治国家"的总目标。法治将成为治国理政的基本方式，全面推进"依法治国"是中国各领域、各方面的重大的政治任务，实现高校学生管理法治化，推进高校依法治校，是实现我国高等教育领域深化改革，建立现代大学制度的必然要求。深入开展高校学生管理法治化研究，准确界定其概念内涵，深入分析其价值路径，科学建构其体制机制，对于高校落实立德树人根本任务，法治文化育人，规范学生管理，保障学生权利，服务于学生健康成长成才具有深远意义。

第一节 高等学校学生管理法治化界定

拉丁法谚云：不明白某学术上之用语者，亦不明白该学术。"概念乃是解决法律问题所必需的和必不可少的工具。没有限定严格的专门概念，我们便不能清楚地和理性地思考法律问题。"①高校学生管理法治化作为我们的研究对象，厘清其概念内涵和外延是开展研究的前提。

一、高校学生管理的界定

从词义学分析，高校学生管理法治化作为偏正短语，是由高校学生管理和法

---

① ［美］E.博登海默：《法理学：法律哲学与法律方法》，邓正来译，中国政法大学出版社，2004 年版，第 504 页。

治化两个概念构成，前者作为定语，限定了研究对象的范围；后者作为主语，明确了研究目标。而两者之中，相对于较为明确法治化的概念，对高校学生管理的界定仍存在着诸多不同的认识，其与高校学生工作、学生事务管理等概念内容存在着诸多交叉和重叠，因此厘清高校学生管理的概念，有必要明确其与相关概念的区别。

（一）高校学生工作

"高校学生工作"是我国高等教育中一个独具特色的组成部分，一般而言，其工作内容和职责涵盖了除课堂教学以外的几乎各种教育培养、事务管理等领域，渗透在学生培养的各个阶段。纵览我国高等教育的发展历程，高校学生工作作为宝贵的经验和优良传统，其育人功能的重要性绝不可低估。但学生工作本身作为发展的概念，其内涵是在不断丰富的。新中国成立初期和"文革"期间，学生工作主要是指学生思想政治工作；在改革开放之后，大家对高等教育的定位有了深刻反思，注重德育为先，提出学生工作要"端正学生的政治立场，坚定必须走中国社会主义道路的信念"①，还"要建设良好校风和学风等基础建设"②。这时的学生工作增加了新内涵，包括了学生（思想）教育和学生管理。这一时期学生工作即是德育工作。而随着经济社会和高等教育的发展，当前高校学生工作已从早期单纯的思想政治工作发展到现在涵盖教育、管理、服务三大领域，囊括安全稳定、思想政治教育、党团建设、学业辅导、就业创业指导、校园文化、心理健康、学生资助、形势与政策教育等数十个科目。新时期学生工作呈现出更多的内容，涵盖更多的领域。这对如何定义学生工作也带来巨大难度。

对此，有学者认为："学生工作是指那些直接作用于学生，由专门机构和人员从事的、有目的、有计划、有组织地发展、养成、提高学生政治、思想、品德、心理、性格、素质和指导学生正确地行为的教育、管理和服务工作。"③对此，本书认为该定义把握住了学生工作的本质、对象和特征，较为贴切地体现了其鲜

① 秦启轩：《学生教育管理研究中的几个问题》，载《高教论坛》，2003年第5期。
② 秦启轩：《学生教育管理研究中的几个问题》，载《高教论坛》，2003年第5期。
③ 叶骏，金永发：《高等学校学生工作规范与指导》，同济大学出版社，1991年版。

明的方向性、工作的复杂性和内容科学性。但学生工作作为约定俗成的概念，具有很强的开放性，如果没有明确的工作定位和具体工作领域，很容易导致实践操作的无限制扩张，也不利于理论研究的开展。

（二）学生事务管理

近年来，随着高等教育逐步的大众化、市场化、国际化，面对着教育受众的个体化、多元化，学生工作面临着前所未有的挑战，一些深层次的矛盾和问题也在凸显，其科学性和实效性也受到质疑。对此，有学者提出与国际接轨，建议采用"学生事务"或者"学生事务管理"的说法来取代"学生工作"或是"学生管理"。这种认识认为在美国高等教育领域，分为学术事务（academic affairs）和学生事务（student affairs），并指出学术事务通常涉及"学习""课堂"和"认知发展"等，而学生事务则涉及"课外""学生活动""住宿生活""感情和个人问题"等。[①]

学生事务管理概念反映了当代高等教育以学生为中心服务的理念，其本身具有一定科学性。但本书认为，其本质上是管理和教学二元论，割裂了教学科研和学生管理两者之间的关系，这与我国高等教育所提倡的"全员教育"的理念是相悖的。对此，本书认为，可以考虑借鉴非学术事务这一标准来界定我国高校学生管理，但没有必要为了所谓的"国际接轨"就直接用"学生事务管理"代替。

（三）高校学生管理

在了解了学生工作和学生事务管理的概念后，接下来就是如何理解高校学生管理。首先是管理，当前我国教育管理学界普遍将"管理"定义为"对一定系统的人、财、物、事等进行计划、组织、协调、控制，以实现系统目标的过程。亦指组织共同劳动、协调个体活动以实现团体职能的活动。"[②]对此，《高等教育法》第11条规定：高校应当面向社会，依法自主办学，实行民主管理。这里民主管理既包括教师教学活动的管理，也包括学生管理。

从法律规范的角度看，国家教育委员会于1990年颁布的《普通高等学校学

---

① 蔡国春：《高校学生事务管理概念的界定——中美两国高校学生工作术语之比较》，载《扬州大学学报（高教研究版）》，2000年6月第4卷第2期。

② 《教育管理辞典（第二版）》，海南出版社，2002年版，第22页。

生管理规定》（已废止）第 4 条对学生管理进行了界定："本规定所称学生管理，是指对学生入学到毕业在校阶段的管理，是对高等学校学生学习、生活、行为的规范。"其主要内容包括了：①学籍管理：入学与注册、成绩考核与记载办法、升级与留级、降级、转系（专业）与转学、休学、停学与复学、退学；②课外活动、学生社团、文娱体育、勤工俭学、社会活动；③校园秩序；④奖励与处分等方面。2005 年教育部新颁布的《普通高等学校学生管理规定》相关规定虽然未明确界定学生管理，但是所涵盖的内容基本没变，主要增加了学生的权利与义务。近期教育部在《普通高等学校学生管理规定》修订的征求意见稿中，也仅是对个别条文进行完善，主要结构和内容未做修改。

对此，学者们也作出诸多学理解释，如顾翔主编的《大学生管理》中，将"大学生管理"界定为高校领导者和管理人员为了实现学生管理的目标，合理地组织人、财、物、时间、信息等，有计划地指挥、协调、监督和实施有关大学生成长和发展的各项活动的总称。[①]顾明远等主编的《学校学生管理运作全书》中，指出"学校学生管理"是学校对学生在校内外的学习和活动进行计划、组织、协调、控制的总称。它是学校管理者组织、指导学生，按照教育方针所规定的教育标准，有目的、有计划、有组织地对学生进行各种教育，使学生在德、智、体、美、劳几方面得到发展，成长为社会主义事业接班人的过程。[②]以上两个概念其角度虽然不同，但内核一直都是通过指挥、协调而达成一定的目标。

而纵观我国高校学生管理的变迁，其工作内涵也是在不断扩张的，"学生管理"最早主要是指"学籍管理"，属于教学或者教务管理的一部分。随着 20 世纪 80 年代，高校中逐步组建了专门的学生工作部门，学校将上述事务直接划归给学生工作部门。正如前文所述，随着学生心理咨询、学生资助以及就业创业指导等学生事务的发展，高校学生管理除了管理学生（人），即基本的行政管理外，还包括了对学生相关事务的管理，即对事的管理。可见学生管理相对于学生工作而言，其本

---

① 顾翔：《大学生管理》，华东师范大学出版社，1988 年版，第 5 页。
② 顾明远等：《学校学生管理运作全书》，开明出版社，1995 年版，第 3 页。

身具有明确的工作领域，有明确的指向性，而其内容又远远超越了学生事务管理的范围，其概念更具有科学性和规范性。

结合工作实践，本书认为高校学生管理是高校在非学术性事务和课外活动领域中，为落实立德树人根本任务，促进学生德智体美全面发展，通过合理地组织人、财、物、时间、信息等，对学生施加教育影响，促进学生健康成长成才的组织活动。与教学、科研相关的管理内容不在本研究之列。本研究主要包括了学生学籍、奖助、惩戒、网络行为、就业创业、心理健康教育以及危机事件处理、后勤服务与管理、学生民主参与和争议解决等领域。

二、法治化的界定

法治是当代社会的共识，法治的引入有利于制度化地实现教育目的、办学目标和人才培养目标，有利于推进高校学生管理科学有序，有利于平衡高校与学生之间的关系。而法治化作为高校学生管理的重要方式，作为依法治校的重要组成部分，其体现了实现法治的过程和状态。而要理解法治化，首先要在理论层面明确其与法治概念的关系，在实践层面了解学生管理法治化和依法治校的关系。

（一）法治和法治化

所谓法治就是"法的统治"（Rule of Law），而且是"良法之治"。对此，亚里士多德曾说："法治应该包含两重含义：已成立的法律获得普遍的服从，而大家所服从的法律又应该本身是制定得良好的法律。"① "良好的法律"是指道德上的善良、价值上的公正以及功能上的优秀的法律。

当前，随着我国法治建设进程的不断深入，社会主义法治的本质内涵也在不断明确。党的十八届四中全会确定了全面推进依法治国，指出要在中国共产党领导下，坚持中国特色社会主义制度，贯彻中国特色社会主义法治理论，形成完备的法律规范体系、高效的法治实施体系、严密的法治监督体系、有力的法治保障体系，形成完善的党内法规体系，坚持依法治国、依法执政、依法行政共同推进，坚持法治国家、法治政府、法治社会一体建设，实现科学立法、严格执法、公正

_____
① ［古希腊］亚里士多德：《政治学》，吴寿彭译，商务印书馆，1983年版，第129页。

司法、全民守法，促进国家治理体系和治理能力现代化。[①]特别是在公报中明确指出"法律是治国之重器，良法是善治之前提。""法律的生命力在于实施，法律的权威也在于实施。""公正是法治的生命线"以及"法律的权威源自人民的内心拥护和真诚信仰"。这些都深刻地诠释了社会主义法治的真谛。

而"法治化"，一般指的是与市场化和民主化相伴随的、从人治和专制社会向法治社会转化的变迁过程，它以商品经济、市场经济的发展为经济基础，以民主制度化、法律化为主要内容，以国家治理方式由人治向法治转变为核心，以法治社会的形成为目标指向。[②]法治化是由人治向法治转化，由专制向民主转化，公权力不受约束向公权力受到限制，个人合法权益得到保障转化的过程。由此可见法治作为理念和目标，而法治化则是法治理念和目标从应然转化成实然的过程和状态。

（二）依法治校和学生管理法治化

随着我国依法治国和科教兴国战略的推进，依法治校成为学校治理的必然选择。自20世纪90年代以来，依据《宪法》，我国颁布了《教育法》《高等教育法》《义务教育法》《职业教育法》以及《教师法》[③]等法律、《教育督导条例》《残疾人教育条例》等行政法规、《普通高等学校学生管理规定》等部门规章以及各学校章程和规章制度的不断完善，我国形成了由宪法、法律、法规、规章、学校章程及规章制度构成的教育法制体系。

2003年，教育部发布了《教育部关于加强依法治校工作的若干意见》，将"依法治校"作为依法治教的重要举措在全国推进，经历了十年左右的发展。2012年，教育部为推进《国家中长期教育改革和发展规划纲要（2010—2020年）》的实施，在各级各类学校全面落实依法治国要求，大力推进依法治校，全面总结各地依法治校经验、做法的基础上，研究制定了《全面推进依法治校实施纲要》。并就全面推进依法治校的重要性与紧迫性、指导思想和总体要求以及加强章程建设、完

---

① 参见《中国共产党第十八届中央委员会第四次全体会议公报》。
② 尹晓敏：《高等学校学生管理法治化研究》，浙江大学出版社，2008年版，第38页。
③ 《教育法》《高等教育法》以及《义务教育法》于2015年进行了修订完善。

善治理结构的举措进行了全面的部署。并且于 2015 年，为了贯彻落实党的十八大和十八届三中、四中、五中全会精神，进一步落实《国家中长期教育改革和发展规划纲要（2010—2020 年）》提出的工作任务，落实《法治政府建设实施纲要（2015—2020 年）》要求，全面推进依法治教，专门制定的《依法治教实施纲要（2016—2020 年）》中再次重申："依法治校是依法治教的重要内容，要抓住重点，进一步深化落实 2012 年教育部发布的《全面推进依法治校实施纲要》，将各级各类学校的依法治校工作推向深入。"可见"依法治校"正在紧锣密鼓地持续推进。

何为"依法治校"，不同学者在界定时有所差异，有学者认为："学校依法治校就是在依法理顺政府与学校的关系，落实学校办学自主权的基础上，实现学校管理与运行机制的制度化、规范化，形成政府宏观管理，学校依法按照章程自主办学、依法接受监督的新格局。"[1] 有的学者认为："依法治校，是指各级各类学校依照有关的法律法规组织实施教育教学及其他活动"。[2] 前者从宏观的角度对依法治校进行了界定，后者基于微观的角度界定，更加清楚和明确。结合十八届四中全会精神以及《依法治教实施纲要（2016—2020 年）》，本书认为，依法治校是指学校在党委的统一领导下，依照宪法、法律法规以及学校的章程，规范和理顺学校与国家、社会的关系及学校内部治理结构，为实现教育目的、办学目标和人才培养目标而开展办学活动，维护学校秩序和师生合法权益，实现学校的良法善治。学生管理作为学校管理的重要内容之一，其法治化是高校依法治校的重要组成部分。

综上分析，高校学生管理法治化是指高校在学生管理服务中，为落实立德树人根本任务，促进学生德智体美全面发展，保障学生权益，规范学校管理，依据宪法、法律法规，制定科学完备的规章制度，以调整学生管理各主体之间的权利义务关系，推进依法治校的过程。其实质是法治文化育人，将学生管理纳入法治

---

① 罗志雄：《试论高校依法治校》，载《南平师专学报》，2000 年第 2 期。
② 刘东梅：《对"依法治校"的再探讨》，载《河南师范大学学报》，1999 年第 3 期。

轨道，提升师生法治素养，以法治思维和法治方式，解决学生管理中的问题，实现良法善治。"科学立法、严格执法、公正司法、全民守法"是我国在新时期推进依法治国的基本要求。在进行高校学生管理法治化的进程中，学校必须依据宪法、法律法规，制定科学完备的规章制度，保证规章制度的科学性。在规章制度的执行中，必须严格遵循程序，严格执行规章制度。并且培养师生的法治素养，提升法治能力，以法治思想和法治方式解决问题，力求遵纪守法，实现良法善治。

第二节　高等学校学生管理法治化价值分析

法治作为现代社会民主政治的重要标志，其具有引领和规范作用，对于维护公民权利，化解社会矛盾，保障社会和谐具有深远的意义。推进高校学生管理法治化对高校落实立德树人根本任务、建立科学的学生管理秩序以及培养学生公民素质、促进学生的全面发展具有重要的意义。

一、高等学校学生管理法治化是实现立德树人根本任务的保障

党的十八大报告提出"把立德树人作为教育的根本任务，培养德智体美全面发展的社会主义建设者和接班人"。高校要实现立德树人这一根本任务，必须具备科学有序的育人环境。高校学生管理法治化的重要价值在于塑造一个有序的育人环境，无论是实在的、看得见摸得着的校园硬环境，还是隐形的、由人与人之间关系构成的校园软环境。因此，高校学生管理法治化是立德树人的根本保障。

具体来讲，首先在《教育法》和《高等教育法》的总则部分明确了教育的任务以及主要的指导思想。特别是明确指出了国家坚持以马克思列宁主义、毛泽东思想、邓小平理论为指导，遵循宪法确定的基本原则，发展社会主义的高等教育事业。国家在受教育者中进行爱国主义、集体主义、社会主义的教育，进行理想、道德、纪律、法制、国防和民族团结的教育。这是高校落实"立德"根本任务的重要法律依据。"高等教育必须贯彻国家的教育方针，为社会主义现代化建设服务，与生产劳动相结合，使受教育者成为德、智、体等方面全面发展的社会主义事业的建设者和接班人"的表述为高校落实"树人"的根本任务提供了依据。其次，高校学生管理法治化通过事先制定规则的方式，对学生的权利义务进行分配，并且按照严格的程序执行规则。让学生能免于生活在对未来的恐惧和无序中，有利于学生安心学习。最后，规则有对人的行为指引、预测、评价、激励、约束、规范、塑造的功能。经过高校学生管理法治化的制度实践，能让师生得到锻炼，培养独立人格。高校学生管理法治化能够为实现立德树人的教育目的提供法律依据和制度保障，是实现法治文化育人、培养现代法治国家和法治社会合格公民的重要途径。换言之，高校学生管理法治化为高校落实立德树人根本任务营造了良好的环境，是高校落实立德树人根本任务的重要保障。

二、高等学校学生管理法治化有助于科学的学生管理秩序的建立

马克思认为，遵守社会秩序，需要能动的主体共同自觉的意愿和行动，把社会规则所预设的秩序构架转化为现实的社会秩序。[①] 任何一个社会或团体都需要秩序，因为秩序是一切社会赖以存续的基础。没有秩序的无政府状态，比任何专制的政府都更可怕。人与人之间关系有序的倾向，主要可以追溯至两种欲望或冲动，它们似乎深深地根植于人的精神之中：第一，人具有重复在过去被认为是令人满意的经验或安排的先见取向。第二，人倾向于对下述一些情形作出逆反应；在这类情形中，他们的关系是受瞬时兴致、任性和专横力量控制的，而不是受关于权利义务对等的合理稳定的决定控制的。此外，对秩序的追求还具有一种思想的成分，该成分从根本上讲并不源于心理，而是根植于人的思维结构之中。[②] 因此，我们每个人都有对秩序的需要，高校作为由一个个人组成的小社会就更需要建立秩序。

所谓秩序，博登海默认为："秩序概念，意指在自然进程和社会进程中都存

---

① 转引自张静，张陈：《重温马克思的社会秩序思想》，载《光明日报》，2012 年 5 月 1 日，第 5 版。

② ［美］E.博登海默：《法理学：法律哲学与法律方法》，邓正来译，中国政法大学出版社，2004 年版，第 236 页。

在着某种的一致性、连续性和确定性。""甚至在人们偶然组成的聚集群体中，人们为使该群体免于溃散也会强烈倾向于建立法律控制制度。""法律的基本作用之一乃是使人类为数众多、种类繁多、各不相同的行为与关系达到某种合理的秩序。"①并且庞德也认为，法律的首要作用是承认、协调或调整各种社会利益，以保障社会的和平和秩序。②法治的价值在于建立秩序，因此，高校学生管理法治化，首先有利于科学的学生管理秩序的建立。具体来讲，高校学生管理法治化对于学生管理秩序的建立主要表现在以下几个方面：一是明确学校与学生之间的权利义务管理，让学生对自己未来在校生活建立了预期，按照预期妥帖地安排学习、生活。同时划分学校作为管理者的权力边界。二是有利于推进学生管理按照规定的方式、顺序和步骤进行，即按照正当法律程序开展学生管理，依法依规维护学生正当权利。三是以学生为主体，发挥学生的主体作用，有利于让学生管理的规章制度实体上更加科学合理，同时也有利于推进高校学生管理的共治和善治。

三、高等学校学生管理法治化能够促进学生的全面发展

高校学生管理法治化构建了一种学校与学生新型的关系，改变了学校原来习惯于将学生作为教育的被动接受者，一味地强调服从，而是形成了一种权利义务对等的法律关系。原来任何事项都要得到学校的许可才能去做，现在则变成"法无禁止即自由"，学生从束缚和管制中走出来，这极大地解放了学生，使学生获得了自由。具体来讲，随着高校管理法治化的推进，促进学生全面发展主要表现在以下几方面。

一是学生主体意识的形成。法治框架下的高校学生管理，学生作为权利义务的一方主体，意识到了自己作为一个独立主体存在，能独立地支配权利义务。

二是学生权利意识的觉醒。随着越来越强调从实体和程序两方面实现对学生合法权利的保障，这种规章制度运行实践，有利于学生权利意识的觉醒。

三是学生责任意识的树立。法治强调权利义务对等，学生除了享有权利以外，

---

① ［美］E. 博登海默：《法理学：法律哲学与法律方法》，邓正来译，中国政法大学出版社，2004年版，第228页，234页，494页。

② ［美］罗思科·庞德：《普通法的精神》，唐前宏等译，法律出版社，2001年版，第148页。

还必须履行相应的义务。且学生违反了规则，必须依照规则独立承担相应的惩戒或不利后果，经历这一过程，学生学会自我控制，不能为所欲为，这有利于学生责任意识的树立。

四是学生契约精神的培养。通过推进高校学生管理法治化，强调约定在先，需要双方共同遵守。特别是通过学校与学生签订住宿协议、安全协议等，明确双方的权利义务关系，利于契约精神的培养，特别是诚信品质的培养。

五是学校民主氛围的营造。高校学生管理法治化，强调学生自治，自主管理，民主参与，在涉及学生重要利益的决策时要开门立法，民主决策，以及民主选举等实践，这为学校营造了一个民主的氛围，非常有利于推进平等校园的建设，有利于培养学生的公民素质，有利于学生的学习和学术研究。

教育的本质是促进人自由而全面地发展，马克思在《共产党宣言》中指出"每个人的自由发展是一切人的自由发展的条件"。推进高校学生管理法治化，培育学生的主体意识、权利意识、责任意识、契约精神以及学校的民主氛围，这些都是促进学生全面发展必不可少的要素。因此，高校学生管理法治化，有利于实现《高等教育法》第 4 条规定的使受教育者成为德、智、体、美等方面全面发展的社会主义建设者和接班人的要求。特别是对落实《高等教育法》第 5 条规定，培养具有社会责任感、创新精神和实践能力的高级专门人才，发展科学技术文化，促进社会主义现代化建设有重要意义。

第三节　高等学校学生管理法治化的实现路径

党的"十八"大报告指出要坚持"科学立法、严格执法、公正司法、全民守法"方针推进依法治国。十八届四中全会决议提出了全面推进依法治国的总目标和具体任务，并在决议中强调，"法律是治国之重器，良法是善治之前提"。通过良法和善治的内涵诠释了"法治"的核心内涵。要实现高校学生管理法治化，也必须通过科学的建章立制，严格的执行制度以及师生的共同遵守。

一、"良法"是高等学校学生管理法治化的前提

"立善法于天下，则天下治；立善法于一国，则一国治。"[①]法治不仅是规则之治，而且必须是良法之治。要实现善治，除了形式上必须具备规则、逻辑体系的一致性、完整性的法，而且从实质上来看，法的价值基础还应当具有正当性和合理性。只有兼具这种形式完备、实质正当合理的法才是良法，最终才能真正实现善治。按照十八届四中全会决议，良法"要恪守以民为本、立法为民理念，贯彻社会主义核心价值观"，要"符合宪法精神、反映人民意志、得到人民拥护"。因此，所谓良法，是指符合法律的内容、形式和价值的内在性质、特点和规律性的法律。良法的标准表现在三个方面：在法的内容方面，必须合乎调整对象自身的规律；在法的价值方面，必须符合正义并促进社会成员的公共利益；在法的形式方面，必须具有形式科学性。[②]具体来讲，要实现高校学生管理法治化，在构建良法时，在规则内容上，必须符合社会发展规律、教育规律以及学生成长成才的规律；在价值上，符合社会公平正义，有利于维护学校管理秩序，促进学生健康成长；在形式上，必须科学完备，构建完整的学生管理法制体系，并且逻辑一致。学校的规章制度应遵循宪法、教育法律法规的要求，条理清晰，体系完备，不得与上位法冲突。

因此，要推进高校学生管理法治化，必须以科学完备的法律以及规章制度为前提。随着中国特色社会主义法律体系的建立，我国教育法律体系不断完善，高校教育领域已基本建立了一套由宪法、法律、法规、规章、学校章程以及学校学生管理规章制度形成的基本的法律制度体系，基本实现了有法可依、有章可循。

（一）宪法是最高准则

十八届四中全会指出："完善以宪法为核心的中国特色社会主义法律体系，加强宪法实施"。宪法是保证党和国家兴旺发达、长治久安的根本法，具有最高权威。全面推进依法治国首先要坚持依宪治国。《宪法》赋予中华人民共和国公

---

① 见《王安石文集·周公》
② 李桂林：《论良法的标准》，载《法学评论》，2000 年第 2 期。

民有受教育的基本权利和义务。^①并同时规定了开展教育的内容，^②这是我们高校学生管理工作，特别是思想政治教育工作的宪法性依据。高校具有依法对学生开展理想教育、道德教育、文化教育、纪律和法制教育等的职责。

（二）法律是基本准则

《教育法》作为教育基本法就教育基本制度、学校及其他教育机构、教师和其他教育工作者以及受教育者等内容进行了规范。《教育法》中与高校学生管理相关内容成为高校开展学生管理的基本制度。如第 9 条关于平等受教育的机会的规定^③。而《高等教育法》是高校学生管理在法律层面重要的直接依据，涉及高等教育基本制度、高校的组织和活动、高校教师和其他教育工作者、高校的学生、高等教育投入和条件保障等与高校学生管理密切相关的内容，特别是高校的学生一章专门就学生的基本要求、学费、奖助、学生社团以及毕业就业等进行了规范。

此外《教师法》作为规范教师的法律，明确了教师作为管理者应当履行基本义务，^④全国人大常务委员会颁布的《学位条例》，涉及学位授予等学生的重大切身利益事项，都是高校学生管理的法律渊源。

（三）行政法规、地方性法规、行政规章是重要依据

教育行政法规是指由国务院为落实教育法或者教育单行法，或者是获得宪法或者法律授权，为规范教育法以及教育单行法尚未规范的某些事项，按照《行政

---

① 《中华人民共和国宪法》第 46 条：中华人民共和国公民有受教育的权利和义务。国家培养青年、少年、儿童在品德、智力、体质等方面全面发展。

② 《中华人民共和国宪法》第 24 条：国家通过普及理想教育、道德教育、文化教育、纪律和法制教育，通过在城乡不同范围的群众中制定和执行各种守则、公约，加强社会主义精神文明的建设。国家提倡爱祖国、爱人民、爱劳动、爱科学、爱社会主义的公德，在人民中进行爱国主义、集体主义和国际主义、共产主义的教育，进行辩证唯物主义和历史唯物主义的教育，反对资本主义的、封建主义的和其他的腐朽思想。

③ 《中华人民共和国教育法》第 9 条：中华人民共和国公民有受教育的权利和义务。公民不分民族、种族、性别、职业、财产状况、宗教信仰等，依法享有平等的受教育机会。

④ 《中华人民共和国教师法》规定了教师的基本义务：（一）遵守宪法、法律和职业道德，为人师表；……（四）关心、爱护全体学生，尊重学生人格，促进学生在品德、智力、体质等方面全面发展；（五）制止有害于学生的行为或者其他侵犯学生合法权益的行为，批评和抵制有害于学生健康成长的现象等。

法规制定程序条例》的规定而制定的规范性文件。教育行政法规中《学位条例暂行实施办法》《学校体育工作条例》以及《学校卫生工作条例》等都与高校学生管理相关。此外部分具有地方立法权的地方人大制定的地方性法规也是当地高校学生管理的依据。教育行政规章是指国务院部门或者地方人民政府，根据宪法、法律或者行政法规授权，制定的法律规范。例如《普通高等学校学生管理规定》《高等学校校园秩序管理若干规定》以及《学生伤害事故处理办法》等都是高校学生管理的重要依据。

（四）高等学校大学章程、规章制度是直接依据

为建立现代大学制度，根据《高等学校章程制定暂行办法》，各高校制定了大学章程。大学章程在高校的制度规章体系中具有"大学宪法"的地位。因此，大学章程和学校为规范学籍管理、学生违纪、奖励以及就业创业等学生管理工作，制定的系列规章制度是高校学生管理的直接依据。

"良法"是推进高校学生管理法治化的前提。但具体到高校学生管理领域，面对出现的新情况、新问题，仍需要不断完善相关制度。目前《教育法》与《高等教育法》已经与时俱进地修订和完善，国务院启动了《学位条例暂行实施办法》的修订工作。教育部启动了《普通高等学校学生管理规定》的修订工作。对此，我们建议，教育立法和学校规章制度的完善，应体现科学性、教育性、规范性和实用性要求。

第一，科学立法。教育法律法规以及高校内部规章应当是良法，充分体现教育规律、学生成长成才规律以及社会发展规律，充分体现中国情怀、世界眼光、时代特征。如《普通高等学校学生管理规定》的修订，建议在指导思想部分将社会主义核心价值观等新的重要思想纳入其中，在具体制度修订完善时应充分考虑创新创业、社会实践、志愿服务、大学生应征入伍以及诚信教育等高校学生管理面临的新情况、新问题。此外大学章程的建立、学生民主参与的保障以及学生处分制度的完善等，都属于《普通高等学校学生管理规定》修订过程中需要考虑的问题。

第二，系统立法。当前随着高等教育法律法规的不断修订完善，全面梳理与修订学校内部的学生管理规定成为当务之急，完善各高校内部的学生管理规章制度是实现高校学生管理"良法"的关键。应依据上位法对学校的整体制度体系进行全面的审查和修订，做好"废改立"工作，使整个制度体系实现协调与实用。

第三，开放立法。在规章制度的制定、修订过程中应当坚持"开门立法"，充分听取学生意见，特别是一些涉及学生切身利益的制度规定，如学生处分、奖助学金评定等，在制定与修改过程中必须广泛调研，充分沟通，加强学生参与，以保证制度的民主性和科学性。为使学校各部门制定的各项规定便于查阅，维护学生知情权，建议将所有学生管理相关制度统一结集编撰为《学生管理典》，这也有利于保证规章制度的协调性和系统性。

二、"善治"是高等学校学生管理法治化的关键

法治追求的目标并非仅仅是获得良法，关键是通过良法之治，实现"善治"。何为善治？联合国亚太经济社会委员会在其发布的《什么是善治？》中，对于善治提出了八项标准，分别为共同参与、厉行法治、决策透明、及时回应、达成共识、平等和包容、实效和效率、问责。[①]善治可以理解为一是指一种治理的方式和模式，二是指一种秩序、一种状态、一种结果。下文更多是从治理的方式和模式来理解的。有的学者指出从以下五方面来理解善治，即善治是民主治理、善治是依法治理、善治是贤能治理、善治是社会共治以及善治是礼法合治。[②]要实现高校学生管理的善治，在高校学生管理过程中，必须贯彻立德树人的基本教育观念，强调育人为本，德育为先，严格遵循正当程序，保证学生民主参与，引入学生共治，以及注重教师和学生的法治思维与法治能力培养，严格依良法而治，维护学生的合法权益。

（一）贯彻立德树人的基本教育观念

党的十八大报告提出"把立德树人作为教育的根本任务，培养德智体美全面

---

① United Nations Economic and Social Commission for Asia and the Pacific. "What Is Good Governance？". http：//www. unescap. org/resources/what-good-governance. 转引自：王利民：《法治：良法与善治》，载《中国人民大学学报》，2015 年第 2 期。
② 王利民：《法治：良法与善治》，载《中国人民大学学报》，2015 年第 2 期。

发展的社会主义建设者和接班人"。高校学生管理工作必须牢固树立育人为本、德育为先的理念。高校教师及行政管理人员应当克服"官本位"的思想糟粕，着力推进管理理念由管理型向服务型的转变，在服务学生的过程中充分尊重学生的个体价值和合法权利。高校学生管理规定绝对不能成为禁锢学生个性、限制学生自由、妨碍学生发展、剥夺学生权利的工具。同时，高校应当把品德教育放在高校学生管理工作的首位，在学生管理中注重发挥德育的先导性和引领性作用，在教育教学及学生管理的各个环节渗透品德教育。①

（二）维护学生的合法权益

在学生管理过程中必须注重学生合法权益的保障。因此，必须全面保证学生使用教学资源的权利、参加活动的权利、资助权以及公正评价权等权利。当然学校在学生管理过程中有义务保证学生的人身权、财产权等合法权利。②没有无义务的权利，也没有无权利的义务。因此，在高校学生管理过程中，应该以保证学生的合法权利为前提，同时也要引导和要求学生履行遵规守纪、完成学业、缴纳学费以及助学贷款和获得助学金所要求的义务等，③实现权利与义务相统一。

（三）严格遵循正当程序

高校要保障学生权利，必须要严格遵循正当的程序。一方面要保证学生的知情权，在没有实施管理行为之前，或作出最终管理决定之前，高校就应当将行使学生管理权的依据向全校师生公开。管理活动开始后、管理决定作出之前，高校

---

① 陈勇，陈蕾，陈旻：《立德树人：当代大学生思想政治教育的根本任务》，载《思想理论教育导刊》，2013年第4期。

② 《普通高等学校学生管理规定》第5条规定，学生在校期间依法享有下列权利：（一）参加学校教育教学计划安排的各项活动，使用学校提供的教育教学资源；（二）参加社会服务、勤工助学，在校内组织、参加学生团体及文娱体育等活动；（三）申请奖学金、助学金及助学贷款；（四）在思想品德、学业成绩等方面获得公正评价，完成学校规定学业后获得相应的学历证书、学位证书；（五）对学校给予的处分或者处理有异议，向学校、教育行政部门提出申诉；对学校、教职员工侵犯其人身权、财产权等合法权益，提出申诉或者依法提起诉讼；（六）法律、法规规定的其他权利。

③ 《普通高等学校学生管理规定》第6条规定，学生在校期间依法履行下列义务：（一）遵守宪法、法律、法规；（二）遵守学校管理制度；（三）努力学习，完成规定学业；（四）按规定缴纳学费及有关费用，履行获得贷学金及助学金的相应义务；（五）遵守学生行为规范，尊敬师长，养成良好的思想品德和行为习惯；（六）法律、法规规定的其他义务。

应当将决定形成过程中的有关事项向特定的学生相对人和学校公开。管理结果作出之后也应当及时向学生告知决定内容并说明理由。另一方面，要建立专门制度来充分保证学生的参与权。在与学生利益相关的重大改革方案、校内规章制度制定出台的过程中，高校可以通过组织论证会、座谈会并邀请学生代表参加的方式，广泛收集并听取学生意见。可以充分发挥学生会在参与高校民主管理中的积极作用，鼓励和培植学生自治组织以合理有效的方式搜集并表达学生利益诉求。高校管理者在作出影响特定相对人学生合法权益的决定之前，应当实施听证程序，告知详情，听取陈述、申辩、意见、建议，接受证据，说明理由，从而在充分考虑种种因素和权衡各种意见之后再做决定。

（四）注重教师和学生的法治信仰、法治思维与法治能力培养

师生的法治信仰、法治思维以及法治能力是推进高校学生管理法治化的核心。教师是学生管理制度的执行者。首先，必须不断加强教师培训，通过案例研讨、辅导员沙龙等措施进行法治化专题培训，培养师生的法治信仰、法治思维，提升其法治水平和法治能力，以保证在学生管理中严格执行相关规章制度，维护学生合法权益。其次，要加强学生法治信仰、法治思维与法治能力培养。心中没有规则就无所谓遵守，也无法遵守，权利受到侵犯时也无法利用规则维护自己的合法权益。因此非常有必要通过统一印制学生手册，在入学教育时集中开展规章制度学习，对重要的制度考试等方式让学生掌握规章制度。最后，引导学生树立权利义务相统一的意识。公民是依据宪法和法律明确自己的权利与义务的，具有独立人格、独立判断、独立选择能力的，对自己行为负责的自然人，是建设社会主义法治国家的基础。依法享有权利和承担义务是公民最基本的要求，因此，在高校学生管理中，非常有必要引导学生树立权利义务相统一的意识。综上，要不断促进师生对相关法律法规和规章制度的了解和掌握，并内化于心，外化于行，形成法治思维、规则意识和制度自觉，使师生能够知法、守法和用法，以实现法治文化育人。

第二章　高等学校与学生之间的法律关系

法治的本质是良法与善治相结合。在社会实践中，法治就体现为法律规范所调整的各种法律关系。高校学生管理的法治化实质上是依法对高校与学生之间法律关系的调整。两者之间法律关系决定着高校在学生管理过程中的权力与权利，决定着学生权利救济的实现程序与义务履行的法定方式。因此，非常有必要深入分析高校和学生之间法律关系属性、主客体关系等基础内容。

第一节　高等学校的法律地位

法律地位是指决定个体属于某类的权利、责任、能力和无能力。[①]高校的法律地位决定着高校的行为能力和行为方式，并进而决定着高校作为一种社会组织的基本面貌。[②]只有准确地界定高校属于何种主体，才能确定此类主体在不同法律关系中的权利、义务、责任以及相应的法律监督机制。

一、我国高等学校法律地位的历史演变

从词义理解，高校是指为受教育者提供高等教育的学校。根据我国《教育法》《高等教育法》的规定，高校的设立需要符合国家高等教育发展规划与公共利益，并经过国家相应教育部门审批与备案。从高校设立的经费来源看，由国家财政性

---

① 参见美国《布莱克法律辞典》，转引自劳凯声：《变革社会中的教育权与受教育权：教育法学基本问题研究》，教育科学出版社，2007年2月版，第240-241页。
② 劳凯声：《教育体制改革中的高等学校法律地位变迁》，载《北京师范大学学报（社会科学版）》，2007年第2期。

经费所举办并维持的学校一般称为公立学校或公办高校，国家机构以外的社会组织或者个人，利用非国家财政性经费，面向社会举办的学校及其他教育机构，统称为民办高校。[①] 我们对高校的学生管理法治化问题进行研究，并不仅限于公立高校学生管理的法治化，也包含民办高校学生管理法治化中的诸多问题。

我国具有历史悠久的教育办学传统，官学私学并举。封建王朝设立的太学和国子监是古代教育体系中的最高学府，也是国家教育管理机构。我国真正意义上的近代高校，发源自清末国家设立的同文馆、天津中西学堂、京师大学堂等学校。这些学堂由国家举办，经费源于国家投入。新中国成立后至改革开放前，我国实行统一的计划经济体制，政府对社会各行业进行直接的控制管理。高校从举办经营、经费投入到专业设置、招生计划、教师管理、毕业生分配等，都在政府计划调控之下，非政府创办的私立高校被取缔。这种情况下，高校没有独立的法人地位，在 20 世纪 50 年代出现单位制度后，高校与其他一些非国家机关的社会团体被统一划为事业单位这一范畴，但实际上属于行政机关的附属。

改革开放之后，高等教育体制改革随着经济体制改革的大潮轰轰烈烈地开展起来。1985 年中共中央、国务院发布的《关于教育体制改革的决定》在教育体制改革的目标方面规定，对高校"坚决实行简政放权，扩大学校的办学自主权"。这是高校的办学自主权第一次见诸文件。[②] 改革的决策者希望通过扩大高校的办学自主权来提升高校的地位，使之成为独立自主的办学实体。但是这场中央主导由上而下推行的改革具有十分典型的强制性特征，高校作为办学实体的自主性并未得到体现，政府与高校之间的关系仍具有计划体制的色彩，高校相对于政府的附属仍然是这对关系的主要特征。由于传统的高校与政府关系没有改变，高校尽管取得了一定的办学权力，但其法律地位并没有发生根本性的变化。

真正的变革从 1995 年开始。这一年《高等教育法》颁布，规定高校获得独立法人资格，独立享有民事权利，承担民事义务。虽然我国的法人制度尚未扩展至公法领域，但《教育法》及《高等教育法》赋予高校法人地位绝不仅具有私法

---

① 参见《中华人民共和国民办教育促进法》《中华人民共和国高等教育法》等相关规定。
② 劳凯声：《教育体制改革中的高等学校法律地位变迁》，载《北京师范大学学报（社会科学版）》，2007 年第 2 期。

上的意义，它同时也意味着高校在公法上的独立。高校开始摆脱政府的附属地位，而成为一个独立主体。但同时，许多高校原先作为政府附属机构而行使的行政权力，并没有随着高校独立法人地位的获得而收回，而是继续下放，由已不再是政府附属机构的高校继续行使。独立法人地位的获得和一些行政权力的继续行使，使得公立高校的法律地位有了新的变化。

另一方面，在中央改革政策的鼓励下，社会力量利用非公共财政经费举办的民办高校开始萌芽，并从 20 世纪 90 年代中期开始大量出现，打破了政府垄断高等教育的传统。社会力量办学在资金来源以及设立主体上均不同于公立高校，其运作机制也大相径庭。但在学生管理的视野下，民办高校所具有的学生惩戒、学籍管理、学位授予、招生等管理权限基本与公立高校相同，其社会公益性质不能否认。同时，一些民办高校常常采用捐资办学、合作办学等方式，以公立高校下属的独立学院形式存在，与公立高校也存在着千丝万缕的联系。

二、我国高等学校法律地位的认识

对于我国高校的法律地位，国内学者各执一词、莫衷一是。但各种观点基本上可以分为两大类："行政主体说"与"法人说"。

（一）行政主体说

持"行政主体说"者认为，高校因与学生发生的是教育管理法律关系，所以是行政主体。此学说主要从救济角度出发，认为只有赋予高校以行政主体资格，才能使高校成为行政法律诉讼中的适格被告，在学生权益受到高校公权力侵害时为其提供司法救济保障。实务界也存在将高校定位为"法律法规授权的组织"的先例，例如在"田永案"[①]中，人民法院认为高校代表国家行使对受教育者颁发学位证书、学业证书的行政权力，在行使这一法律授权作出单方面管理行为的时候，应定位为法律法规授权的组织。[②]

在我国赋予高校行政主体资格，填补了高校在实施诸如招生、颁发学历证书、授予学位、实施纪律处分等行政行为时产生的法律救济的真空，[③]但是这一定位

① 《最高人民法院公报》，1999 年第 4 期，第 141 页。
② 尹晓敏：《高等学校学生管理法治化研究》，浙江大学出版社，2008 年版，第 15 页。
③ 石正义：《高等学校法律地位研究述评》，载《中国教育法制评论》，第 4 辑。

在理论研究上缺陷明显。一方面，行政主体只有行政机关和法律法规授权的组织两类，与政府分离后的高校显然只属于后者。然而法律法规授权的组织本身并非一个体系完整的概念，它没有解决法律法规为什么要授权、在何种情况下授权、对谁授权等基本理论问题。[①] 这种权宜之计不利于理论研究的完整与深入。另一方面，高校享有的办学自主权使其拥有较大的自由裁量空间，这与法律法规授权的组织需要严格遵循法律的规定、在授权范围内行使行政权力的标准和要求也互相排斥。

（二）法人说

在我国立法现状下，法人制度是一个仅适用于私法领域的概念，而高校"法人说"的观点建立在大陆法系公私法人二分的体系下。现代德国法人制度将法人在性质上区分为公法人和私法人。其中公法人包含公法社团、公营造物和公法财团三种组织形态，[②] 私法人分为社团法人和财团法人，其中社团法人又包括营利法人和公益法人。大陆法系其他国家的法人制度大致与此相差无几。在此基础上，有学者认为公立高校应当定性为公务法人或公法人中的特别法人，[③] 还有学者对私立高校的法律地位进行研究，认为应属于私法人，并进一步有私法人中的财团法人、事业单位法人、公益法人[④] 的观点分歧。

（三）高等学校应定位为公务法人

法人制度主要脱胎和成熟于私法领域，但近现代以来因公共事务发展之需要而被广泛地运用于公法领域，已经冲破了民事法律制度的藩篱。[⑤] 尽管我国现行立法上并不存在公法人的概念，但本书认为从学理上将高校的法律地位定位为公务法人是比较合适的。

---

① 马怀德：《公务法人问题研究》，载《中国法学》，2000 年第 4 期。
② 参见罗爽：《论高等学校法人制度的根本性质及其意义》，载《高等教育研究》，2014 年第 3 期。
③ 参见马怀德：《公务法人问题研究》，载《中国法学》，2000 年第 4 期。申素平：《高等学校的公法人地位研究》，北京师范大学出版社，2010 年版。高崇惠：《高等学校行政主体地位初探》，载《思想战线》，2002 年第 5 期。
④ 石正义：《高等学校法律地位研究述评》，载《中国教育法制评论》，第 4 辑。
⑤ 罗爽：《论高等学校法人制度的根本性质及其意义》，载《高等教育研究》，2014 年第 3 期。

公务法人属舶来概念，源于德、法等大陆法系国家公营造物或公共公益机构制度。公营造物或公共公益机构是19世纪产生的行政法上特有的新型组织形态，依德国行政法之父奥托·迈耶的解释，公营造物是掌握于行政主体手中，由人与物作为手段之存在体，持续性地为特定公共目的而服务。[1]公营造物是德国法、日本法上的概念，法国称其为公立公益机构，我国学者一般称此类性质的组织为公务法人。[2]公务法人不同于私法人和其他公法人，其具有一系列自身的特点：第一，公务法人具有法人资格，能够独立行使权力与权利，履行义务，承担责任。第二，公务法人依照公法设立，为公共利益而存在，具有公法属性。第三，公务法人具有专业性，是为某种特定目的（尤其是一些具有很强技术性的公共事务）而设立的专门服务性机构。第四，公务法人具有一定自治性，拥有管理自治和财政自治，并能够保持一定程度的精神自由，这也是公务法人为保证其专业性所必须具备的特征。

高校自身特点与公务法人的基本特征相契合。我国高等学校是兼具拥有教师学生等人员因素和教学设施等财物因素的独立法人，其设立符合国家利益和社会公共利益，具有公益性。改革开放后，高校办学自主权不断扩大，加上高等教育服务本身的专业门槛，保证了其专业性与自治性的兼备。因此从特征上看，高校可以定位为公务法人。

公务法人的定义具有包容性。"公务"是公务法人的内核或内容要素，表明其以"公务"为目的而成立、履行公共职能的"公法"性质；[3]"法人"是公务法人的外壳和形式，表明其具备法人资格，有自己全部独立的财产、实行独立核算，独立享有权利、履行义务、承担责任。[4]将高校定位为公务法人，既能够体现其公法特性，又不影响高校参与到一般民事法律关系当中。

正如有学者所言，将学校定位为公务法人，绝不只是称谓的改变，而是在我

[1] 参见吴庚：《行政法之理论与实用》，台湾三民书局，1998年增订四版，第164页。转引自马怀德：《公务法人问题研究》，载《中国法学》，2000年第4期。
[2] 马怀德：《公务法人问题研究》，载《中国法学》，2000年第4期。
[3] 岳慧君：《论高校学生管理的法治化》，湘潭大学2007年硕士学位论文。
[4] 岳慧君：《论高校学生管理的法治化》，湘潭大学2007年硕士学位论文。

国现有的行政体制及救济制度下，更新行政主体学说，改革现行管理和监督体制，提供全面司法保护的一次有益探索。[1]这样做不仅有助于厘清政府与高校之间的关系，拓宽学校自主办学空间，对于高校完善各自内部法人治理结构，提升办学效益也大有裨益。[2]

　　而对于民办高校的法律地位，有学者主张借鉴英国对高校的多元区分标准，对其法律地位区分于公立高校进行界定。[3]也有持"法人说"的学者认为民办高校应属于私法人中的公益法人或社团法人，仅受到私法的调整。从实然层面看，依据现行《民办教育促进法》规定，我国民办学校与公办学校具有同等的法律地位。[4]而从应然角度看，民办高校在法人性、公益性、自主性和教育性等[5]高校特殊性方面，与公立高校基本一致，同时，置于高校学生管理视野下，涉及学籍管理、奖助、惩戒以及学生民主参与等具体内容，民办高校与公立高校也基本一致。因此，本书将公立高校和民办高校进行统一的研究。

第二节　高等学校与学生的法律关系

　　高校与学生的法律关系因其基础性、复杂性与不确定性，成为中外学界的研究焦点，也存有诸多争议。我国近代高等教育起步较晚，随着20世纪80年代开始的教育体制改革的深入才开始逐渐踏上正常发展轨道。因此在高校与学生之间法律关系的研究中，不可避免仍要借鉴国外已经发展成熟的诸多理论观点。

一、国外高等学校与学生之间法律关系的学说辨析

　　对于高校与学生之间的法律关系，国外亦有诸多理论学说，例如，英美法系有"宪法理论""契约理论""代替父母理论"等典型理论，而大陆法系则存在着"特别权力关系理论""重要性理论""部分社会理论"与"公法上的契约关

---

① 马怀德：《公务法人问题研究》，载《中国法学》，2000年第4期。
② 参见石正义：《高等学校法律地位研究述评》，载《中国教育法制评论》，第4辑。
③ 申素平：《英国高等学校法律地位研究》，载《中国高教研究》，2010年第2期。
④ 《民办教育促进法》，第5条。
⑤ 参见黄威：《学校法人的一般性与特殊性》，载《教育理论与实践》，2002年第12期。
　　王利民：《民商法研究》（第2辑），法律出版社，2001年版，第88-89页。

系理论"等不同学说。这些理论分别从不同的角度阐述了学校与学生的关系，我们可以从这些理论学说的比较中，得到明晰高校与学生法律关系的有益借鉴。

（一）特别权力关系

特别权力关系理论是德国、日本及我国台湾地区解释高校和学生法律关系的传统理论，[①] 对我国学理影响颇深。大陆法系国家理论认为，特别权力关系有别于行政机关与公民之间形成的一般权力关系，是指国家或者团体等行政主体基于特别的法律原因，在一定范围内对相对人有概括的命令强制的权力，而相对人具有服从的义务。[②] 特别权力关系创设时是为了维护公务员对国家的忠诚，而后衍生到其他行政领域，比如军队中对士兵的管理、学校对学生和教师的管理、监狱对犯人的管理、自治团体对其所属成员的管理等。[③] 特别权力人为实现行政目的，对处于其中的相对人享有总括性命令支配权，对不服从者可以加以惩戒，[④] 而相对人则不得就此申请行政或司法救济。

特别权力关系理论为学校获得对学生概括的支配权力提供了依据。在特别权力关系理论支配下，高校与学生关系严重不平等。高校对学生有特别的支配权力和较大的自由裁量权，学生承担的各种义务具有不确定性，往往取决于高校的主观评价。此外，高校作为特别权力人，可以依内部规则任意限制学生的基本权利，对学生进行处罚，而学生对此则只能承受，无法通过起诉等方式获得司法救济。因此随着"二战"后宪政理论和法治国家理论的发展，传统的特别权力关系受到了前所未有的批评与质疑。

（二）重要性理论

面对传统特别权力关系理论备受批评的状况，德国理论界作出了一定的修正，发展出"重要性理论"，将特别权力关系中一定范围内的内部事项纳入司法审查的监督。所谓重要，是指对基本权利的实现重要，或严重地涉及人民自由与平等的领域。高校为实现教育目的，仍然可以根据内部规则来实施管理而不需法律法

---

① 申素平：《高等学校与学生法律关系的基本理论》，载《中国高教研究》，2007 年第 2 期。
② 张淑平：《论我国高等学校学生管理法治化》，厦门大学 2007 年硕士学位论文。
③ 尹晓敏：《高等学校学生管理法治化研究》，浙江大学出版社，2008 年 2 月版，第 22 页。
④ 尹晓敏：《高等学校学生管理法治化研究》，浙江大学出版社，2008 年 2 月版，第 22 页。

规特别授权，亦不受法院审查，但对于关涉学生重要基本权利之实现的事项，必须由法律规定并在争议出现时允许通过法院诉讼进行救济。

重要性理论在特别权力关系内部引入司法审查的监督，在相对人权利保障方面比特别权力关系有重大进步。因此经重要性理论修正过的特别权力关系说已经成为德国法上高校与学生关系的通说。但这种理论学说的弊端在于，因"重要性"标准的不确定，在实践中可能出现操作标准不严、裁量权过大的问题，对于法院要求较高。

（三）部分社会说

部分社会说由日本最高法院在 1977 年的"富山大学不承认学分事件"中提出，[①] 此学说也是在特别权力关系完全排除司法审查的做法受到全面质疑之际应运而生的。在判决中，日本最高法院认为"基于教育学生与研究的目的，即使在法令无特别规定时，大学具有以学校规则等付诸实施之自律性、概括性功能。故使大学形成与一般市民社会不同之特殊部分社会，对于其间所发生之争端，并非全部当然得成为法院司法审查的对象。"[②] 但若这种关系涉及市民法律秩序时，就要接受法院的司法审查。[③] 这种学说实际上与修正后的特别权力关系理论仅仅是解释角度的不同。

（四）宪法理论

美国高校与学生之间的法律关系的主要理论曾是"代替父母理论"，认为高校是居于父母的地位来管理学生的，因此可以在父母可行使的权力范围内，对学生进行管理。随着美国宪法修正案的调整与学生权利意识的觉醒，这一理论已经失去影响。目前居于通说地位的是"宪法理论"。该理论认为，学生与学校之间的法律关系应受宪法规制，学校并非具有不受限制的权力来管理或教导学生，学生仍有一定的人权或公民权，这些权利并未在进入学校时即被放弃，因此学生在宪法上的权利应受到法院的保护。[④]

---

① 尹晓敏：《高等学校学生管理法治化研究》，浙江大学出版社，2008 年 2 月版，第 24 页。

② 谢瑞智：《教育法学》，台湾文堇书局，1996 年版，第 102 页。

③ 参见黄硕：《论特别权力关系理论在中国高等教育领域的当代价值》，载《中国教育法制评论》（第 7 辑）。

④ 苏林琴：《行政契约：中国高校与学生新型法律关系研究》，教育科学出版社，2011 年 9 月版，第 68 页。

该理论与德国的重要性理论具有某种程度的相似性，将高校与学生之间的某些权利事项纳入了司法审查范围。两者不同之处在于，对于这些权利事项的判断，德国的重要性理论采取个案判断的标准，而美国的宪法理论中司法审查的范围是宪法权利事项。但在实践中，这两种理论都存在操作性不强的可能，需要一支高素质的法官队伍作为支撑。

（五）在学契约说

以"契约理论"解释高校与学生之间的法律关系是英国的主流学说，该理论认为高校与学生之间形成一种混合性契约关系，在某些方面明显地属于私法上的合同关系，可以强制执行，而在某些方面则具有公法性质。同时，公立高校作为公共机构或者公共法人，其与学生的这种契约关系还要受到公法规则的约束。[①]

日本学者基于对传统特别权力关系的彻底批判，提出了"私法上的契约关系"理论，认为高校与学生之间是民事契约关系，双方地位平等，基于教育的合意订立契约。[②]但该理论将教育比作一般民事交易买卖的说法显然不妥，因而并未受到日本学界广泛认同，此后便出现另一在学契约理论——"公法上的契约关系"。该理论认为学生的在学关系本质上应属于国家和学生双方立于对等地位、为追求教育目的而依合意成立的行政契约关系。作为国家推行教育的施教机构，高校与学生之间权利义务对等，虽享有在一定范围内的概括性的决定权，但基本上仍是学生同意下构成的教育自治关系。[③]此时高校对学生的管理应遵守依法行政原则，一旦发生纠纷则由法院审理。

（六）分析与比较

综上理论，我们可以看出各种理论之间虽有不同，但亦存在不少共通之处。例如特别权力关系理论虽饱受批判，但经过修正以后仍然还是大陆法系国家的通说理论。而大陆法系各国对特别权力关系理论进行修正的基本思路都是将学

---

① 苏林琴：《行政契约：中国高校与学生新型法律关系研究》，教育科学出版社，2011 年版，第 64 页。
② 苏林琴：《行政契约：中国高校与学生新型法律关系研究》，教育科学出版社，2011 年版，第 64 页。
③ 尹晓敏：《高等学校学生管理法治化研究》，浙江大学出版社，2008 年版，第 24 页。

校的行为和决定进行分类，一类是基本的、涉及学生基本权利和地位的决定，另一类是大量的、日常性质的决定，二者不具有等同的重要性。① 而这种修正与美国的宪法理论又有着异曲同工之妙，均认为高校对学生的管理权并非不受限制，而是在涉及学生部分权利事项时其管理行为必须纳入司法救济范围，这些事项在德国法上是涉及基本权利的"重要"事项，在美国法上是"宪法"权利事项。

同时我们注意到，在诸多外国学说中较少有多重法律关系兼有说或混合说等类似观点，可能是将研究的重点放在了能够代表其主要特征的那些法律关系上，而选择性地忽略了那些较为次要的法律关系。

二、我国高等学校与学生之间法律关系的认识

与国外学说林立的情况相同，国内对于高校与学生之间的法律关系也存在着许多不同观点。不少学者基于我国现有的以法律部门区分法律关系的分类框架，在民事法律关系与行政法律关系二者之间作非此即彼的选择。也有学者注意到了高校与学生作为两个独立个体，他们之间法律关系具有多样性，因此提出了"混合说"，或称"双重法律关系兼有说"②。随着研究者的增加与研究的深入，学者们又在此框架之下或之外提出了诸多细分观点。

而各个学说之下不同学者的观点也在不同方面有着细微的分歧。因此我们拟以高校与学生之间法律关系的不同特性为比较，对不同学说乃至学说之下各学者的不同观点进行横向分析梳理，以期对界定高校与学生之间的法律关系有所借鉴。

（一）公法关系说

1. 特别权力关系

在公私法二分的框架下，特别权力关系亦属于广义上的公法关系。受到大陆法系特别权力关系的深远影响，尽管没有成文法的明确规定，我国公立高校与学生的关系仍然被大多数学者③认为是一种以习惯法形式存在的、"无名有实"的、

---

① 申素平：《高等学校与学生法律关系的基本理论》，载《中国高教研究》，2007年第2期。
② 持此种观点的学者颇多，参见李华：《高等学校与高校学生的法律关系探究》，载《学校党建与思想教育》，2010年第31期。
③ 参见田鹏慧：《高校与学生法律关系的特征》，载《教育评论》，2007年第6期。

事实上的特别权力关系。① 但是同样有很多学者因为传统的特别权力关系排斥行政法治的基本原则，因此主张彻底抛弃这种落后思想。

2. 宪法法律关系

因为学生的受教育权属于宪法上的基本权利，因此有学者认为，高校与学生之间围绕着受教育权的实现形成了最基本的宪法法律关系。②

3. 行政法律关系说

有学者认为，高校与学生之间是公共服务提供者和利用者的关系，两者主要形成的是以实施教育和接受教育为目的的行政法律关系。③ 还有学者认为，高校与学生之间的法律关系是一种外部法律关系，④ 而与之相反的是特别权力关系说，特别权力关系基本属于一种内部法律关系。

4. 教育管理法律关系说

有学者认为，高校与学生之间基于教育教学管理而形成了教育管理法律关系。这种法律关系具有隶属性，不同于严格意义上的行政法律关系，不仅包括招生与社团管理等一般行政法律关系，而且包括学籍管理等具有特别权力因素的特殊行政法律关系。⑤

5. 行政契约关系

这种行政法律关系存在着向行政契约转化的可能性。因此可以在一定程度上引入行政契约相关精神和原则，例如在学籍管理、教学管理、宿舍管理领域。⑥

---

① 黄硕：《论特别权力关系理论在中国高等教育领域的当代价值》，载《中国教育法制评论》（第7辑）。
② 李森：《普通高等学校与学生法律关系研究》，华中师范大学2007年硕士论文。
③ 苏林琴：《行政契约：中国高校与学生新型法律关系研究》，教育科学出版社，2011年版。
④ 李华：《高等学校与高校学生的法律关系探究》，载《学校党建与思想教育》，2010年第31期。
⑤ 参见杜文勇：《试论学校与学生的法律关系》，载《内蒙古师大学报（哲学社会科学版）》，2001年第5期。刘标：《论高校与学生之间的行政法律关系》，载《苏州大学学报（哲学社会科学版）》，2008年第6期。
⑥ 苏林琴：《行政契约：中国高校与学生新型法律关系研究》，教育科学出版社，2011年版，摘要。

（二）私法关系说

有学者认为高校与学生之间从整体上看是一种教育服务合同，高校作为教育服务的提供者，在接受学生支付对价基础上为学生提供合同约定的教育服务，而学生则是购买此项服务的相对方。[①] 在这一合同中，招生是邀约邀请，填报志愿是邀约，录取是承诺。

事实上基于教育的公益属性，纯粹的私法关系说支持者不多，有学者是在坚持公立高校与民办高校区分对待的基础上，认为民办高校与学生之间的法律关系属于私法上的契约关系。

（三）公私法关系兼有说

多数学者认为，高校与学生之间的法律关系兼有民事与行政双重属性，并且在提供教学设施、食宿等领域体现出民事法律关系特点，而在学生管理过程中体现出行政法律关系特性。[②]

少数学者认为，高校与学生之间存在教育服务合同法律关系和学籍行政管理法律关系。整体上涉及教育关系产生、变更与消灭的事项属于高等教育服务合同关系，而具体的学籍行政管理及日常学生奖惩等管理行为则属于外部行政行为。[③]

本书认为，所谓法律关系是指法律在调整人们行为过程中所产生的一种特殊的社会关系。任何法律关系的来源都是既存的政治、经济、文化等社会关系的原型。高校作为一个社会组织，与各种主体之间发生着诸多的社会关系，与学生之间所发生的各种关系也有着错综复杂的结构和丰富繁多的层次。这其中，既有高权性质的纵向隶属型的法律关系，又有平权性质的横向平权型法律关系。并且不同于简单的民事法律关系或行政法律关系的是，高校与学生之间因同一事项所形

[①] 苏万寿：《学校对受教育者实施处分的性质与法律救济》，载《华北水利水电学院学报》，1999 年第 3 期。石磊：《对大学生与学校之间法律关系的思考》，载《山东省青年管理干部学院学报》，2003 年第 11 期。

[②] 参见谢太洵：《高校与学生之间的法律关系初探》，载《云南大学学报（法学版）》，2005 年第 4 期。李华：《高等学校与高校学生的法律关系探究》，载《学校党建与思想教育》，2010 年第 31 期。卢祖元，陆岸：《论高校与学生的双重法律关系》，载《苏州大学学报（哲学社会科学版）》，2001 年第 10 期。彭希林，肖平：《论高校与学生法律关系的双重性》，载《高等农业教育》，2006 年第 12 期。

[③] 朱玉苗，赵伯祥：《高校与学生：两种法律关系的法理分析》，载《学术界》，2005 年第 1 期。

成的某种关系往往同时受到公法与私法的共同调整。

总体来说，高校是依公共目的设立、依法律规定代表国家行使教育行政管理职权的教育行政机构，无论是在代表国家行使教育行政职权（如授予学位）的过程中，还是在行使法定的"自主管理权"对学生进行日常管理的过程中，高校与学生之间都更多地呈现隶属型法律关系的特点。即使当高校以教学及生活设施服务提供者的身份出现时，高校与学生之间具有契约性质，高校为了维护集体生活的正常秩序，仍需要对提供的服务及资源进行一些特殊的管理和约束，学生则负有遵守学校相应规章制度的义务。因而这种情况下，高校与学生之间的权利义务又不是完全对等的，高校在这其中享有较多的监督管理的特权，这种类似平权型法律关系也不是普通的民事法律关系。在高校与学生之间的法律关系中，至少有隶属型法律关系与平权型法律关系两种，其中隶属型法律关系除了体现为特别权力关系，还有一般行政法律关系存在的空间。我们将在下一节对高校与学生之间的法律关系进行具体的分析。

第三节　高等学校学生管理视野下高等学校与学生之间的法律关系

在高校学生管理的视野下，学校与学生之间的关系具有多层次性与复杂性，既在一些方面表现为典型的隶属型法律关系，又在另一些方面体现出平权型法律关系的特点。

一、高等学校与学生之间法律关系的主要方面

高校与学生之间不可否认地存在着平等主体之间的民事法律关系。例如，学生在学校图书馆存包时，与高校之间形成一种无偿保管合同关系；为学生订购教材时，高校与学生之间则形成买卖合同关系；同时，高校作为学生活动的组织者及教育教学场地设施的提供者，对学生负有民法上的安全保障义务，如果因高校失职或提供场地设施有瑕疵，导致学生在校期间发生人身或财产损害的，高校与学生之间又构成侵权损害赔偿法律关系。这些都是高校与学生之间典型的民事法律关系。

　　然而，在高校学生管理的视野下，高校与学生二者之间的法律关系主要表现出纵向隶属性的特点，本书将这种法律关系称为"教育行政管理关系"。①高校作为公务法人，是代表国家行使教育职责的教育行政机构，其在学生管理中与学生之间的法律关系主要表现为教育行政管理关系，具有纵向隶属性特点。这种纵向隶属的特点不仅体现在学籍、奖助、惩戒、心理健康教育、就业创业等典型的学生"管理"领域，甚至在高校提供公寓、食堂、浴室等服务及学生利用图书馆、教室、体育场等教学设施的过程中，高校与学生之间形成的也并非纯粹的民事法律关系。后勤服务中的价格补贴以及教学资源使用中的管理分配等，使得高校在提供后勤服务与教育教学资源的过程中与学生之间的法律关系区别于普通的买卖、租赁、借用等民事法律关系，高校在这其中行使了重要的管理职责。因此在这个过程中，高校与学生之间法律关系的主要方面也表现为教育行政管理关系。只不过在这些过程中，高校与学生之间的关系在某种程度上与民事法律关系类似，可以参照民事契约的方式进行管理，以相应民事契约的权利义务内容约束高校与学生的基本履约行为。

二、高等学校与学生之间主要法律关系的分析

　　判断法律关系的性质是为了更加准确地适用法律。高校与学生之间主要表现为教育行政管理关系，本书将对这种法律关系的具体性质进行分析。

　　（一）特别权力关系的合理性与局限性

　　特别权力关系理论是解释高校与学生之间法律关系的传统理论，也是其他"重要性理论""宪法理论""部分社会说"等重要学说的基础。对于我国目前高校与学生之间的法律关系而言，特别权力关系学说有其合理性，但同时也存在着严重的局限性。

1.特别权力关系的合理性

　　从事实上看，我国目前高校与学生之间的法律关系符合特别权力关系的基本特点：首先，高校与学生之间的权利义务并未因一方支付学费另一方收取学费而

---

① 参见《最高人民法院关于发布第九批指导性案例的通知》（法〔2014〕337号）指导案例38号"田永诉北京科技大学拒绝颁发毕业证、学位证案"裁判理由部分的表述。

变得平等自愿，二者之间仍具有浓厚的利益纵向支配的权力色彩；其次，高校对学生普遍拥有概括性的命令权，学生作为命令的服从者需要准备承受一系列不确定的义务；尤其是，高校在自主管理权范围内有权制定学校章程、规章制度，并以此限制学生的部分权利，以保障高校正常教学秩序。

这种特别权力关系学说的背后，有着一定的合理性和深刻的本土原因。一方面，高校作为专业的教育机构，具有在专业领域实行学术自治与管理自治的需要；另一方面，我国尊师重道的传统思想以及计划经济时代的"政治化教育"传统也为我国高校与学生之间特别权力关系的生成与延续提供了可能。① 基于这些原因与特点，特别权力关系在解释高校与学生之间法律关系的特殊性上仍然具有其可取之处。如果彻底废除特别权力关系理论，将会造成高校学生管理秩序的紊乱。

2. 特别权力关系的局限性

不可忽视的是，传统的特别权力关系理论造成了对权利的极大侵害，这是特别权力关系最致命的局限。根据传统的特别权力关系理论，高校想要限制学生的某种权利，都只需在章程或校内规章制度作出规定即可，并且侵犯学生权利的管理行为也可以完全排除司法的救济。这都与现代法治精神和保障人权的基本理念相违背。事实上，随着世界范围内法治精神的普及以及对人权的高度重视，基本权利保障的价值已经逐渐超越了特定事业目的的价值。如果依传统的特别权力关系所要求的那样，高校在学生管理过程中可以继续对学生一切权利妄加限制，那么学生在校学习期间的人身权利、财产权利以及受教育权利等重要的权利都可能受到高校管理行为的侵犯，这无疑有违宪法保障人民基本权利的目的。

（二）重要性理论与宪法理论的合理之处

传统特别权力关系学说的三大特征是义务的不确定性、法律保留原则的不适用以及救济途径的缺失。其中，法律保留原则的排除适用与救济途径的缺失明显与现代法治观念相悖。大陆法系国家对此的修正路径是，将高校学生管理过程中

---

① 姚荣：《中国公立高校与学生法律关系变迁的多重制度逻辑》，载《复旦教育论坛》，2015年第5期。

发生的行为和决定进行分类，一类是基本的、涉及学生基本权利和地位的决定，另一类是大量的、日常性质的决定，二者不具有等同的重要性。[1]对于其中的重要事项，允许学生采取诉讼途径作为救济手段；对于其中的一般事项，则保留特别权力关系的特点和高校自主管理权的要求，继续排斥司法审查的过分介入。此即"重要性理论"。而美国的宪法理论亦与此相仿，即以"宪法权利"标准划定司法救济介入高校管理行为的限度。这种理论是对特别权力关系的修正与发展，解决了高校专业领域自治与学生基本权利保障之间的矛盾，具有十分积极的意义。

（三）我国高校与学生之间主要法律关系的理论基础

借鉴德国等大陆法系国家"重要性理论"对传统特别权力关系的发展和美国的"宪法理论"，本书认为，高校与学生之间主要法律关系的适用理论是建立在对特别权力关系的突破与扬弃的基础上，从以下几个方面进行发展，使之适应现代法治精神的要求，从而继续为高校学生管理法治化提供理论支撑。

第一，在对高校学生管理行为进行分类的基础上进一步缩小特别权力关系的适用范围。随着理论研究的深入，我们发现高校在实施学生管理行为的过程中所作出的利益关系纵向流动的高权性行为，并不完全属于同一类型，而至少应当分为两类：一类是作为行政法上"法律法规授权的组织"，接受法律的具体授权而代替国家行政机关行使部分教育行政权的行为。例如招生行为即应属于一种外部行政行为[2]，而授予学位行为也是高校依法律的明确授权而为的具体行政行为。[3]另一类则是高校以自己的名义，行使其办学自主权而作出的类似"内部行为"。例如，校园日常学生管理中出现的学业预警行为，以及大量的校园秩序管理行为，皆属此类。对于前一种授权事务，是原本应当由行政机关行使，但出于现实需要等原因由法律授权给高校来完成的。对于此类事务，仍然应当将高校当作法律法规授权的组织，以行政法律规范来规制这些外部行政行为。对于这部分行为，不应当运用特别权力关系理论加以解释与调整。而对于后一类高校自治事务，高校

① 申素平：《高等学校与学生法律关系的基本理论》，载《中国高教研究》，2007年第2期。
② 杨昌宇，许军：《特别权力关系之于我国高等学校与学生法律关系》，载《黑龙江省政法管理干部学院学报》，2002年第1期。
③ 参见《学位条例》，第8条。

对此有概括的命令权和完全管辖权，这才是对特别权力关系理论进行限缩适用后其所适用的范围。

第二，涉及学生重要权利的事项应适用法律保留原则。在传统的特别权力关系理论下，法律保留原则不适用于内部管理事项，即使没有具体法律依据，学校也可以通过内部规则限制学生权利。[①]随着民众法治意识和学生权利意识的觉醒，这种理论亟待修正。作为行政法上的基本原则，法律保留原则应当选择性地将特别权力关系中的某些事项纳入适用范围，以保障学生基本人权的实现。具体而言，对于影响学生受教育权、人身自由权等重要权利实现的事项，必须有具体法律明确授权的情况下，才可以在学生管理活动中加以限制或剥夺，或为学生设定相应义务。例如，开除学生学籍的处分影响到了学生受教育权的实现，这种处分所适用的情形应当由法律作出规定，学校章程甚至更低层级的学校规章制度的规定，不得任意扩大此类处分决定的适用情形。

第三，涉及学生重要权利的事项应允许司法救济。司法最终裁决是法治社会奉行的普遍原则。若依传统特别权力关系的要求，完全排除诉讼对于学生管理行为的介入，学生作为公民最基本的人权将会受到毫无约束的侵害。为了给学生权利提供充分的救济渠道，避免权力的滥用，本书认为，在高校学生管理过程中，一些涉及公民受教育权的实现、人身自由权的保护等十分重大的、具有宪法意义的权利事项，应当允许学生就作为这些权利受损原因的高校管理行为提起诉讼，以司法手段作为最后的权利保障。同时，应当避免司法对教育这个专业领域的过分介入，以保障高校的办学自主权，维持高校校园原有的和谐秩序。

但对于"十分重大的、具有宪法意义的权利事项"范围如何确定的问题，囿于立法技术的局限，我们无法就纷繁复杂的学生管理行为制定过于详尽的操作标准。对于这一难题，本书建议采取个案判断的方法，然后随着此类案件在实践中数量的逐渐积累，通过最高人民法院公布指导性案例等判例法形式予以确认。

---

① 刘庆，王立勇：《高校法治与特别权力关系》，载《政法论坛》，2004年第6期。

第三章 高等学校权力与学生权利

法治的核心内容是实现法的统治、权力制约与权利保障。[①] 当前高校学生管理领域出现的诸如授予学位争议、学籍纠纷、集体维权等诸多问题，其实质是高校权力运行和学生权利行使过程中的矛盾冲突。实现高校学生管理的法治化，推进依法治校，关键就是遵循法治精神，平衡两者关系，规范高校权力运行，实现依法管理；亦保障学生权利行使，维护合法权益，把法作为最高权威，在管理中体现出法律的公平与正义。[②]

第一节 高等学校权力与学生权利的概述

高校学生管理基本内容是学校和学生之间的互动，高校行使管理权，但学生并非完全被动接受管理，而是主动积极参与进来，主张自身权利，高校权力和学生权利就构成了高校学生管理法治化的基本范畴。因此，要了解两者之间的冲突和平衡的前提，有必要进一步厘清概念，从法理层面了解两者之间的关系。

一、权力和权利的辨析

权力和权利两个概念作为法理学上一对基本范畴。学界有着诸多不同认识。对于权力的概念，有着力量说、控制说、关系说、能力说、马克思主义权力观等

---

① 参见石佑启、陈咏梅：《行政体制改革及其法治化研究：以科学发展观为指引》，广东教育出版社，2013年版，第23页。其中对法治化定义为：法治化是指建立在商品经济（市场经济）基础之上的，以民主与自由为前提的人治和专治社会向法治社会转化的过程，它以法的统治、权力制约与权利保障为主要内容，以法治的最终实现为目标指向。

② 参见尹晓敏：《高等学校学生管理法治化研究》，浙江大学出版社，2008年版，第38页。

诸多解释。①《现代汉语词典》对于权力有两个解释：一是政治上的强制力量；二是职责范围内的支配力量。《社会学词典》给出的解释为，权力是一种强制性的社会力量，支配权力的主体利用这一力量驾驭客体，并迫使客体服从自己。②一般而言，权力体现为一种社会关系，权力者能借助于资源对他人发生强制性的影响力、控制力，促使或命令、强迫对方按权力者的意志和价值标准作为或不作为。具体而言，权力包括两大类，一是国家权力，二是社会权力。国家权力包括人民主权，即人民权力和人民授予国家机关的权力（在我国，有人大的权力，以及由其派生的行政权力、司法权力等）。社会权力是指社会主体（公民和社会组织）所拥有的社会物质和精神资源对社会与国家的支配力、影响力。③

对于权利的认识，理论上同样有资格说、主张说、法力说、规范说、自由说、选择说、可能说、利益说、优势说等诸多解释，但对权利一词的理解有两个基本共识：第一，权利主体是法律关系的主体或享有权利的人。一般是指个人（公民、自然人）和法人，也包括其他团体、组织以至国家。第二，权利的内容一般是指法律关系主体可以这样行为或不这样行为，或者要求其他人这样行为或不这样行为。④具体来讲，权利一般包括法定权利和非法定的社会自在权利两大类，前者是指由宪法和法律所确认和保障的公民和法人的权利，后者主要是指其人权，以及其他习惯权利、道德权利和社会各种组织内部的权利等。⑤

权利和权力是现代法治理论的两大基础范畴，尤其是权利构成了现代法治的核心概念，两者具有非常密切的联系，双方是对立统一的。权利和权力既是相互区别、对立、冲突乃至制约，有着显著的区别：一是行使主体不同，权力的行使主体是特殊主体，即作为整体的人民、国家机关及其工作人员；而权利行使的主体是一般主体，包括公民、法人和其他社会组织（国家机关在进行民事活动时也是权利主体）。二是处分方式不同，权力必须依法行使，不得放弃和转让；而权利一般可以放弃和转让。三、推定规则不同，权力只有以明文规定为限，否则为

① 郭道晖：《法理学精义》，湖南人民出版社，2005 年版，第 148 页。
② 转引自张书铭：《理性法律监督论纲》，中国人民公安大学出版社，2014 年版，第 31 页。
③ 郭道晖：《权利与权力的法理区别》，载《人大工作通讯》1998 年 18 期。
④ 沈宗灵：《法理学》，北京大学出版社，2009 年版，第 62 页。
⑤ 郭道晖：《权利与权力的法理区别》，载《人大工作通讯》1998 年 18 期。

越权，即"法未授权即禁止"；而权利的推定规则为"法无明文禁止即可为。"四、社会功能不同，权力一般目的体现为公共利益；而权利一般体现为私人利益。五、对应关系不同，权力与责任相对应；而权利与义务相对应。①但同时两者又相互联系、依存、渗透和转化。如《牛津法律大辞典》称："通常认为权力只是更广泛的'权利'概念的含义之一。"权利派生权力，权利包含权力，权力归属于广义的"权利"概念。权利和权力的关系形成公法领域最基本的法律关系，在这个领域，国家权力是直接作用于公民（权利）的，公民权利制约权力。一般而言，权利是基础、目的和保障，权力是衍生、手段和界限。②权利是权力的来源和基础，无权利即无权力，权力是为实现权利而产生；而权利的确认和分配也依赖权力，③权力是实现权利的工具和手段。当然，权利和权力之间关系错综复杂，权力和权利之间也存在着冲突，权力是保障权利必不可少的力量；但为了切实保护权利又必须限制权力。④

二、高等学校权力和学生权利的认识

厘清了权力和权利的概念以及关系，有助于深刻了解高校权力和学生权利的关系。在高校学生管理的法律关系中，高校和学生作为高校学生管理中双方主体，其互动作为管理的基本内容，权力和权利的要素始终贯穿于高校学生管理的始终和各个环节，体现为高校权力和学生权利两者之间的博弈和冲突。

在高校学生管理中，高校权力一般是指高校基于实现自身办学宗旨，为维护正常教育秩序，保障学生合法权益，依法行使管理学生的职权，对于学生的校内外活动进行计划、组织、协调及规范，涵盖学籍、奖助、惩戒、心理健康教育、就业创业等各个领域。而学生权利则意味着学生虽然作为高校学生管理受管理方，但并非只是被动接受管理，其服从于学校依法管理的权力，履行相关义务，享有宪法和法律赋予的正当权利，⑤可以依法提出权利诉求，维护自身权益不受侵犯。

① 　参见郭道晖：《权利与权力的法理区别》，载《人大工作通讯》1998 年 18 期。
② 　付子堂：《法理学高阶》，高等教育出版社，2008 年版，第 230 页。
③ 　吴爽、李劲著，《公民权利基本理论研究》长江出版社，2007 年版，第 9 页。
④ 　程燎原、王人博著：《赢得神圣—权利及其救济通论》，山东人民出版社，1992 年版，第 191 页。
⑤ 　湛中乐：《大学自治、自律与他律》，北京大学出版社，2006 年版，第 178 页。

高校权力和学生权利两者之间是对立统一的，学生权利是高校权力行使的目的和基础，高校权力是实现学生权利的手段，应以学生权利为界限，保障学生权利不受侵害，使学生权利从应然成为实然。但是高校学生管理的实践复杂多样，尤其是在当前迅速发展的信息时代，不断涌现出的新情况、新问题和新形势赋予高校权力和学生权利诸多新的内容。随着社会思潮中权利意识的高涨，学生权利和高校权力之间的界限也逐渐变得不明确，两者之间冲突和博弈就更加在所难免。这突出体现在，高校与学生因管理行为引发的法律纠纷不断增多，学校被推上被告席案件也屡屡发生。从一定意义上讲，高校权力和学生权利的冲突已经成为当前高校学生管理的新常态，而如何平衡两者之间关系成为高校教育管理者亟待解决的问题。

三、平衡高等学校权力和学生权利的重要意义

平衡高校权力和学生权利是实现立德树人根本任务的基本要求。《教育法》明确指出，教育是培养德、智、体、美等方面全面发展的社会主义建设者和接班人，教育必须坚持立德树人。在高校学生管理中，虽然高校权力和学生权利两者存在着冲突，主体的法律地位不同，但就宗旨而言，最终都归于立德树人这一教育根本任务。立德树人不仅是学生权利的最终实现，也是高校权力行使的目的。而随着社会和时代的发展，教育本身的内涵不断丰富，尊重学生个性化成才需求，全面提升人才培养质量已经成为社会共识，这就更需要适应新情况，维护学生合法权益，依法规范权力，保障权利。

平衡高校权力和学生权利是落实依法治国基本方略的基本要求。当前，高校权力和学生权利的冲突已经成为社会的焦点、理论的热点和管理的难点，一些问题甚至影响了高校正常教学管理秩序，乃至对社会都带来了一定负面影响。而在全面推进依法治国的今天，在高校学生管理中全面推进法治化，平衡权力和权利的冲突，以法治思维和法治方式解决问题，化解矛盾，有利于维护学校正常教育管理秩序，实现依法治校，营造出良好的育人环境。

第二节　高等学校权力的界定

当前高校学生管理中出现的诸多新问题、新情况，很多都是因高校基于权力对学生行使管理而引发纠纷，而其实质上是学校管理权和学生权利之间的冲突博弈，从法理上理解，权利作为权力的界限，高校权力应当在法律限度内行使。因此，科学合理地界定高校权力，明确高校管理职权就成为平衡权力和权利的关键。

一、高等学校权力的属性

要界定高校权力，首先就必须清楚何为高校权力。不同于国家机关行使的典型公共权力，由于高校本身具有特殊法律地位，因此高校权力具有自身特性。对此，当前存在着二元论、三元论等多种理论解释。

一般认为，当前高校权力是学术权力和行政权力的二元结构。学术权力是指制定教学计划、实施教学活动、开展教学研究等与教学相关权力。而行政权力则是基于法律法规的授权对教师和学生进行管理等活动的权力。[1]而基于以上两种权力，还有的学者认为高校治理传统的权力是行政权力和学术权力，其他权力受到压制，如市场权力。还有学者从教育的政治属性考量，高校还存在着以"党委领导"为代表的政治权力，认为高校权力服务于特定国家或社会的政府经济发展需要，是国家权力组织下的重要构成。[2]另外还有的学者根据高校内部团体利益的差别，从教师、管理人员和学生等拥有权力的主体角度，认为不同权力主体派生出来不同权力类型，即学术权力、行政权力和学生权力的三元论。[3]

而相对于二元论和三元论，还存在多元论的观点，认为将我国高校的权力系统分为包括政府权力、市场权力和社会权力在内的外部权力和包括管理权力、学术权力、学习权力等内容的内部权力。[4]还有学者提出否认权力分类差别的一元论，认为大学内部的权力关系实际上就是权力在大学内部各组群之间的分配问题。这

---

① 参见邢鸿飞，芮令辉：《论高校二元权力结构下的学生权利救济》，载《江苏高教》，2014年第4期。
② 关莹：《论中国高校的"三元权力"结构》，载《科教文汇（上旬刊）》，2009年第2期。
③ 刘亚敏：《大学内部权力结构及其调整》，载《现代高校教育》，2004年第2期。
④ 游建军，陈于后，王伟：《高校安全稳定法律适用问题研究》，巴蜀书社，2009年版，第91页。

一问题在西方是大学自治的问题，在我国则是大学办学自主权的问题。①

以上观点对高校权力的构成存在认识上的差异，本书认为是因为认识角度的不同，如一些观点并没有对权利与权力的概念进行深入分析，从权力本身具有强制性而言，高校权力主体只能由高校这一特殊主体行使，高校的学生所享有的更多是权利，如学校和专业的选择权、对教师教学的评价权等，而非拥有具有某种强制和支配性质的权力。②而教师和管理人员只是作为高校权力的行使者或是代表人，而非权力主体本身。而另一些观点并没有把基于高校自身特定社会价值而拥有的权力和影响高校的权力进行区分，市场权力和政府权力的享有主体分别是市场和政府，并非高校自身拥有的特定权力。

那么基于当前高校学生管理实践，高校与学生之间纠纷主要集中在两类，一类是学术管理活动因学术评价问题而与学生权利之间产生冲突，如考试成绩评定、学位论文学术水平评定等，另一类则是学校依据教育法律法规授权在管理中行使行政权力与学生权利之间的冲突，如学籍管理、违纪处分等。③本书认为高校权力宜采用学术权力和行政权力的二元分类，而对于一些学者提出的高校权力包括以高校党委书记为代表的校政党组织掌握的政治权力，这种观点有理论分类价值，有助于理解我国当前高等教育的基本属性和立场，但在当前高校学生管理实践中少有此类权力与学生权利之间的冲突纠纷，因此本书不做讨论。

二、高等学校学生管理视野下高校权力的内涵

高校权力是由学术权力和行政权力组成的二元结构，而高校行使权力的依据则是来自法律法规授权的高校自主管理权，或办学自主权。对此《教育法》第28条规定"学校及其他教育机构行使下列权利：（一）按照章程自主管理；……"《高等教育法》第11条亦规定，"高等学校应当面向社会，依法自主办学，实

① 周光礼：《问题重估与理论重构——大学"学术权力"与"行政权力"二元对立质疑》，载《现代大学教育》，2004年第4期。
② 沈小强，袁利平：《高校权力结构的反思与重构——兼论我国高校"去行政化"》，载《教育发展研究》，2010年第23期。
③ 参见谭晓玉：《权力与权利的冲突与平衡——当前我国高校学生管理法律纠纷透析》，载《教育发展研究》，2006年6月。

行民主管理。"

　　高校学生管理是高校管理权力的重要组成部分，高校亦有根据法律法规授权，进行自主管理的权力。对此，《教育法》明确规定："学校及其他教育机构行使下列权利：（二）组织实施教育教学活动；……（四）对受教育者进行学籍管理，实施奖励或者处分；（五）对受教育者颁发相应的学业证书；……"《高等教育法》第 41 条："高等学校的校长全面负责本学校的教学、科学研究和其他行政管理工作，行使下列职权：（二）组织教学活动、科学研究和思想品德教育；……（四）……对学生进行学籍管理并实施奖励或者处分；……"而《学位条例》等则明确了高校拥有授予学位的权力。[①] 另外，当前随着社会力量办学进入高等教育领域，高校性质也有所差异，《民办教育促进法》等法律规定也赋予民办高校自主管理权。[②]

　　相对于法律较为原则的规定，高校行使学生管理权力的明确依据是《普通高等学校学生管理规定》《高等学校学生行为准则》（教学〔2005〕5 号）《高等学校校园秩序管理若干规定》等教育部颁发的有关规章。另外，如《高等学校招生全国统一考试管理处罚暂行规定》《普通高等学校招生违规行为处理暂行办法》中也有些规定与在校大学生存在直接关系。这些规章规定是高校行使学生管理权力的基本依据，是学校教育秩序正常运行的有效保障，也是对大学生权利保护以及行为约束的有力措施。[③]

　　基于以上法律法规的授权，特别是根据《普通高等学校学生管理规定》的规

---

① 《中华人民共和国学位条例》第 8 条："学士学位，由国务院授权的高等学校授予；硕士学位、博士学位，由国务院授权的高等学校和科学研究机构授予。授予学位的高等学校和科学研究机构（以下简称学位授予单位）及其可以授予学位的学科名单，由国务院学位委员会提出，经国务院批准公布。"

② 详见《中华人民共和国民办教育法》第 25 条："民办学校对招收的学生，根据其类别、修业年限、学业成绩，可以根据国家有关规定发给学历证书、结业证书或者培训合格证书。"第 32 条："民办学校依法保障受教育者的合法权益。民办学校按照国家规定建立学籍管理制度，对受教育者实施奖励或者处分"等相关规定。

③ 张晓玲，闫浩：《大学生法律知识与法律素质教育培养研究》，人民日报出版社，2014 年版，第 5 页。

定，结合高校学生管理的实践，本书认为，高校学生管理中的高校权力是对大学生从入学到毕业在校阶段的管理，是对学生的学习、生活、行为的规范。主要包括以下几个方面。[①]

学籍管理。是对学生在校学习全过程的管理，这包括入学注册、[②] 成绩与考核（制定标准、评定、记载、请假、升级、跳级、留级、降级、重修、选修、辅修）、学籍变动（休学、退学、复学、转专业、转学、毕业、授予学位、结业，肄业）。[③]

学生行为规范和活动管理。这包括学生宿舍管理、校园秩序、社团活动、网络规范等日常行为，涵盖了思想教育、科技创新、文艺体育、社会实践、志愿公益等活动。[④]

学生奖助和惩戒管理。是指高校对学生进行评价的权力，分为奖助和处分两种，奖惩管理是学生管理的重要内容，特别是惩戒，因其直接关系学生权利，部分惩戒涉及学生身份的去存，也是实践中最易引发纠纷的问题。[⑤]

除以上法律法规明文授权的内容之外，高校还依据国家出台的一般规范性文件，[⑥] 在就业创业、心理健康教育等领域行使自主管理权。

另外，高校学生工作中的党团建设作为高校思想教育的重要内容，参与活动的主体大学生必须遵守法律法规和高校学生管理规章制度对大学生的基本要求，因此党团建设的相关活动，如讲座、社会实践等管理，应当纳入高校学生管理的

---

① 尹晓敏：《高等学校学生管理法治化研究》，浙江大学出版社，2008 年版，第 5-9 页。

② 在此，虽然《教育法》《高等教育法》等规定，高等学校具有"招收学生和其他教育者"的权力，并有《普通高等学校招生暂行条例》等规章，但考虑学校招生录取工作面向主体尚不具备大学生身份，高校自主行使招生权力并不具备高等学校学生管理中高等学校和学生内部法律关系，因此不在学生管理中讨论，《普通高等学校学生管理规定》也未将招生纳入其中。

③ 详见《普通高等学校学生管理规定》第三章的规定。

④ 详见《普通高等学校学生管理规定》第四章的规定。

⑤ 详见《普通高等学校学生管理规定》第五章的规定。

⑥ 中共中央、国务院和相关部门发布的各类规范性文件，其中最具有权威性和代表性的是 16 号文件，即《中共中央国务院关于进一步加强和改进大学生思想政治教育的意见》（中发〔2004〕16 号）。

范畴。具有党员和团员身份的学生还要受到党规团纪等组织纪律的规范要求，根据党组织和团组织的有关规定和程序开展活动。这也符合我国进行中国特色社会主义法治建设关于党的领导和法治之间关系的基本理论。

三、高等学校学生管理视野下高校权力的特征

高校学生管理中高校依据法律法规授权有行使自主管理的权力，该权力涵盖学生学籍、奖助、惩戒等各个领域，体现在运用学术权力和行政权力对学生进行全方位、分层次、分阶段管理。而由于高校特殊的法律地位，在学生管理中高校权力具有自身特征。

（一）高等学校权力具有效力上的相对性

由于高校学生管理的法律关系主体的特定性决定了高校权力不具备公共行政权力的普遍性，只对学生这一特定群体有效，且只对具有本学校学籍的学生有效，未入学和已经毕业的学生均不属于高校管理范围，[①] 其权力行使范围具有特定性。一般而言，高校的权力不能取代国家行政权力和司法权力，典型的刑法或是行政法中"一事不再审""一事不再罚"的原则不适用高校权力，如学生因违法犯罪受到高校惩戒，仍需按照国家法律法规规定承担行政或刑事责任。

（二）高等学校权力具有内容上的限定性

高校虽然有自主管理权，但是该自主权必须严格遵循"法律授权即拥有"的原则，法无授权，高校就无权行使。在高校学生管理实践中，高校权力行使的内容一般限制在涉及大学生因学籍产生特定身份的权力，如学籍、奖助、惩戒等。对于不涉及特定身份的，高校不能超越权限处理。高校在行使学生管理权力中更不能超越法律法规授权创设权力。如目前《普通高等学校学生管理规定》明确规定了"警告、严重警告、记过、留校察看、开除学籍"五种纪律处分类型，在没有法律法规或规章明确授权的前提下，高校只能严格遵循，不能自行创设其他处分类型。同时"权利是权力的界限"，高校权力不能无视，乃至剥夺学生的法定

---

① 因已毕业学生论文造假或其他原因导致的学校取消该毕业生学位证书的情况属于学校对学生管理情况的延伸。

权利。如受处分学生依法享有申诉等救济权利，高校行使管理权力必须依法保障学生的权利。

（三）高等学校权力具有行使上的程序性

高校权力是依据法律法规授权，而在行使具体权力时，并非直接依据法律法规的规定进行管理。因为涉及教育方面的现行法律法规多为抽象的原则性规定，高校会根据法律法规的规定，结合学校办学理念、特色等实际，对现行法律法规相关内容加以细化，制定本校的章程、规章制度等全校范围内具有普遍约束力的规范性文件，这也是高校权力自主性的重要体现。规范性文件的制定和颁布会在校内按照一定程序进行，并授权校内相应部门实施，如请假管理办法、转专业管理办法、奖学金管理办法等。进而，学校会按照规范性文件的规定管理学生，对学生进行全面评价。而依据规范性文件管理学生时，如出现限制学生权利的法律后果，则学校会根据相关规定提供权利救济。如同国家公共权力一样，高校权力的实施同样遵循立法、执法、司法等类似的程序。

第三节　学生权利的界定

权利和权力产生机制不同，权利内涵会伴随着社会发展和时代进步不断丰富。而随着高等教育不断深化改革，作为高校权力相对方的学生权利也在不断扩大和增多。在现代法治社会倾向于保护权利，约束权力的理念下，日益宽泛的学生权利就和高校的权力产生冲突。如何认识学生权利，不仅有助于保障学生合法权益，而且有助于明确高校管理的权力范畴，进而更好地协调两者的关系。

一、学生权利的属性

从权利概念的历史发展来看，学生权利是一个宽泛的概念，也是一个变化发展的概念，在不同的时代有不同的内涵。① 从最初强调"师道尊严"的义务本位的教育观至上到当前凸显民主和平等的教育理念深入人心，社会越发展、越进步，

---

① 张震，晋保山：《浅谈学生权利的内涵与保障机制》，载《文教资料》，2007年4月。

学生享有的权利内容、范围也就越丰富广泛。

当前，对学生权利的属性，理论界存在着不同认识。一种观点是把学生权利等同于公民权，要求给予学生以社会公民同样的两大类权利：一类是实体性权利如财产权、生命权、人格权、隐私权等；[①] 另一类是程序性权利如告知权、申辩权、起诉权等。另一种观点认为学生的身份是特殊的，学生除了拥有社会公民的一切权利外，还具有因特殊身份而拥有的身份权，即学生权。[②]

本书认为，考量学生权利的属性，必须从学生作为权利主体的性质开始分析。从身份上来看，学生作为一个以学习为主要任务（抑或是职业）的特殊社会群体，本身是国家社会的公民，其学生的特殊身份是由于其在学校或是教育机构从事学习而被确定的。而基于当前高校学生管理法律规定，学生权利就特指具有法律认可学籍的大学生权利。同时考虑到大学生的生理、心理特点和社会群体特征，本书认为大学生具有自然人、公民和受教育者等多重身份，学生权利是法理上的一个复合概念。

第一，学生作为自然人的身份成为国家公民，[③] 享有作为公民身份应有的各种法律权利。这包括宪法和法律赋予的基本权利，如健康权、隐私权、生命权、姓名权、肖像权等作为公民应该享有的一系列人身权利和财产权利，而年满十八周岁，具有中华人民共和国国籍的学生，依法享有选举和被选举权等一系列政治权利。

另外，学生中具有特殊自然人特征的群体享有特殊保护，如少数大学生在就读期间尚未满十八周岁，因是未成年人的法律身份，因此享有未成年人的特殊权利。其在就读期间享有《未成年人保护法》所确认和保护的未成年人享有的生存

---

① 尹力：《试论学校与学生的法律关系》，载《北京师范大学学报（人文社会科学版）》，2002 年第 2 期。

② 杨彦辉，范树成：《学生的权利及其保护》，载《河北师范大学学报（教育科学版）》，2000 年第 3 期。

③ 从我国高等教育实际出发，根据招生管理和学籍管理相关规定，不具有国籍的自然人理论和实践上都不可能成为我国高等学校具有学籍的大学生。本书认为学生作为自然人的属性享有法律权利，可以被公民的属性享有法律权利的内容所包含。

权、发展权、受保护权、参与权等特殊权利。另外高校中的港澳台学生、留学生、少数民族学生、女生、残疾学生等依法享有相关法律赋予的权利。

第二，学生作为受教育者，依法享有基于受教育者身份享有的法律权利。这主要是指学生在学校期间享有的与教育有关的权利。[①] 这包括《教育法》《高等教育法》《学位条例》《普通高等学校学生管理规定》《高等学校学生行为准则》等法律法规中规定的关于受教育权、学习权等特殊权利。[②]

二、学生权利的内容

学生权利具有多种属性，具有丰富的内容。其作为公民，根据相关法律规定，除享有宪法法律赋予的公民的基本权利，还享有和学生身份权利密切相关的受教育权。

我国宪法第46条规定，中华人民共和国公民有受教育的权利。就此，《教育法》第42条则明确规定了受教育者的五项权利：（一）参加教育教学计划安排的各种活动，使用教育教学设施、设备、图书资料；（二）按照国家有关规定获得奖学金、贷学金、助学金；（三）在学业成绩和品行上获得公正评价，完成规定的学业后获得相应的学业证书、学位证书；（四）对学校给予的处分不服向有关部门提出申诉，对学校、教师侵犯其人身权、财产权等合法权益，提出申诉或者依法提起诉讼；（五）法律、法规规定的其他权利。以上规定明确赋予了学生具有的受教育的机会权、受教育的申诉和起诉权以及获得公正评价权。

在高校学生管理中，《高等教育法》等法律法规明确了大学生享有权利的内容。《高等教育法》第53条第2项规定：高等学校学生的合法权益，受法律保护。第54条到第57条，明确了学生获得奖学金，家庭经济困难学生获得资助，依法成立学生团体，得到学校就业指导的权利。《普通高等学校学生管理规定》进一步细化、具体了学生权利，其第5条规定，学生在校期间依法享有下列权利：（一）参加学校教育教学计划安排的各项活动，使用学校提供的教育教学资源；

---

① 申素平：《教育法学——原理、规范与应用》，教育科学出版社，2009年版，第256页。
② 吴卫军：《大学生实用法律知识读本》，电子科技大学出版社，2007年版，第21页。

（二）参加社会服务、勤工助学，在校内组织、参加学生团体及文娱体育等活动；

（三）申请奖学金、助学金及助学贷款；（四）在思想品德、学业成绩等方面获得公正评价，完成学校规定学业后获得相应的学历证书、学位证书；（五）对学校给予的处分或者处理有异议，向学校、教育行政部门提出申诉；对学校、教职员工侵犯其人身权、财产权等合法权益，提出申诉或者依法提起诉讼；（六）法律、法规规定的其他权利。

综上，本书认为，高校学生管理中的学生权利可以概括为实体性权利和程序性权利两个方面。实体性权利是内容，是指大学生在校受教育期间应当享有的行为自由；程序性权利是形式，是保障主体所享有的实体权利得以实现的权利。程序性权利服务于实体性权利，两者密不可分，紧密相连。[①] 当然，程序性权利也因其对学生尊严的保障而具有独立的价值。

本书认为，实体性权利主要包括以下内容：（一）受教育权。其作为宪法赋予公民的基本权利，也是体现学生身份的首要权利，即学生有要求获得平等教育和良好教育的权利。基于此，学生有要求学校提供合格的教学条件和教学质量，获得学籍、选择专业，获得奖助学金，能够毕业、获得学位、依法接受奖惩等公正评价权等权利。（二）民主权利，即学生对于学校事务管理具有知情权和参与权，能够发表自身意见。（三）人身财产权利。即指大学生在校生活期间所享有的生命健康、人身自由和人格尊严不受侵犯，其正当的物质需求等财产权益得到保障的权利。这包括学生可以在法律规定的范围内自主选择自身行为，其人身具有安全保障，隐私获得法律保护，其个人财物不受到违法侵犯等。而作为保障实体性权利实现的程序性权利，即自身权利受损后，学生享有行政申诉和诉讼请求的权利，可以向学校、教育行政部门以及法院提起权利救济。

三、学生权利的特征

通过总结分析法律法规的规定，我们对于高校学生管理中学生权利的内容有

---

① 蔡新职：《从学生权利本位谈高校管理权力与学生权利的平衡》，载《黄冈职业技术学院学报》，2011 年 10 月。

了较为全面的了解，而从学生权利的内容来分析，本书认为，学生权利具有以下特征。

（一）学生权利具有身份性

学生权利并非是每个公民都享有的，学生权利的获得是基于权利主体具有的法律意义上的学生身份。在高校的学生管理中，学生权利的主体必须是具有法律认可的正式学籍的人，学籍身份对于学生权利具有至关重要的意义。在一般意义上，学生因学籍获得而享有学生权利。当学籍不能正常取得或被注销时，学生一般不再享有诸多实体权利，只能享有程序意义的救济权利。同时学生权利的身份性，也意味着学生权利与与生俱来的公民权利不同，其具有阶段性，即只有权利主体的学生在高校学习期间才能享有。当学生完成学业，学籍注销时，其与高校的法律关系解除，其学生权利就不再享有。

（二）学生权利具有多重性

学生权利作为一个发展和复合的概念，从其权利内容来看，其涵盖宪法、民法、行政法等多个领域，不仅有实体权利，还有程序权利；不仅有宪法、行政法等公法上的权利，还有民法等私法上的权利，是一个多重概念。虽然学生权利具有多重性，内容比较广泛，但是其核心仍然是受教育的权利。当学生获得法律认可的学籍时，其享有的学生权利突出表现为享有社会和学校提供的各种教育资源（即相关利益），而其他权利多是服务服从学生受教育权，尤其是进行申诉和提起诉讼权利。

（三）学生权利具有相对性

正如权利和义务是一致的，享有权利必然要履行义务。学生权利虽然随着社会的发展不断地丰富发展，正如受教育权作为宪法赋予公民的权利，本身也是公民的义务。学生权利同样意味着要接受高校权力的制约，学生要履行相应的义务。为达到教育的目的，学校在法律法规允许的范围内为学生设定各种义务，一般是以内部规则的方式限制学生基本权利。对这种限制，学生应当忍受，并遵守。[1]

---

① 吴回生：《学校权力与学生权利问题探析》，载《教育研究》，2012 年第 5 期。

只有当这种限制超越了法律法规明确规定的具体事项和范围时，学生才能行使救济权利。

第四节　高等学校学生管理中权力和权利的冲突与平衡

实现高校学生管理法治化关键在于权力和权利的平衡，既需要明确并保障大学生依法享有的权利，也需要明确高校对大学生的管理是在正当行使国家教育权力。进一步明确高校权力和学生权利的内涵和外延，为分析当前高校权力和学生权利之间的冲突，实现两者的平衡打下了良好的基础。

一、高等学校权力和学生权利冲突之原因

当前高校学生管理中，因学校管理权和学生权利引发的冲突屡见不鲜。本书导论已经对高校权力与学生权利之间的冲突进行归纳，这些冲突涉及学生人身财产权利、人格权利，乃至作为学生权利最核心的受教育权，并引发了一系列高校与学生之间的法律纠纷。这些冲突凸显了高校权力和学生权利的博弈。高校在行使自主管理权时，其具有单方强制性，能够通过开除学籍、退学、不授予学位、不准予毕业等直接影响学生权利的核心内容——受教育权，而学生作为管理相对方，其主张和维护权利能力相对较弱，这使得社会公众从关注弱势者的角度，更加关注学生的权利。如经常受到媒体曝光的因学校不授予学位、学生因故被退学、开除等，无一不反映了当前高校学生管理实践领域存在着诸多问题，正面临着严峻挑战。

本书认为，当前高校学生管理实践中的高校权力和学生权利冲突日益凸显，根本原因在于社会的发展带来了高等教育领域的深刻变化。随着当前社会利益主体的多元化、利益诉求复杂化，权利的内涵在不断丰富发展，公众的权利意识在不断地觉醒。而在高校学生管理领域，面对迅速变化的新问题和新情况，传统管理理念、制度、方式仍然有着很大影响，这就与学生日益增长的权利意识之间产生博弈和冲突。

（一）法律法规的不健全导致高等学校权力和学生权利之间界限不清

当前我国高校依法行使自主管理权，《教育法》《高等教育法》都明确了高等学校有"按照章程自主管理的权利"。但是法律法规只是注重整体上权力的授予，而缺少对权力的运行规范，[1]未明确区分权力和权利的范畴，授权的内容语焉不详，这就导致了权力和权利之间产生重叠。

当前我国高校学生管理主要依据《普通高等学校学生管理规定》授权，其规定"高等学校应当根据本规定制定或修改学校的学生管理规定，报主管教育行政部门备案⋯⋯"。但《普通高等学校学生管理规定》作为由国家教育行政主管部门制定的，位阶较低的部门规章，其授权效力较低，且内容不明确。高校虽然可据此制定实施细则，但对于学校是否能超出权限，制定涉及法律、法规、规章的内容的办法和细则，或是对法律、法规、规章中已经规定的事项制定更高标准或更严格标准的规定，《普通高等学校学生管理规定》并无明确规定。另外，教育立法长期落后于社会发展已经成为现实，典型的如《学位条例》已制定三十余年，修订也十余年，其内容已滞后时代发展。而在法律法规授权不明时，面对着法律法规授权不能穷尽各种新问题、新情况时，高校在制定实施细则时，只能依据自身情况行使自主管理权，这就出现了诸如学校超出法律明文规定范围，增加开除学籍的适用事由或是提高标准、扩张权力等压缩学生权利的情况。

（二）高校传统的管理体制导致高校权力行使和学生权利的维护产生冲突

长期以来，我国高校作为事业单位来管理，因历史原因造成了高校承担着繁重的任务和多样的职能，除承担教学科研等任务之外，还要承担着户籍、安全保卫等一系列社会管理职责，承担着诸如为灾区捐款、献血等社会公益服务等职责。

而为了履行职责，高校也在不断扩张其权力，强化其控制能力。这突出体现在高校在学生管理中高度注重秩序。学生的行为受到严格规范，如住宿、出勤等往往要求整齐划一，有着严格标准。而这明显表现在学校出台的相关行为规范中

---

① 潘玉萍：《高校管理权与学生权利冲突及衡平》，载《唯实》，2013年第7期。

有着大量的禁止性条款和命令性规定，"不准""严禁""必须"等用词随处可见，同时为保证规则效力还相应有惩罚条款，显然，这样的规定没有认识到高校学生的年龄特点和认知水平，采用压制的刚性管理来进行整体控制。① 上级教育行政部门则从办学自主的角度，一般会认可学校制定的规章制度，这就导致了高校权力的行使不断扩张，进而和学生权利产生冲突。

（三）秩序本位和权力优先的教育理念导致了权力和权利之间的冲突

我国高校担负着将学生培养成"德、智、体等方面全面发展的社会主义事业的建设者和接班人"重要任务，在长期的计划经济体制下，为了实现这一目的，管理者逐渐形成了"服从与被服从"的教育管理观念，认为这样才能有效开展教育管理，才能培养学生的思想道德、文化知识、能力等全面素质，这反映在高校学生管理工作中，就是其价值导向仍然偏重于有效地规范和维护学校正常的教育秩序，要求学生绝对服从。这典型地表现在高校在行使权力时，一是内容宽泛、不明确。高校在制定规章制度时，涉及学生行为的规范有很多概括性的条款，如较常出现的"其他违反公民道德准则和大学生行为准则，情节严重的"等表述。同时高校在规则设定中，出现了教育管理权力和权利交叉的情况，如将道德教育的内容设定为学生义务等，如对不参加献血等志愿公益服务活动的学生进行负面评价等情况。二是程序不规范，机制不健全。当前作为高校权力行使重要体现的管理规则存在制定主体多元、程序不严格的情况。实践中，应当以学校的名义制定的规则往往是由学校的内设机构制定，如未经学生充分民主参与和法定程序，而制定的与大学生切身利益密切相关的一些校规校纪，如评奖评优、处分等，学生只是被动接受，而且长时间未做变动修改，很难应对新的形势和情况。权力从本质上而言，具有单方性和强制性，其和权利本身是冲突的。传统的高校管理的理念本质上是"以权力吸收权利"。而这种权力本位的价值观念同高校学生日益高涨的权利意识产生了激烈的冲突。

---

① 吕艳辉，康琳娜：《行政法视野下的高等学校学生管理权》，黑龙江人民出版社，2007年版，第121页。

二、高等学校权力和学生权利冲突之平衡

而如何解决高校权力和学生权利之间的冲突？当前很多研究者基于行政法理论中的"控权论"提出要从学生权利出发，规范和限制高校权力运行。从我国高等教育的发展来看，"控权论"对于改变当前高校学生管理行政色彩浓厚的情况，尊重和保护学生权益具有重要意义。但是权利与权力二元要素构成了高校学生管理法治化建设的基本内容，两者紧密联系、相互制约、相互影响。如果只重视一面，而限制另一面，则有可能走向另一个极端。

本书认为，解决高校权力和学生权利的冲突关键是平衡，正如行政法理论中"平衡论"所指出的，公共利益和私人利益的差别与冲突是现代社会最普遍的现象，正确处理利益关系应该是统筹兼顾，不可只顾一头。[①]平衡即权利义务平衡，其利益主体的权利义务整体上应该是平衡的。一方面，为了维护公共利益，必须赋予行政机关必要的权力，并维护行政管理有效地实施，以达到行政目的；另一方面，又必须维护公民的合法权益，重视行政民主、权利补救以及对行政权的监督。[②]

实现高校学生管理的和谐，就必须平衡高校权力和学生权利两者之间关系。平衡两者的关系就是让两者各得其所，各守其分，享有自身合理、正当的法律地位。《教育部关于加强依法治校工作的若干意见》明确指出，依法治校的关键在于转变观念，以良好的法律意识、法制观念指导学校管理和教育教学。对此，高校管理部门应当尊重学生权利，健全学生权利体系，树立权力规范意识，依法转换管理方式，构建参与式、民主化的良性互动关系。当然，作为学生也应当树立权利和义务相统一的理念，树立规则意识，遵纪守法，以合法手段维护自身权益。

（一）坚持学生权利为本

权利作为法治的起点、轴心与重心，权利本位是现代法治的必然选择，其也符合当前高等教育以人为本的发展趋势。学生是学校管理活动存在的基础和前提，

---

① 罗豪才：《行政法的"平衡"及"平衡论"范畴》，载《中国法学》，1996年8月。
② 罗豪才：《行政法之语义与意义分析》，载《法制与社会发展》，1995年第4期。

高校学生管理的出发点和归宿都是为了育人。学生不仅仅是受教育者，而且是参与教育、体现教育价值、教育质量的主体。只有尊重学生的基本权利，视其为独立人格主体，才可能培养出高素质人才。因此，高校在行使学生管理权力时，学生权利本位是学生管理的应有之义。对此，高校无论是在学生管理规则的制定还是具体执行中，都应突出其"以人为本"的要求，在尊重学生个性发展与学生权益，保障高校教育任务完成的前提下合理地行使高校的教育管理权力。① "一部教育史就是受教育权权利和义务的矛盾及其演变的历史，就是受教育者的不自主到自由的受教育的历史，也可以说是受教育者的义务本位到权利本位的变迁。"②

权力来源于权利，应以权利为界限，受到权利规范制约。但是，高校学生管理的法治化建设并不仅仅在于保障权利，其也应为权力的正常运行提供保障，从而为高校提供独立管理与自主发展的依据。这也是实现高等教育育人任务的根本要求。③

（二）实现高等学校权力法定

权力法定是现代法治的重要内容。高校学生管理中的权利本位意味着学校管理权力应有必要的限度和边界，必须在法律规范的轨迹上运行。在实体方面，高校行使权力，必须依照法律、行政法规、规章等上位法内容，校内规范性文件的相关规定必须与上位法的规定相一致，不得抵触。不得超越权限，自行设定权力限制学生权利；尤其在涉及学生重大权益时，未经法律授权不得干涉和侵害学生权利，对学校与学生之间的法律权利和义务进行任意的重新配置。④ 在程序方面，高校权力应当建立管理制度的程序性规定，要以正当程序，贯穿于管理行为中，在作出涉及学生权益的管理行为时，必须设定时限以及告知、送达等程序规则；建立有效的学生参与制度，征求学生意见，保障学生的知情权和参与权。

---

① 刘同君，夏民，陈静：《司法审查与大学管理的现代化》，载《中国高等教育》，2003年第17期。
② 孙霄兵：《受教育权法理学：一种历史哲学的范式》，教育科学出版社，2003年版，第48页。
③ 岳慧君：《论高校管理权力与学生权利的冲突与平衡——从法治维度考量》，载《国家教育行政学院学报》，2009年6月。
④ 王辉：《学校规则及其合法性管窥》，载《中国教育法制评论》（第2辑）。

权利法定同时还意味着高校必须合理合法地行使自主管理权，不能无约束地行使自由裁量权。如果为实现育人的目的，将对学生权利造成某种不利影响时，也应使这种不利影响限制在尽可能小的范围和程度。[1]尤其是在作出剥夺和限制学生受教育权这一宪法性权利的处理或处分时，应以法律明确规定其事由、范围与效力，学校不得以其他任何行政命令或校内规范性文件为依据实施。[2]

（三）构建高校权力和学生权利的平衡机制

平衡在于保障高校学生管理权力、维护秩序与保障学生合法权益的合二为一。但随着社会经济的快速发展和高等教育的深化改革，高校和学生之间的权利义务关系更加复杂，利益更加多元，尤其是面对着权力和权利之间在高校学生管理实践层出不穷的冲突，平衡绝非易事。

对此，本书认为，高校权力和学生权利之间平衡作为一种动态的平衡，是实现教育目的立德树人和法治目标公平正义的和谐统一。可以借鉴行政法平衡论中所提出的统筹兼顾、理想类型、结构调整、利益衡量和博弈论等方法，从规范、制度、价值、利益等层面建构起高校权力与学生权利之间的参与互动、协商合意的均衡机制。这包括规范层面的科学、系统和开放立法，避免高校的"一言堂"，让学生作为主体参与到立法中来，使规范真正成为高校学生管理参与各方的真实意思表示，真正利益所在。制度层面，管理、监督和救济的制度协调，建立健全多元的纠纷解决机制和权利救济制度，允许司法介入法律法规的规定范围，使学生投诉有门，确保结果的权威和公正。价值层面，兼顾秩序与自由、公平与效率，通过制度安排实现价值的均衡。利益层面，全面衡量公共利益和个人利益的冲突，力求兼顾，在不能兼顾的情况下，应当在损失个人利益代价最小，并给予相应的补偿的前提下，保障公共利益。

---

[1] 刘稳丰：《学生权利本位是学生管理的应有之义》，载《管理观察》，2008年10月。
[2] 严彦，杨朝晖：《权利与权力平衡：高校学生管理法治化的基石》，载《教育学术月刊》，2008年7月。

第四章　高等学校学生管理法治化的基本原则

高校一切管理工作都是为育人服务的，所以学生管理法治化是法治文化育人，应当贯彻德育与法治相结合，管理与育人相结合的理念。法治原则是贯穿于从法治理念到法律制度与法律秩序之间各个环节的基本准则。高校学生管理工作的法治化实践具有复杂性、多样性和具体性，其管理行为兼具公法与私法双重法律属性，兼具管理和教育双重目的，其法治理念的彰显，是通过立德树人、合法性、合理性、正当程序与诚实信用等一系列基本原则，透过法律制度的基本准则，实现学生权利的维护与高校权力的规范，实现教育目的与法治目标的和谐统一。

第一节　立德树人原则

党的十八大报告指出"把立德树人作为教育的根本任务，培养德智体美全面发展的社会主义建设者和接班人"，党的十八届三中全会进一步强调"坚持立德树人"。"立德树人"作为对"育人为本、德育为先"教育理念的深化，不仅规定了我国教育工作的总方向，而且凝聚了党和国家对人才培养的总要求，指明了我国高等教育的根本使命。

一、立德树人原则的内涵

"立德树人"思想的基本内涵包含"立德"和"树人"两个层面，这两个层面的含义都可以从中国传统文化中找到渊源。"立德"的思想最早可追溯至先秦时期。春秋《左传》中即有"太上有立德，其次有立功，其次有立言，虽久不废，此之谓不朽"的"三不朽"思想。古人把"立德"放在"三不朽"之首，把"立德"作为"立功"和"立言"的基础和前提条件，深刻反映了古代社会对道德的追求和对德育的重视程度。"树人"一词最早出现于《管子·权修》："一年之计，莫如树谷；十年之计，莫如树木；终身之计，莫如树人。"①古人以种植谷物、树木与培养人才相类比，强调培养人才于个人而言是终身事业，于国家而言是富强的根本之计。

教育之本，立德树人。"树人"是培养人，要坚持育人为本，通过合适的教育来发展人、塑造人和完善人。"立德"是根本，要坚持德育为先，以"德"字来陶冶教师和学生，依"德"字来激励、约束、评价教师和学生。对于当代中国高等教育而言，将立德与树人两者结合在一起，不仅强调传授知识、培养能力，更强调修炼精神品德，完善健全人格，培育和践行社会主义核心价值观，引导学生树立正确的世界观、人生观、价值观、荣辱观。这是符合教育目的和现代社会需求的、重要的人才培养目标。

二、立德树人原则对高校学生管理工作的基本要求

"培养什么人，怎样培养人"，是教育的根本问题和永恒主题。在高校所承担的人才培养、科学研究、社会服务、文化传承创新等多项职能中，"立德树人"是其最根本的任务。它对高校学生管理工作提出了以下要求。

（一）必须牢固树立以人为本、德育为先的理念

"以人为本"就是要求高校把人才培养摆在学校工作的中心位置，把学生看成学校的生存之本和发展之基，一切为了学生、为了一切学生、为了学生一切，努力为大学生的健康成长和全面发展创造良好条件。要培育和践行社会主义核心价值观，确立和牢固实现中国梦的思想基础。一方面，高校学生管理应当具体体现国家教育方针政策，适应经济社会发展和科技文化发展的需要，坚持以人才培养为中心，服务于培养知识、能力和素质协调发展的具有创新精神和实践能力的

① 赵蕾：《立德树人理念下高校学生管理工作研究》，东北石油大学 2014 年硕士学位论文。

高级专门人才的根本要求。既要继承和弘扬中华民族优秀的历史文化传统，又要满足学生个性、才智和身心能力全面发展的需要。另一方面，学生管理规定应当充分体现以人为本的精神和原则。无论是基于授权执法的需要，还是为了实现自主办学而制定、实施学生管理规定，都是为了对"人"进行教育，必须建立在尊重人的基础上。高校教师及管理人员应当克服"官本位"的思想糟粕，着力推进管理理念由管理型向服务型的转变，在服务学生的过程中充分尊重学生的个体价值和合法权利，而不是禁锢学生个性、限制学生自由、妨碍学生发展、剥夺学生权利。

"德育为先"就是要求高校把品德教育放在高校学生管理工作的首位，在学生管理中注重发挥德育的先导性和引领性作用，发挥德育对于学生专业知识学习的促进和激励作用，把握品德对于人的知识、才能、业绩的主导性和主控性作用，在教育教学及学生管理的各个环节渗透品德教育，建立"教书育人、管理育人、服务育人"相结合的内部整合机制[1]，努力提高大学生的科学文化素质和思想道德素质。[2]

（二）必须从制度上为立德树人提供保障

"立德树人"是一个复杂的系统工程，既面临外部环境考验，又有自身独特的运行规律。在大力推进依法治国、依法治校的今天，必须抓住顶层设计，从制度层面上为立德树人提供法律保障，才能保证"立德树人"工作切实取得长足效果。

为此，应在全面分析、主动适应内外环境的基础上，明确"立德树人"的战略目标任务、总体实施方案和操作性行动计划等，使工作更具有针对性、科学性和有效性。既要开展丰富多彩的育人活动，又要着眼长远，面向未来，立足长效，从制度层面、政策层面、机制层面进行科学设计。把德育和整个育人工作统一考虑，统一部署，统一落实，努力构建全员、全方位、全过程育人的有效机制。要

---

① 骆郁廷，郭莉：《"立德树人"的实现路径及有效机制》，载《思想教育研究》，2013年第7期。
② 陈勇，陈蕾，陈昊：《立德树人：当代大学生思想政治教育的根本任务》，载《思想理论教育导刊》，2013年第4期。

整合学校内部的育人力量，整合课内、课外育人力量，使所有教师都履行育人职责，学校各门课程都发挥育人功能。

同时"立德树人"是全社会的共同责任，必须加强家庭、学校、社会的协作，建立多部门联动的工作机制，营造共同育人的大环境。必须明确学校教育、家庭教育、社会教育在育人中的功能定位和工作重点，加强家庭、学校和社会的衔接、联系与沟通，促进三者的融合贯通，切实解决当前家庭教育和社会教育中存在的"缺位""错位"现象，努力形成三者之间的良性互动机制，进一步凝聚"立德树人"的强大合力。要树立系统观、整体观和全局观，聚合各方面、各层次、各类型教育协调推进的正能量，促进大学生思想政治教育各种信息、资源和成果的整合、融通与交汇，实现教书育人、管理育人、服务育人、实践育人、环境育人的有机统一和密切配合。要把"立德树人"的目标、内容、政策、载体由虚变实，把"立德树人"的体制、机制、队伍、投入由软变硬。虚指标要量化，软意识要强化，软任务要硬化，要从具体问题抓起，从一件一件实事抓起，作出明确的、具体的、可操作的、可检验的规定，形成长效机制。

第二节　合法性原则

合法性原则源自于行政法上的依法行政原则，是现代行政法的核心。国务院2004年发布的《全面推进依法行政实施纲要》中将"合法行政"列为依法行政的首要要求。高校在管理学生的过程中应当受到法律的约束，不得违背宪法及法律法规的规定。

一、合法性原则的内涵

合法性原则是从"依法律行政原则"发展来的，该原则由德国行政法学鼻祖奥托·迈耶提出，认为依照权力分立的原则，国家应该依法律而治。[①]合法性原则是指行政主体必须依据法律进行行政活动，不得违反法律，行政主体对于其违

---

① 刘伟：《试论依法行政原则在我国的发展》，载《行政与法》，2011年第9期。

法行为必须承担相应的法律后果。① 合法性原则的具体内容一般包括法律优先原则和法律保留原则。②

（一）法律优先原则的内涵

法律优先原则，又称"消极依法行政原则"，是指一切行政行为均不得与法律抵触，行政机关不能采取与法律相抵触的任何措施，法律与任何行政行为相比都处于最高位阶。③

法律优先原则④最初强调的是法律相对于行政法规和规章的优越地位。在多层次立法情形下，法律处于最高位阶，在效力上要高于其他法律规范，其他法律规范与法律相抵触的无效。现在的法律优先原则基本上已引申为更加广义的层级效力原则，即法律体系内所有规范要严格遵循"上位法优于下位法"的要求。从这个角度而言，法律优先实质上强调的是法律的位阶体系。

法律优先原则的目的在于防止行政机关实施行政行为时违背法律，⑤而要达到这一目的，首先必须严格确立法律规范之间的等级，也即法律规范之间的位阶；其次法律规范本身必须具体明确，切忌内容的模糊。这就是法律优先原则的两个基本前提。应松年教授认为，法律优先具有以下含义：第一，凡是上一位阶的法律规范已经对某一事项作出规定的，下一位阶的法律规范不得与其相抵触。第二，在上位阶法律规范就某一事项尚无规定、下位阶法律规范作了规定时，一旦上位阶规范就此事项作出规定，下位阶规范就必须服从。⑥

（二）法律保留原则的内涵

法律保留原则，又称为"积极依法行政原则"，其基本含义可以精炼为"法律无授权即禁止"。宪法意义上的法律保留，是指某些重大事项只能由人民代表大会

---

① 江利红：《行政法学》，中国政法大学出版社，2014 年版，第 320 页。
② 周佑勇：《行政法基本原则研究》，武汉大学出版社，2005 年版，第 46 页。
③ 黄学贤：《行政法中的法律保留原则研究》，载《中国法学》，2004 年第 5 期。
④ 解志勇：《行政法与行政诉讼法高级教程》，对外经济贸易大学出版社，2009 年版，第 27 页。
⑤ 黄学贤：《行政法中的法律保留原则研究》，载《中国法学》，2004 年第 5 期。
⑥ 曾祥华：《法律优先与法律保留》，载《政治与法律》，2005 年第 4 期。参见应松年：《行政法学新论》，中国方正出版社，1999 年版，第 45-46 页。

以正式法律作出规定，而不能由其他机关尤其是行政机关代为规定。①而行政法意义上的法律保留，是指只有在法律明确授权的情况下才可以实施某种行政行为。②

根据法律保留中"法律"的范围不同，可以将其分为绝对保留和相对保留。传统法律保留原则遵循"绝对保留"，即法律保留仅指立法机关所制定的狭义上的法律。现代行政法发展出"相对保留"，即某些特定事项的立法权虽属于法律，但在特定情况下可以授权其他国家机关制定法规或规章。根据法律保留"适用事项"的范围不同，理论上可以分为"侵害保留说""全面保留说""重要事项保留说""机关功能说""权力行政保留说"等。③

就我国目前立法体系而言，我国法律保留兼采了重要事项保留说与侵害保留说。④同时《立法法》对绝对保留与相对保留的事项也作出了详细规定。但就法律保留原则的发展趋势而言，现代行政法上法律保留的适用范围不应仅仅停留在侵害行政领域，而要扩大到内部行政等行政领域。随着传统特别权力关系理论的突破与发展，越来越多的内部行政行为将被纳入法律保留原则的适用范围。

二、合法性原则对高等学校学生管理工作的基本要求

合法性原则的内涵包括法律优先和法律保留两个方面，因此高校学生管理工作也应该从这两个方面达到合法性原则的基本要求。一方面，高校对学生的教育管理行为必须适用法律保留原则，这是对现代法治精神的基本遵循；另一方面，高校学生管理工作应当遵循的法律规范及内部规则数量众多、层次多样，在这个过程中尤其要严格遵循法律优先原则。具体而言，合法性原则对高校学生工作有如下要求：

（一）确立高等学校学生管理适用法律渊源的优位次序

高校学生管理工作中适用的正式法律渊源包括法律、行政法规、地方性法规、

① 解志勇：《行政法与行政诉讼法高级教程》，对外经济贸易大学出版社，2009年版，第27页。
② 应松年：《行政法与行政诉讼法》，法律出版社，2009年第2版，第33页。
③ 黄学贤：《行政法中的法律保留原则研究》，载《中国法学》，2004年第5期。应松年：《行政法与行政诉讼法》，法律出版社，2009年第2版，第34页。刘应檀：《论法律保留原则》，复旦大学2012年法律硕士学位毕业论文。
④ 应松年：《行政法与行政诉讼法》，法律出版社，2009年第2版，第34页。

规章及规范性文件，这些法律渊源的适用是有位阶性的。高校在学生管理工作中应当坚持以宪法为最高行为准则，同时遵循各种法律法规的规定。在具体适用上述各类规范时，应遵从位阶高低。凡是上位法有规定的，要优先适用上位法的规定；遇到下位法与上位法的规定相抵触，或者下位法的具体规定超出了上位法所规定的行为、种类、幅度和范围的，应当对该下位法不予适用。

高校学生管理工作繁复琐碎，除法律法规等正式的法律渊源外，更多的是依据高校内部制定的各项规章制度对学生进行管理。因此，高校内部规章制度的适用也应遵循"法律优先"原则所引申出的层级效力原则，构建一个内部位阶分明、和谐统一的校内规则体系。首先，高校内部制定的各项规章制度均不得与任何正式的法律渊源相抵触，否则无效；内部规章制度针对正式法律渊源中某项规定所作出的具体细化规定，也不得超出正式法律渊源中所规定的范围、种类、幅度等，否则该细化规定无效。其次，高校内部应当建立起"学校章程—学校正式发布的规则—职能部门正式发布的规则——般文件性规定"位阶递减的内部规则体系。在这个体系内部，学校章程是最高的行为准则，章程对于高校相当于宪法对于行政机关。高校内部各个职能部门制定具体某方面的学生管理制度，不应当违背章程的相关规定，也不应当超过章程规定的范围或幅度。

（二）法律保留原则的遵循与章程保留原则的建立

一方面，高校作出影响学生受教育权或基本人身权利的教育行政管理行为，必须有法律法规或规章的依据。学生在高校学习期间，最重要的权利是受教育权以及人身自由等各项基本人身权利，这是宪法权利。因此高校作出的一切可能导致影响学生受教育权或基本人身权利的管理行为，均应该有法律上的依据。如果没有上位法的依据而仅依高校内部规章制度剥夺当事人的受教育权或基本人身权利，这种行为是无效的。

另一方面，高校作出的其他内部学生管理行为，如果影响到学生权益，必须至少有高校内部正式的规章制度作为依据。我国《教育法》明确规定，学校及其他教育机构"按照章程自主管理"，在高校内部学生管理过程中，章程之于高校及其内部各职能部门相当于法律乃至宪法之于行政主体的地位。因此在高校学生管理的过程中，对于校内重大事项，必须奉行"章程保留原则"。这些事项应当根据《高等学校章程制定暂行办法》中有关章程内容的规定予以确定。

（三）建立法律保留原则的层次性适用机制

高校学生管理工作琐碎繁复、专业性强，如果事无巨细均坚持法律保留原则，将对现有立法技术带来极大挑战。因此，对于学生管理中的不同层次的事项，可以依据"重要性"与"专业性"相结合的标准，确定法律保留原则的层次性适用机制。

具体而言，第一，基于"重要性原则"，对于可能对社会公共利益和学生个人利益产生重大影响的特别重要的事项，应当适用法律保留原则。其中，对于"特别重大事项"，例如整个国家高等教育的规划安排、剥夺学生人身自由权或财产权的处罚等，应做最为严苛的立法机关保留；对于"次重大事项"，如各高校的招生条件、学生处分规则、考试规则等，可以做部分保留，由国家和学校共同确定，国家通过法律确定基本原则或标准，学校在此之下制定具体实施细则。第二，基于"专业性原则"，凡是属于学生教育管理工作专业范围内的事项，均由高校自行确定。如机构设置、学科专业设立、课程安排、教职人员聘用、学术科研等，应当属于学校自主管理事项，由学校章程及校内规章制度自主确定。

第三节　合理性原则

2004年国务院发布的《全面推进依法行政实施纲要》中将"合理行政"作为依法行政的基本要求之一，在高校学生管理过程中，高校的学生管理行为也要遵循合理行政的基本要求，符合比例适当、公平公正、排除无关因素等理性的原则。

一、合理性原则的内涵

合理性原则是行政法又一基本原则，是指行政主体行使行政权力应当客观适度，符合理性。① 合理性原则要求行政主体在法定的范围内尽可能合理适当地作出行政决定，采取行政措施。它是合法行政的必要补充，是对裁量性行政行为的有效制约和规范，具有多层次的内涵。一般而言，合理性原则主要包含以下几个子原则：

（一）比例原则

比例原则是合理性原则的重要子原则，是指行政主体实施行政行为应兼顾行政目标的实现和相对人权益的保护，在作出的行政决定可能对相对人权益造成某种不利影响时，应将这种不利影响限制在尽可能小的范围和限度内，使"目的"和"手段"之间处于适度的比例关系。②

比例原则在行政法中具有极为重要的地位，是行政法中的"帝王条款"。③该原则根据宪法的基本原理引申而来，从公民权利保障的基本精神出发，弹性地弥补了成文法制度难以克服的缺陷和漏洞。比例原则内在地蕴含着三方面的基本要求：

第一，必要性，即行政主体为实现某一行政目标而采取的手段应当以必要为限度，在可以实现行政目的的各种手段中，应当选择对相对人权益影响最小的手段。

第二，适当性，即行政主体行使行政权所采取的手段必须能够实现行政目的，或者至少有助于实现行政目的。不得实施手段与目的相违背的行政行为，并且手段与目的之间应当比例适当。

第三，均衡性，行政主体实施行政行为应当考虑所追求的目的价值与所牺牲的相对人权益之间的均衡性，行政主体所采取的手段对相对人权益的损害应当不超过行政主体追求的行政目的的价值。

（二）公平公正原则

公平公正原则是法律的基本精神，是世界各国法律所公认的原则，也为我国

---

① 马怀德：《论行政法的基本原则》，载《黑龙江省政法管理干部学院学报》，1999 年第 1 期。
② 尹晓敏：《高等学校学生管理法治化研究》，浙江大学出版社，2008 年版，第 98 页。
③ 陈新民：《行政法学总论》，台湾三民书局，1995 年版，第 64 页。

宪法所确认。①行政法上合理行政是指行政主体实施行政行为的过程中应当平等地对待各个行政相对人，不偏私、不歧视。②

公平公正原则包含两个方面的基本要求。第一，相同情况相同对待。如果多个行政相对人处于相同的情况，行政主体应当一视同仁、同等对待，避免偏私与歧视。如果需要采取不同的行政手段差别对待，应当具有合理正当的理由。第二，不同情况不同对待。行政主体面对情况不同的相对人，应当认真区别相对人的具体情况，根据不同相对人的具体情况，有针对性地采取不同的手段区别对待。应当避免不问青红皂白搞一刀切的情况出现。

（三）考虑相关因素原则

考虑相关因素原则，又称"不当联结禁止原则"，是指行政机关作出行政决定和进行行政裁量时，只能考虑符合立法授权目的的各种因素，不得考虑不相关因素。

考虑相关因素原则也包含两个方面的基本要求。第一，必须全面考虑所有应当考虑的相关因素，不得仅依照行政主体的主观判断作出某种决定；第二，必须将与立法目的不相符合的无关因素排除在考虑范围之外，作出的行政行为不得受到无关因素的影响。

二、合理性原则对高等学校学生管理工作的基本要求

高校学生管理工作琐碎繁复、情况多变，无论法律法规还是内部规章制度，都无法事无巨细地作出规定。并且因为高校有自主管理权，所以大量教育行政管理行为必须由合理性原则实现有效的制约与规范。

（一）高等学校学生管理工作应当遵循比例原则的要求

比例原则被引入高校学生管理领域中，便具有了教育的内涵与特性。

第一，比例原则要求高校的教育管理行为既要符合实现高校管理秩序的目的，更要符合立德树人的教育目的。高校作为教育管理者，在实施有可能限制或剥夺

---

① 何寿生：《试论合理行政原则及其运用》，载《中国工商管理研究》，2005年第8期。
② 陈光中：《法学概论（第5版）》，中国政法大学出版社，2013年版，第321页。

学生权益的教育管理行为时，应当兼顾立德树人的教育目的、高校管理秩序目的和学生权益三者之间的适度比例关系。不能违背教育的根本目的，为了惩罚而惩罚，从而作出与学生违法违规违纪情节不成比例，过分失当和过分侵犯学生权益的管理行为。

第二，比例原则要求高校的教育管理行为应当是实现管理秩序与教育目的所必须要采取的手段。并且管理行为和管理手段的选择应当以对学生权益造成最小侵害为标准。实践中，一些高校工作人员利用自己管理者的权威地位，为了管理工作的方便，实施影响学生权益的管理行为。例如，不顾部分学生假期利用教室自习的需要，为图施工方便与管理方便，将5天能完成的教学楼部分修缮工作改为整个假期封闭所有教学楼，这是不符合比例原则的表现。

第三，比例原则要求高校在学生管理过程中要注意平衡管理行为所追求的目的价值与该管理行为所影响的学生权益的价值。例如某学校为运动会开幕式上的健美操表演达到动作完全整齐划一的目的，强制要求学生大量旷课参加训练，并且将训练与体育课成绩挂钩。这就是违背了比例原则中均衡性的要求，为了较小的管理目的而牺牲了更为重要的受教育权利。

高校学生管理工作中所有对学生权益造成影响的管理行为也都应当遵循比例原则的要求，其中比例原则最重要的适用领域是学生惩戒管理工作。《普通高等学校学生管理规定》中规定"学校给予学生的纪律处分，应当与学生违法、违规、违纪行为的性质和过错的严重程度相适应"，这是比例原则在高校学生管理立法上的具体体现。

（二）高等学校学生管理工作应当遵循公平公正原则的要求

高校开展学生管理工作应当严格遵循公平公正原则的要求，相同情况同等对待，不同情况区别对待，保证每个学生在每次管理行为中都获得公正对待。尤其是在奖助学金评选等授益行为中，不得偏私、歧视，不得出现相同的个人情况获得不同等级奖励的情形。在实施学生处分等影响学生权益的行为时，更要注重公正惩戒，对相同的违法、违规、违纪情形，应当处以相同的惩戒；对于不同的违法、违规、违纪情况，应当具体分析、区别对待，分别处以相应的惩戒。

此外，高校进行学生管理过程中应当注重公平与效率的统一。公平的实现不能以牺牲效率为代价，高校实施教育行政管理行为，应当遵守法律法规或内部规章制度规定的时限，积极履行相应职责，提高管理效率，提供优质服务，为广大学生提供便利。例如近年来高校信息化建设迅猛发展，纷纷建立学生管理系统，实现学生事务网上管理，这些都是提升效率、便利学生的具体体现。

（三）高等学校学生管理行为的作出应当考虑相关因素

考虑相关因素的要求对高校学生管理工作意义非常重大。一方面，高校在作出奖励或惩戒等与学生权益息息相关的具体管理行为时，必须将所有相关的因素全面考虑在内，避免相关因素考虑不全而导致奖励或处分结果的不公平、不公正；另一方面，高校作出任何影响学生权益的教育管理行为，必须排除对无关因素的考虑，避免为了实现单纯的管理秩序目的而对完全不相关的两个因素做不当联结。例如，实践中存在有部分高校将学生毕业证的颁发与按时还清助学贷款的行为相挂钩，未按时归还贷款的不予颁发毕业证。尽管按时足额还清贷款属于学生依法应当履行的义务，但相对于颁发毕业证或授予学位的管理行为而言，这种义务的履行属于不相关因素，不应将两者做不当联结。当前许多高校为了管理方便，将原本非强制学生履行的任务与学生奖励甚至学生处分相挂钩，例如将学生出席讲座等非强制性学校活动的出勤率作为奖学金评选的依据，甚至为保证上座率，对不参加此类非强制性活动的学生进行通报批评等，这些都是在管理过程中没有做到考虑相关因素、违反合理行政原则的行为。

第四节　正当程序原则

程序是法治与恣意而治的分水岭，没有程序的正义就没有实体的正义。作为监督权力和保障权利的有力武器，正当程序原则是实行高校学生管理法治化、实现依法治校所必须遵循的基本原则。

一、正当程序原则的内涵

正当程序原则是指行政权力的运行应当符合最低限度程序公正的标准。[①]该原则要求行政活动必须公开、公正、高效，同时保证相对人的参与。[②]因此，正当程序原则包含着行政公开与行政参与两个子原则。

"没有公开就无所谓正义"。[③]行政公开是正当程序原则的首要要求，它是指行政主体在行使行政职权时，除涉及国家机密、个人隐私和商业秘密外，应当一律向行政相对人及社会公开与行使职权有关的事项。[④]行政公开原则的价值在于增加公民参与程序活动的目的性和针对性，使得行政活动整个过程中出现的错误容易被发现与纠正。[⑤]行政公开的义务主体包括行政机关、法律法规授权行使行政职能的组织以及其他社会公权力组织在内的所有行政主体，公开的对象为行政相对人与社会公众。行政公开的内容既包括行政机关的议事活动及其过程，也包括行政机关制定或决定的文件、资料、信息情报。[⑥]行政公开有依申请公开和主动公开两种方式，并且以公开为原则，不公开为例外。

行政参与是公民参与管理国家事务的基本形式，体现了民主制度。[⑦]它是指与行政决定有利害关系的人有权参加到行政决策过程中，阐明自己的观点，并对该行政决定的作出发挥有效作用。通过行政参与，行政主体与当事人之间能够进行有效沟通，相对人能够充分表达自己的意思，为保障自身权益、监督政府行为而发声。同时，行政参与还能够保证行政结果具有正当性，排除当事人对行政过程存有的恣意、专断的疑虑，有助于行政决定的顺利实施。行政参与的实现要求一系列的制度保障，如听证制度、说明理由制度、陈述与申辩制度等。

① 吕新建：《行政法视域下的正当程序原则探析》，载《河北法学》，2011年第11期。
② 马怀德：《行政程序法立法研究：行政程序法草案建议稿及利用说明书》，法律出版社，2005年版，第18页。
③ ［美］哈罗德·J.伯尔曼：《法律与宗教》，梁治平译，三联书店，1991年版，第48页。
④ 何建华：《行政公开的法律思考》，载《四川理工学院学报（哲学社会科学版）》，2006年第5期。
⑤ 应松年：《行政法与行政诉讼法》，法律出版社，2009年9月第2版，第41页。
⑥ 吴建依：《论行政公开原则》，载《中国法学》，2000年第3期。
⑦ 吕新建：《行政法视域下的正当程序原则探析》，载《河北法学》，2011年第11期。

二、正当程序原则对高校学生管理工作的基本要求

在高校学生管理工作中，高校学生管理权要得到公正、合理的行使，必须有与之相适应的正当程序来作保障。在学校的管理工作中坚持正当程序原则，能够保证学校的管理行为公开、公平、公正，保障学生权利（尤其是学生基本权利）、维护学生尊严。从司法实践来看，田永诉北京科技大学案实际上已经确立了正当程序的原则，刘燕文诉北京大学案也应用了正当程序的理念。在高校学生管理过程当中，应当从如下几方面落实正当程序原则。

（一）保障学生知情权

阳光是最好的防腐剂。高校在实施学生管理工作的过程中所作出的高权性行为，应当将行使管理权力的依据、过程与结果向相对人、全校师生或社会公众公开，使学生对高校管理行为的相关依据与事实充分了解与知晓，这是正当程序原则对高校学生管理的首要要求。

1. 事前公开职权依据

高校管理者应当将行使学生管理权的依据在没有实施管理行为之前，或作出最终管理决定之前，向全校师生公开。高校事前公开职权依据一方面可以有效指导学生自觉遵守相关制度，达到事前预防的目的；另一方面，事前公开职权依据可以增强管理行为的公信力，保证结果公正性。就高校学生管理行为而言，事前公开职权依据包含两个方面的具体要求：第一，高校应当事先公布与学生管理、教育、服务有关的各种规章制度内容，既包括校内各层级规章制度，也包括相关法律规范等正式法律渊源。第二，在作出具体管理决定之前，高校应当向管理对象公布具体的管理依据，包括事实依据、法律依据、裁量依据。公布的依据应当尽可能地详细具体。

2. 事中公开管理过程

事中公开管理过程是指高校将管理活动开始后、管理决定作出之前的所有与管理决定的形成过程有关的事项向特定的学生相对人和学校公开。公开是参与的前提，将管理过程向学生相对人及全校师生公开，对于全校师生共同监督管理权

力的行使具有重要的法律意义，也是科学管理与民主决策的必然要求。事中公开的方式多种多样，根据公开的内容不同，可以是组织学生相对人对相关事项进行听证，也可以是将初步决策进行有期限的公示，还可以是组织相关部门或学生代表旁听。

3. 事后公开管理决定

管理决定是一项具体的学生管理行为所取得的最终结果。高校管理者作出影响相对人合法权益的管理决定后，应当及时将管理决定的内容以法定形式向相对人学生公开。将管理决定向相对人学生公开，既是决定生效的基本条件，也是相对人学生就管理决定申请救济的前提。管理决定的公开根据公开的范围分为向相对人公开和在全校范围内公开两种。管理决定向相对人学生公开后，如果认为有必要，并且不涉及国家机密、商业秘密与个人隐私的事项，可以向全校范围公开管理决定。

（二）保障学生参与权

正当程序原则还要求学生相对人在接受管理的过程中能够充分地表达意见。高校在进行学生管理工作的过程中，要注重保障学生的参与权，为学生建立充分表达意见的渠道，保障个人合法权益免受公权力侵害，保证高校管理决策的作出是建立在广泛听取各方意见的基础上。这是行政公开原则对高校学生管理工作的重要要求。学生参与高校管理对于彰显高校民主作风，培养学生公民素质有着重要的意义。同时，学生的积极有效参与，能够提升学校管理行为的可接受度，使学生对学校的管理工作更容易形成心理认同，间接提高高校管理效率，加强管理工作的教育效果。

保障学生的参与权，既是要保障学生在高校管理者执行规则实施管理行为过程中的充分参与，更是要保证学生对学校章程和校内各项规章制度在出台过程的充分参与。在与学生利益相关的重大改革方案、校内规章制度出台过程中，高校应当遵循"开门立法"的理念，通过组织论证会、座谈会并邀请学生代表参加的方式，广泛收集并听取学生意见。可以充分发挥学生会在参与高校民主管理中的积极作用，鼓励和培植学生自治组织，以合理有效的方式搜集并表达学生利益诉求。此外，可以充分利用网络渠道，通过网上信箱、BBS 留言等方式，搭建民主参与的新平台。高校管理者在作出影响特定相对人学生合法权益的决定之前，应当实施听证程序，告知详情，听取陈述、申辩、意见、建议，接受证据，说明理由，从而在充分考虑种种因素和权衡各种意见之后再做决定。

第五节　诚实信用原则

人无信不立，国无信不兴。诚实信用是社会主义核心价值观所倡导的道德准则，在现代法治社会更是上升为民法、行政法甚至宪法领域的基本原则和重要规范。诚实信用原则要求人们在法律活动中应当诚实守信，正当行使权利和履行义务。在高校学生管理工作中，无论是高校实施管理行为的典型教育行政管理关系中，还是在后勤、教学服务等参照民事契约进行管理的教育行政管理关系中，包括典型的民事法律关系中，高校与学生都应当遵循诚实信用原则的基本要求。

一、诚实信用原则的内涵

所谓诚实信用，要求人们讲究信用，恪守诺言，诚实不欺，在不损害他人利益和社会利益的前提下追求自己的利益。①19 世纪末，诚实信用规则被引入法典，成为近现代民法的重要原则。至此，作为人类基本道德规范的诚实信用，上升成为具有明显道德基础和特征的法律规范。

诚实信用原则的核心内容包括三方面的基本要求：善意、信用和利益平衡。所谓善意，即是主观诚信，是指善良的意愿，是行为主体在与他人交往的过程中所怀有的不欺人、顾及他人权益的主观心理状态。所谓信用，也即是客观诚信，是指当事人履行自己承诺的客观行为，是当事人主观诚信的外在表现。而利益平衡，则是诚实信用原则的核心内涵，即在当事人之间利益不均衡的状况下发挥衡平的作用进行利益衡量的过程。

---

① 梁慧星：《民法总论》，法律出版社，2001 年版，第 260-261 页。

随着法治社会的发展，诚实信用原则的适用范围逐步扩大，逐渐被奉为现代民法的最高指导原则，学者谓之为"帝王条款"。①而进入现代法治社会以来，这一具有道德基础和特征的私法原则适用范围不断扩张，公法尤其是行政法领域开始认可该原则的规范作用。诚信原则不仅被适用于具体而平等的个体之间，而且被适用于国家和公民之间，成为调整行政管理法律关系的一项重要原则，由此出现诚信原则由私法领域拓展到公法领域的事实。②

从法治的要求看，法治要求政府权力必须以一种可知的、可预测的方式行使。只有这样，才能给相对人行为提供规范和指导，相对人也才有可能对自己将来的行为进行安排，整个社会才能维持良好的秩序。③这就要求行政机关原则上要遵守自己发布的政策、信守自己的诺言。

诚实信用原则在行政法领域的一种表现形式是信赖保护原则。诚实信用原则包含善意、信用和利益平衡的三方面基本要求，信赖保护原则恰恰是建立在行政主体善意与信用的基础上，并充分利用利益平衡这一手段在相对人的信赖利益与行政主体的公共利益之间进行衡量。因此，诚实信用原则在行政法上即是要求行政主体在行政活动中保持善意与信用，为相对人的信赖利益提供保障。具体而言，行政法上的诚实信用原则要求行政机关公布的信息全面、准确、真实；非因法定事由并经法定程序，行政机关不得撤销或变更已经生效的行政决定，因国家利益、公共利益或者其他法定事由需要撤回或者变更行政决定的，应当依照法定权限和程序进行，并对行政管理相对人因此而受到的财产损失依法予以补偿。④

二、诚实信用原则对高校学生管理工作的基本要求

高校学生管理工作中，诚实信用原则是一条贯穿始终的基本原则。尤其在高

---

① 梁慧星：《民法总论》，法律出版社，2001年版，第260-261页。
② 赵小芹：《行政法诚实信用原则研究》，吉林大学2008年博士学位论文。梁成意，汤蕾：《诚信作为行政法基本原则之证成》，载《吉首大学学报（社会科学版）》，2013年第4期。张慧平：《诚实信用原则与法治的契合——作为宪法原则的诚实信用》，载《河北法学》，2004年7月。
③ 余凌云：《行政法上合法预期之保护》，载《中国社会科学》，2003年第3期。
④ 《全面推进依法行政实施纲要》第5条。

校与学生的教育行政管理关系中，无论是高校在行使权力的过程中，还是学生在接受管理的过程中，都应当自觉遵循诚实信用原则行使权力与权利、履行职责与义务，实现高校与学生权力与权利的平衡。

（一）诚实信用原则对高校管理行为的要求

在高校学生管理工作中，一方面高校身兼教育者与管理者两种角色，在与学生之间的教育行政管理关系中处于绝对权威的地位，另一方面我国大学生长期受到正面的学院式教育，且大都涉世未深，因此学生对于高校的信赖度远远高于公民对一般行政机关的信赖度。在强调依法行政与法治精神的今天，高校在实施教育管理行为时尤其要注重遵循诚实信用原则的要求，注意保护学生的信赖利益。

首先，高校管理者在制定内部规则时，原则上不得制定对学生过往行为具有溯及力的学生管理规定。这是基于法治国家中法的安定性的要求。高校管理者所制定的新的学生管理规章制度，原则上不得对其生效之前的事实溯及适用，除非新法对于相对人学生利益更为有利；也不得剥夺或者限制相对人学生已经取得的各项利益。

其次，高校向学生公布的信息应当保证全面、准确、真实。例如，高校发布的奖助学金评选、课程选择、后勤价格调整等通知应当保证通知内容及时准确，没有误导；高校关于学生管理各方面的规章制度，尤其是学籍管理实施细则、奖惩助勤贷免的相关政策、后勤公寓管理服务规定等与学生学习生活息息相关的各项规章制度，应当在校园网或其他信息公开处进行全面、准确、真实的公布，并保证及时更新，以便学生及时查阅并对自己行为作出恰当的安排。

再次，高校在作出对学生有益的给付性管理行为后，除非有重大失误，否则不得随意撤销或变更已作出的管理决定。这一点在颁发奖助学金等严重影响学生切身利益的情形中，应当格外注意。此外，高校对于学生行为的教育管理应遵循"一事不再罚"原则，不得对同一事实进行重复处理决定，也不得以另一更加不利的管理决定取代原有的不利决定。

最后，高校在提供后勤管理服务和教育教学资源设施的过程中，应当以诚实信用原则约束自己的基本履约行为，自觉恪守信用，为学生提供货真价实、没有瑕疵的商品与服务，不得以不正当手段恶意谋取暴利，不得凭借自身的管理地位作出乱收费等不当行为，不得违背社会公德坑害学生。

（二）诚实信用原则对学生行为的基本要求

对于高校学生而言，诚实信用原则不仅是道德规范，更是学生品德教育的内容和思想政治教育的依据。教育部在《普通高等学校学生管理规定》修订的征求意见稿中新增了诚信教育和建立诚信记录的相关规定。[①] 因此，高校学生在接受学校管理的过程中，要遵循诚实信用原则。

一方面，学生在接受管理的过程中要遵循诚实信用原则，完善履行自己作为被管理者一方的义务，例如及时缴纳学费，按时足额归还助学贷款，及时归还在图书馆所借书刊，就业过程中避免自己的违约行为影响学校信誉等。作为被管理者，学生对于高校的各项合法教育管理行为与合理规章制度应当服从和严格遵守，不得蓄意违反学校各项管理规章制度。此外，在参照民事契约管理的后勤服务及教育教学资源设施提供过程中，学生也应当遵循诚实信用原则，及时履行自己的各项合同义务。

另一方面，学生在行使自己权利的过程中也要遵循诚实信用原则，禁止滥用自己的权利。法律规定"权利的行使不得损害第三方的合法权益"，也即禁止权利滥用原则。高校许多场馆、设备、仪器等属于公共场所或公共用品，学生在使用过程中要将自己的行为限制在不危害他方利益的前提下，否则将为因此给他方造成的利益损失承担责任。造成危险的，应立即消除危险并承担相应责任。在高校与学生之间的侵权损害赔偿关系中，学生应当遵循诚实信用原则维护自身合法权益。

[①]　"教育部办公厅关于征求对《普通高等学校学生管理规定》《普通高等学校辅导员队伍建设规定》修改意见的通知"，http://www.moe.edu.cn/srcsite/A02/s7049/201511/t20151116_219213.html。

下 篇
分 论

第五章　高等学校学生学籍管理法治化研究

高校学籍管理是高等教育基础的、重要的管理育人工作。学籍全方位、全过程地记录了学生在校期间的学习、生活、行为的变化发展情况，关系到学生身份的取得、维系、变更和终止，关系着学生的切身利益。学籍管理法治化对于高校分析学籍管理存在的问题，研究对策，维护学生权利，保证学生健康成长成才，提高学籍管理工作的科学化、规范化水平具有重要意义。学籍管理工作的质量直接关系着高校教育教学质量和人才质量。社会发展需求和高等教育改革中出现的新情况、新问题，对高校学籍管理提出了科学化和法治化的要求。

第一节　高等学校学生学籍管理法治化研究概述

学籍作为高校和学生之间发生法律关系的基础，其双方所有权利和义务关系都源于此。因此梳理学籍管理中的基础概念，剖析其地位和作用就成为我们进行研究的前提。

一、学籍及学籍管理界定

一般而言，学籍是指自然人按照国家教育制度规定和学校要求，经一定程序，被某学校正式录取，并按照规定办理了注册手续后取得的法律上的学生身份和学习资格。在我国高校，学生必须经过全国统一高考或者成人高考，考试合格并被录取才能取得学籍。学生因休学、转学等事由而引起学籍变更，学生因毕业、退学、被开除等事由而引起学籍终止。

根据 1997 年版《教育管理辞典》和高校实际工作，本书认为，高校学籍管理是指高校依法制定本校规章制度，对本校学生学籍的取得、维系、变更、终止进行的考核、记载、控制和处理，目的是保证教学秩序，提高教学质量，保护学生权利，促进学生发展。学籍管理内容广泛，涉及学生从入学到毕业的全过程。从学生资格、身份确认到日常管理评价，到学生毕业资格审查都是学籍管理的范畴。如学生入学注册、成绩考核、重修、选修、辅修、升级、留级、休学、复学、转系、转学、退学、毕业、结业、肄业、学位授予、鉴定考勤等管理事项都属于学籍管理的范围。而在功能上，学籍管理制度在高等教育学生管理中起着基础性作用，对于全部教学培养计划有记载和规范的作用，能够清晰记录和客观衡量学生在校期间的基本情况和学业状态，这是学籍管理的基本功能。同时，学籍管理还能够对学生学业规划和职业发展起到引领作用，为学生提供明确的学习目标，促使学生高效地完成培养方案规定的课程。此外，学籍管理制度本身是激励与约束制度的集合体，对学生具有奖励与惩戒功能。在学生管理中发挥着指引、预测、评价、奖励、惩戒、规范、塑造作用，能影响学生的思想、学习、生活和行为，促进学生德智体美全面发展。

在法律意义上，学籍实质上是学生按照国家相关法律和高校章程的有关规定，经过学校全面复查并办理入学注册手续，取得在该校学习的资格。学籍体现着学生在学校完成学业的资格，学校则以学籍为基础对学生进行事务性管理，[①]其具有三层法律含义。

首先，学籍是学校与学生确立法律上权利义务关系的基础。正如国籍、户籍等类似概念，学籍是学生的一种身份的象征。学籍的建立表明该学生与学校的隶属关系的形成。从学生入学到毕业整个过程中所产生的权利义务及相关法律关系，大多都是以学籍为基础的。可以说，学籍是学校对学生进行管理活动的先决条件。

其次，学籍的变化、丧失导致学校与学生之间法律关系的变更与消灭。学生

---

① 　王莹：《我国高校学籍管理制度优化研究》，中国地质大学（北京）2010 年硕士论文。

入学后取得学校的学籍，表明学生在该校具有学习的资格，学生因某些原因丧失了学籍（如学生转学、退学、毕业或者受开除处分等），就不再享有在校学习权利，学生和学校之间的权利义务关系终止。

最后，学籍确立了学校与学生法律上的权利义务。基于此，学校依据法律有权对学生进行教育管理，有义务尊重和保护学生的受教育权、人身权、财产权等各项权利。学生有使用学校教育资源、参加学校教育教学计划安排的各项活动，获得公正评价、奖励资助、完成学校规定学业后获得相应学历证书等法律规定的各项权利；同时有遵守学校管理制度，按规定缴纳学费及有关费用，刻苦学习，遵守学生行为规范，服从学校管理等义务。

二、我国学籍管理制度的变迁

学籍管理作为高等教育的重要内容，其随着我国高等教育的体制改革也经历了深刻变化。而根据高校学籍管理四个具有里程碑意义的文件：1950 年颁发的《高等学校暂行规程》、1978 年颁发的《教育部关于试行〈高等学校学生学籍管理的暂行规定〉的通知》、1990 年颁布的《普通高等学校学生管理规定》、2005年颁布的《普通高等学校学生管理规定》。我们可以将学籍管理制度建设分成初步创设、停滞不前、恢复整顿、探索发展、创新优化等五个阶段。

1949—1965 年是初步创设阶段。该阶段高校学籍管理有着鲜明的时代特点。当时新中国百废待兴，一切工作都以意识形态为重，学籍管理也不例外。凸显高等教育为人民服务的浓烈革命色彩，同时，由于新中国成立初期对于现代高等教育经验不足，学籍管理有着严重模仿苏联模式的痕迹。但这一阶段的制度为今后中国高等教育发展奠定了坚实的基础。

1966—1976 年是停滞不前阶段。作为特殊的历史时期，因高考制度被取消，多数高校被停办，高等教育严重背离现代高等教育的发展规律，学籍管理制度也处于停滞阶段。

1977—1990 年是恢复整顿阶段。改革开放后，我国高等教育进入一个崭新阶段。包括学籍管理一系列关于高校管理的文件相继出台。学籍管理朝着制度化、规范化迈进，内容和形式日益规范，多以规范性法律文件的形式面向大众。当然这一阶段的文件中有很多内容相互矛盾，甚至违反上位法，管理痕迹过重，忽视服务学生的思想。

1990—2001 年是探索发展阶段。这一阶段是高等教育快速发展时期。面对社会的新需求，国家和社会对高等教育高度重视，其间学籍管理制度多次修订，在上一阶段的基础上有了长足的进步，教育理念不断更新，注重学生的素质培养逐步体现在高等教育相关制度中。但是文件中一些内容与法律的冲突还是引起了广泛关注，关于学籍管理的纠纷逐渐增多。

2001 年至今是创新优化阶段。随着 2001 年，教育部推进建立高等教育学历证书电子注册制度，各高校颁发的毕（结）业证书必须经网上注册，国家才予以承认，即要求学籍电子注册与学历证书电子注册相衔接。这在一定程度促进了学籍电子注册制度的建立。2005 年《普通高等学校学生管理规定》颁布，专章就学籍管理相关内容进行了具体细化的规范，这一规定基本涵盖学籍管理所有内容。学籍管理制度基本形成了一个较为完善的制度体系。当年，即启用学籍学历信息管理平台。[①]2007 年，教育部专门制定了《普通高等学校新生学籍电子注册暂行办法》（教学〔2007〕3 号），明确规定了新生学籍电子注册结果是学生毕业时学历证书电子注册的重要审核依据，同时也规定新生学籍电子注册制度从 2007 级新生开始实施。这标志着我国学籍电子注册制度的正式确立。学籍管理实现了网络信息化管理，形成了由国家、省、学校三级管理的运行模式。学籍电子注册制度的建立对规范高校学籍管理具有重要的意义，一是规范了整个学籍注册，甚至招生录取工作，实现统一管理，教育部、省教育厅和学校三方相互制约，促进了招生和学籍注册的透明化和规范化，基本实现了学生学籍信息的全面、准确。二是学籍电子注册结果是学生毕业时学历证书电子注册的重要审核依据，即学籍电子注册制度作为高等教育学历证书电子注册制度的基础性前置制度，进一步促

---

① 《关于启用学籍学历信息管理平台和做好 2005 年高校入学新生数据核对工作的通知》教学司〔2005〕42 号。

进了我国高校学历、学位管理制度的规范化，防止弄虚作假。

三、学籍管理的法律制度

随着高等教育法规制度的不断健全，目前我国学籍管理制度已经形成了以《教育法》和《高等教育法》等法律为基本依据，相关行政法规、部门规章、地方性法规、地方政府规章和规范性文件为重要准则，辅以高校自主制定的制度三阶层体系。

在法律层面，高校学籍管理是以《教育法》和《高等教育法》以及相关法律为基本依据。其中《教育法》是我国发展教育事业的基本法律，在教育领域，它具有仅次于宪法的法律效力。其对于制定教育事业其他方面的法律、法规、规章等均具有指导、约束和规范意义，是制定学籍管理的基本法律依据。而《高等教育法》作为《教育法》的配套法律，专门针对高等教育的特殊性问题作出具体性规定，是制定学籍管理的直接法律依据。除了上述法律之外，例如《学位条例》也是我国学籍管理重要的法律渊源。

而在法规、规章和规范性文件层面，最为重要的是教育部于 2005 年制定的《普通高等学校学生管理规定》。作为在全国范围内有效的高校学籍管理行为的基本准则，其第三章详细规定了学籍管理各个环节。《普通高等学校学生管理规定》依据《教育法》《高等教育法》及其他相关法律法规制定，明确了学校、学生双方权利义务，如对学生退学、开除学籍的处理须由校长会议研究决定，增加了学生对退学处理或违纪处分具有陈述、申辩和申诉权，学校有明确的程序予以保证。《普通高等学校学生管理规定》颁布后，国家对留降级、重修、退学的不及格课程门数等方面的问题不再统一规定，而是放权于学校。这样有利于调动高校办学和管理能动性，有利于学校自主和特色办学。当然《普通高等学校学生管理规定》由于成文法自身的局限性，无法面面俱到，这就需要教育行政部门、地方政府及相关部门根据不同情况制定相应的地方性法规、规章和规范性文件，在遵循上位法的同时对上位法进行合理的解释与说明，使之更加具体，更加具有针对性与操作性。如在每年的新生入学、电子注册时，教育部、地方教育行政部门等会下发相关通知部署安排相关工作。

第三个阶层是高校自主制定的学校章程、规章制度等规定，如大学章程中关于学籍的规定，专门的学籍管理办法等。高校的相关规定是落实高校办学自主权的体现。高校在法律法规的授权范围内，自主制定更加符合学校实际的规定，可以弥补立法的空白，将上位法落实到实处。

四、学籍管理的具体内容

结合以上法律法规的规定，尤其是《普通高等学校学生管理规定》的相关内容，学籍管理主要包括以下几个方面的内容。

（一）取得学籍

取得学籍包括办理入学手续、资格复查和注册等。

办理入学手续是指，高校的学生必须按照国家招生规定录取，按学校的有关要求和规定的期限到学校报到，办理入学手续，取得学籍。如果学生因个人主观因素（故意或者过失），未如期到校报到注册，应由学生本人承担不利后果，被视为学生自动放弃入学资格；如果学生因客观情况（不可抗力）不能按期报到注册，例如伤病、自然灾害等无法预知的意外情况，学生应及时向学校请假，并提供相应证明。意外情况结束且有能力报到时，学生应到校报到并说明情况。

新生入学后，学校复查是建立学籍的前置程序，复查期限是新生入学三个月。内容主要包括：第一，是否符合国家招生规定，是否参加全国高校招生统一考试，保送生、推免生是否符合条件，是否经过省级招办录取、备案等。第二，身体情况是否符合国家关于高校学生的体检标准或要求。根据相关规定，不同学校不同专业都对学生身体状况有着不同要求，对于不同疾病的处理也不尽相同。具体来讲，主要从以下要素进行复查：①学生考试报名、志愿填报信息是否真实、准确；②学生身体健康状况是否符合报名体检标准；③学生的考试过程、考试成绩、专业能力、录取资格等是否存在违法违规行为；④学校认为需要复查的其他事项。

注册手续是学生使其学籍延续的重要管理手段。学生每学期开学都要注册一次，注册不能间断，具有持续性，即从入学第一学期开始，直到完成学业前最后一个学期为止。如果存在客观原因致使学生不能及时注册的,学生必须向学校请假,及时说明情况,申请延缓注册。若学生因主观因素逾期不注册的,可视为主动放弃学籍,高校可按自动退学处理。

（二）成绩的考核与记载

成绩考核和记载包括学生参加学校培养方案规定的课程和各种教育教学环节的考核,也包括学生思想品德的考核、鉴定。学生课程考核和成绩评定作为学校内部教育教学管理内容之一,学校有极高的自主权,可以针对特殊群体制定不同于其他普通学生的办法。如对于部分少数民族学生,因其成长环境、教育方式与语言文化的不同,在制定考核办法时可以酌情采取不同评定标准,如重新划定及格线和优秀线,折算成绩,单独计算学分等。

（三）学籍变动

学籍变动包括转专业、转学、休学、复学和退学。

转专业是国家给予学校在学生专业学习方面的自主权,转专业有利于学生个性发展,符合人才培养规律。学生可以按学校的规定申请转专业,学生转专业由所在学校批准。同时学校根据社会对人才需求情况的发展变化,经学生同意,必要时可以适当调整学生所学专业。此外,为了鼓励和引导学生创新创业,应征入伍,教育部在《普通高等学校学生管理规定》修订的征求意见稿中明确提出,创新实践、休学创业或退役后复学的学生,经个人申请,学校批准可以转入相关专业学习。

转学是在特殊情况下,因学生患病或确有特殊困难,无法继续在本校学习,可向学校提出转学申请,学校确认事实后应予同意。以下几类学生不得转学:入学未满一学期的;由招生时所在地的下一批次录取学校转入上一批次学校、由低学历层次转为高学历层次的;招生时确定为定向、委托培养的;应予以退学的;其他无正当理由的。由于近年来出现了违规转学现象,[①]教育部在《普通高等学

---

① 《必须严查严处湖南大学"转学腐败"》,http://opinion.people.com.cn/n/2015/0126/c1003-26452951.html。

校学生管理规定》修订的征求意见稿中进一步细化了几种不得转学的情形：考生成绩低于拟转入学校相关专业相应年份录取成绩的；通过定向就业、艺术类、体育类、高水平艺术团、高水平运动队等特殊招生形式录取的；未通过普通高等学校招生全国统一考试或未使用高考成绩录取入学的（含保送生、单独考试招生、政法干警、第二学士学位、专升本、五年一贯制、三二分段制等）；以及跨学科门类的。

休学的时间和次数由学校自行规定，一般以学期或者学年计，普遍做法是实行学分制的学校以一学年为期。根据《普通高等学校学生管理规定》第 24 条的规定，学生应征参加中国人民解放军（含中国人民武装警察部队），学校应当保留其学籍至退役后一年。但最新的《普通高等学校学生管理规定》修订的征求意见稿中，规定学校应当保留其学籍至退役后两年，最大限度保障学生的权利，鼓励学生应征入伍。休学期满仍需要继续休学的，须办理继续休学手续。学生可主动申请休学，如果学生申请符合学校相关规定，确有休学必要，学校审核应予以批准。学校也可出于某种必要的考虑，认为学生应当休学，即使学生并未提出休学也可以要求其休学。一般情形为学生患病，经学校指定医院诊断，须长时间停课治疗；或者一学期内因请假缺课，累计超过本学期总学时一定比例以上的；或者出现学校相关规定中应当休学的情况的。

同时，国家为鼓励大学生创业，在《国务院办公厅关于深化高等学校创新创业教育改革的实施意见》（国办发〔2015〕36 号）明确规定：实施弹性学制，放宽学生修业年限，允许调整学业进程、保留学籍休学创新创业。为进一步落实中央精神，在《教育部关于中央部门所属高校深化教育教学改革的指导意见》（教高〔2016〕2 号）中专门规定：明确改革教学和学籍管理制度，完善个性化的人才培养方案，建立创新创业学分积累和转换制度，允许参与创新创业的学生调整学业进程，保留学籍休学创新创业，并对创新创业的休学程序也进行优化。近期，《普通高等学校学生管理规定》修订的征求意见稿，就新增了"学校批准，可以实施弹性学制和灵活的学习制度，放宽学生学习年限，支持学生休学创业，并简化审批程序，可采取先休后批或备案制。休学次数和期限由学校规定。"本书认为允许学生休学创业和简化审批程序都无可厚非，但如采取"先休后批"的程序设计，可能会对正常的学籍管理秩序带来一定冲击，对此应当慎重。

退学的情形如下：第一，学业成绩未达到学校要求或者在学校规定年限内（含休学）未完成学业的。第二，休学期满，在学校规定期限内未提出复学申请或者申请复学经复查不合格的。第三，经学校指定医院诊断，患有疾病或者意外伤残无法继续在校学习的。第四，未请假离校连续两周未参加学校规定的教学活动的。第五，超过学校规定期限未注册而又无正当事由的。第六，本人申请退学的。退学会使学生失去学籍，丧失学生身份。教育部对于学校作出退学处理的相关程序是有特殊规定的，要求由校长会议决定。学校作出退学处理决定后，应当出具退学决定书并送交学生本人，同时报学校所在地省级教育行政部门备案。

开除学籍是学生纪律处分中的重要制度，笔者将在高校学生惩戒一章进行讨论。

（四）毕业、结业与肄业

毕业是指具有学籍的学生学业期满，完成学校规定的学习任务，达到相应的培养标准，结束一个阶段的学习，获得相应的学历证书。毕业的条件为：第一，毕业生应当在学校规定的修业年限内完成教育培养方案规定的内容并达到毕业要求。第二，毕业生应当在德、智、体、美诸方面达到毕业要求。

结业是指学生在学校规定年限内，修完教育教学计划规定内容，未达到毕业要求，由学校发给结业证书而结束学业。结业后是否可以补考、重修或者补作毕业设计、论文、答辩，以及是否颁发毕业证书，由学校规定。对合格后颁发的毕业证书，毕业时间按发证日期填写。

肄业是指学生在学校学满一学年以上退学的，未修完教育教学计划规定内容，由学校颁发肄业证书而结束学业。

另外，根据《学位条例》《学位条例暂行实施办法》等相关法律法规，学位授予也是学籍管理重要的内容。

第二节　高等学校学生学籍管理法律问题研究

学籍是高校和学生之间法律关系的基础。当前，由学籍管理而引发学生诉高校的纠纷不断出现。究其原因，整体上看，当前高校学生学籍管理中存在以下主要问题：一是制度上，学籍管理的法律法规以及学校规章制度不完善。二是体制机制上，部分学校存在着不同程度的学籍管理工作分工不明，权责不清等问题。三是工作人员素质和意识上，部分工作人员的法治思维、法治能力、法治水平欠缺，存在着重管理轻教育，重实体轻程序，重学校权力轻学生权利，重法律工具轻教育目的等问题。因此，从良法和善治的角度，梳理和剖析学籍管理中的热点、难点问题，分析原因，研究对策，成为当前学籍管理法治化亟待解决的问题。

一、学籍管理中高校与学生法律关系分析

明确学籍管理中高校与学生之间的法律关系以及各主体的权利义务，是高校推进学籍管理法治化的前提。正如本书总论所述，高校具有独立法人地位，属于公务法人。虽然学籍管理内容复杂，但是就高校管理行为的性质来看，基本可以分为以下两类：

一类是关于学生的退学、开除学籍、准予毕业以及授予学位的管理行为，《教育法》《高等教育法》都赋予高校进行学籍管理的职权。[①] 此种情形下，高校作为行政法上"法律法规授权的组织"，其管理行为是依据法律的具体授权而行使的部分教育行政权的行为。例如根据《学位条例》授权，高校对学生授予学位行为。[②] 此类学籍管理符合典型的行政法律关系特征。第一，双方主体地位不平等，高校是典型的被授权组织，是公权力的行使者；高校和学生处于一种不平等的地位。高校是管理者，学生是相对人。第二，行政主体一方的权利义务具有统一性，

---

① 《中华人民共和国教育法》和《中华人民共和国高等教育法》均规定了高校对受教育者进行学籍管理，实施奖励或者处分等职权。

② 《中华人民共和国学位条例》第八条：学士学位，由国务院授权的高等学校授予；硕士学位、博士学位，由国务院授权的高等学校和科学研究机构授予。

作为行政主体的高校，行政权力是由国家授予的。对于学生来说，高校是权利主体，对于国家来说，高校是义务主体。

另一类则是高校行使其办学自主权而作出的类似"内部行为"。例如，成绩评定、转专业、休学等皆属此类。此类是高校自治事务，高校对此具有自主管理的权力。

二、学籍管理中学生隐私权保护的法律问题

学籍管理中许多方面涉及学生的个人隐私权，其中学生学籍档案管理最为典型。学籍档案是学生个人档案的重要组成部分，是学生在校的最原始、最完整的文件，它记录着学生在校期间的思想、学习、工作、生活和行为的全部内容，是全面考察了解学生在校表现的主要依据。学籍档案管理应坚持真实、完整、保密的原则。学籍管理过程中必然会涉及学生信息的采集与运用，如果处理不当，学生的隐私权就会受到侵犯，其中一些信息的泄露更会造成不可估量的后果。学籍管理权与隐私权的冲突是我们所必须面对的。如何界定学籍管理中学生个人隐私，在实现客观、准确、详细记录的基础上，合理、合法运用学籍信息是非常关键的问题。

隐私权是指自然人依法享有并受法律保护的，排除他人非法侵扰、知悉、收集、利用、公开的私人生活安宁和私人信息保密的人格权。权利人对其隐私权是否公开、公开范围和程度有决定权。当前学籍档案中内容十分详细，其中囊括了学生大部分个人信息，包括招生材料、学籍卡、学生登记表、学年鉴定表、学籍变动记录表、毕业生登记表、各学年成绩单、奖惩材料、入党（团）材料等，还有就业报到证等具有法律效力的原始文件。记录着学生姓名、性别、出生年月、身份证号码、亲属情况、家庭住址、奖惩情况等具有个人特征的信息，具有隐私性。未经法律法规授权或者学生本人允许，学校不能随意泄露或者不当使用此类信息。

由于当前学籍管理的条件有限，制度不健全，工作人员认识不到位等原因，在实践中也出现了学籍信息分类制度欠缺，对于重要的个人信息随意处理的情况。如在学籍档案查阅过程中，虽然有较为严格的程序要求，但是查档者或因不能亲自前来，或因怕麻烦，有时用电话或是委托在校人员帮助的方式进行查询。而对于来电查询或者委托查询，工作人员往往难以核实来电者或者受委托者的真实身份和查阅档案的目的，这给不法分子留下了可乘之机。此外，在整理学生档案时，由于工作人员疏忽或者委托学生整理档案，导致了学生档案材料的错装、漏装现象。更有甚者，由于档案交接流转制度不健全，导致了学生档案丢失，责任难以查清，学生利益受损和学校陷入非常被动的局面。

本书建议，根据《档案法》制定学校学生学籍档案管理制度，就学籍档案的管理原则、管理机构及职责、学籍档案的内容、学籍档案的收集、保管、使用和转递、管理纪律等作出规定。加强安全设施建设，改善办公环境，加强档案信息化建设，建立安全、便捷的电子学籍档案。完善学籍信息运用机制，建立档案查阅登记制，明确学籍档案信息的查阅、使用的权限分类、程序要求以及后期的跟踪反馈机制。查阅学籍信息，相关单位和个人应当持单位证明或个人身份证明，提交书面申请，按照要求写清所要查阅的详细项目，经过档案管理员的严格身份验证后才能查阅。尽量避免查询者通过电话或者委托方式查询，应学生本人同意，保证其个人信息的安全。建立档案清单和档案管理人员责任追究机制，提高档案管理人员的责任意识和规范意识，根据清单整理档案，避免归档材料错装、漏装。建立档案交接流转登记制度，无论是档案转入、转出、学校内部流转，都必须严格登记交接人，避免出现档案丢失事件。

三、取消学籍和入学资格的法律问题

学籍作为一种身份性的法律资格，取消学籍意味着其学生身份的丧失。对于学生而言，取消学籍就意味着其受教育权利受到严重限制。而入学资格作为学籍获得前提条件，取消入学资格直接导致无法实施学籍注册这一法定程序，其同样意味着限制学生的受教育权利。当前高校学籍管理中，因取消学籍和入学资格而导致的法律纠纷屡现报端，主要是冒名顶替、高考移民等入学资格造假问题。

对于入学资格造假的情况，《普通高等学校学生管理规定》第8条规定："新生入学后，学校在三个月内按照国家招生规定对其进行复查。复查合格者予以注册，取得学籍。复查不合格者，由学校区别情况，予以处理，直至取消入学资格。

凡属弄虚作假、徇私舞弊取得学籍者，一经查实，学校应当取消其学籍。情节恶劣的，应当请有关部门查究。"第9条规定"对患有疾病的新生，经学校指定的二级甲等以上医院（下同）诊断不宜在校学习的，可以保留入学资格一年。保留入学资格者不具有学籍。在保留入学资格期内经治疗康复，可以向学校申请入学，由学校指定医院诊断，符合体检要求，经学校复查合格后，重新办理入学手续。复查不合格或者逾期不办理入学手续者，取消入学资格。"

而对于高校作出取消学籍和入学资格决定起着至关重要的复查程序，教育部规章和规范性文件也有明文规定。《教育部关于明确高等学校新生复查内容的意见》（教学函〔2014〕2号）指出，复查内容包括考试报名、志愿填报、身体健康、考试过程以及成绩、录取资格等内容，复查方式主要是对报名表、新生录取名册、体检表、高考成绩单、录取通知书、高中档案、照片、身份证等材料进行审核、比对和检测。同时该意见还明确对有特殊招生要求的专业，高校可以自主选择方式方法。对于复查中发现有弄虚作假的行为，根据《普通高等学校招生违规行为处理暂行办法》第11条的规定，应当如实记入其考试诚信档案。在报名阶段发现的，取消报考资格；在入学前发现的，取消入学资格；入学后发现的，取消录取资格或者学籍；毕业后发现的，由教育行政部门宣布学历、学位证书无效，责令收回；涉嫌犯罪的，依法移送司法机关处理。

依据以上法律法规，高校对于涉及冒名顶替、高考移民等弄虚作假、徇私舞弊的情况予以取消入学资格和取消学籍的处理是于法有据的，对于实现教育公平具有重要意义。但由于取消入学资格和取消学籍作为对学生受教育权的重大限制，高校作出此类决定必须严格遵循正当程序，做到证据充足、依据明确、定性准确、处理恰当。在实践中确实出现了法院认为高校作出此类决定证据不充分，进而撤销其决定的实际案例。

另外，因此类决定对于学生受教育权有重大限制，高校作出此类决定必须严格在法律法规的授权范围慎重处理。如在处理患有疾病的学生的事情上，虽然教育部《普通高等学校招生体检工作指导意见》（教学〔2003〕3号）中明确规定学校可以不予录取的患有疾病的情况，但是，高校应当考虑到学生实际情况差异，即使学生出现隐瞒病史等违规情况，也不要一概而论作出取消学籍或是入学资格决定，要依法保护学生权益。

四、毕业证书和学位证书发放的相关法律问题[①]

毕业证和学位证发放作为高校对学生行使准予毕业和授予学位管理权力的体现，是学籍管理中的重要内容，《教育法》《高等教育法》《学位条例》等法律法规授予了高校评价学生的学业成绩和品行，并颁发学业、学位证书的权力。而由国家承认的学业证书、学位证书作为对学习者学习经历、能力、学术水平的对外证明，具有高度公信力，对于学习者的就业深造具有决定性意义。因此获得学业、学位证书亦是学生受教育权的重要内容。当前学籍管理最易引发争议的也是高校授予学位和准予毕业的问题。在高等教育法治化进程中具有典型意义的田永案和刘燕文案的焦点都与毕业证书和学位证书相关。

目前我国《教育法》《高等教育法》《学位条例》等相关法律规定对准予毕业和学位授予的规定较为概括。关于准予毕业的规定，《高等教育法》第58条规定："高等学校的学生思想品德合格，在规定的修业年限内学完规定的课程，成绩合格或者修满相应的学分，准予毕业。"《普通高等学校学生管理规定》第31条提出："学生在学校规定年限内，修完教育教学计划规定内容，德、智、体达到毕业要求，准予毕业，由学校发给毕业证书。"可见，准予毕业应该符合三个基本条件：在规定期限内思想品德合格、学业成绩合格、体质合格。而授予学位的规定，《学位条例》只是原则上规定了毕业、政治合格[②]以及达到相应学术水平三个方面条件。[③]同时《学位条例暂行实施办法》授权学位授予单位可制定本单位授予学位的工作细则。由此可见，准予毕业和授予学位两者既有相同条

---

① 参见马抗美：《新时期大学生成长成才法制环境研究》，中国政法大学出版社，2007年版，第106-109页。

② 《中华人民共和国学位条例》第2条规定："凡是拥护中国共产党的领导、拥护社会主义制度，具有一定学术水平的公民，都可以按照本条例的规定申请相应的学位。"

③ 参见《中华人民共和国学位条例》授予学士、硕士、博士学位的条件相关法律条文。

件，也有不同要求，准予毕业作为授予学位前置条件，授予学位对于学生的学术水平要求较高。目前，高校较为通行的做法是将准予毕业和授予学位与学生思想品德素质、违纪行为挂钩。如对受到留校察看等纪律处分的学生修完培养方案规定内容，成绩合格后只准予毕业，而不授予学位。而这也引发了诸多理论上的争议和实践上的纠纷。

有观点认为，学校准予毕业而不发授予学位的做法违背上位法规定。虽然《学位条例》提出了对学生的思想政治素质的要求，但对具体条件是"学术水平""成绩合格""修满相应学分"等学业能力，并无其他的具体前置条件。[1] 而根据法律保留原则，法无授权不可为。将学生的思想品德乃至惩戒作为授予学位禁止性条件的做法，缺乏合法性和正当性。[2] 当然也有观点认为，学生受到的惩戒与准予毕业、授予学位挂钩并不违背国家学位授予法律法规和相关政策。虽然《学位条例》和《暂行实施办法》未明确提出把思想品德作为授予学位的条件，但在国务院学位办出台的一系列文件中却提出了具体要求。2003 年国务院学位委员就浙江大学"学位条例等相关法规中是否涵盖了对授予学位人员思想道德品行方面的要求"的请示作出的《关于对〈学位条例〉等有关法规、规定解释的复函》中明确指出：《学位条例》第 2 条的规定，其本身内涵是相当丰富的，涵盖了对授予学位人员的遵纪守法、道德品行的要求；国务院学位委员会和教育部 1981 年联合发布的（81）学位字 022 号文件明确规定了政治、道德、法纪方面的标准，文件所作的规定不仅是当年，现在仍然是授予学士学位应执行的规定。[3] 而且同时认为，《学位条例暂行实施办法》虽未对学位申请者的政治思想条件作出更详细的要求，但其授权高校可以制定细则。而基于此，我国目前将学生因思想品德

---

① 徐晴：《大学生权利保护和依法治校》，载《高教探索》，2005 年第 6 期。
② 包万平：《学位授予必须与学生处分脱钩的法律依据——兼与张军先生商榷》，载《现代教育科学》，2013 年第 5 期。
③ 《国务院学位委员会、教育部关于做好应届本科毕业生授予学生学位准备工作的通知》〔（81）学位字 022 号〕指出，"在授予学士学位工作中，必须坚持社会主义方向。应届本科毕业生必须拥护中国共产党的领导，拥护社会主义制度，愿意为社会主义建设事业服务，遵守纪律和社会主义法制，品行端正，方可授予学位。"

问题受到惩戒与准予毕业和授予学位相关联合理合法。

本书认为，高校是法律法规授权主体，其行使学业评价，并颁发学业证书和学位证书的行为作为行政法意义上行政确认行为，必须严格遵守正当程序原则，不能超越法律法规的权限。从目前立法精神来看，准予毕业作为授予学位的前提，将对学生思想品德素质要求作为两者的条件并无不可。另外，当前高校作为学位授予单位可以根据法律法规授权细化相关条件要求，但必须于法有据，不能超越法律规定的范围。在当前我国授予学位制度法律不健全的情况下，将思想品德等要件纳入其中，虽然符合我国目前授予学位的相关政策，但从法治化的角度而言，对于涉及学生受公正评价权这一重大受教育权益而言，高校有自我授权之嫌，有违法律保留原则。对此，基于毕业证书和学位证书不同功能价值的指向，本书建议，应当进一步完善学历学位立法，将准予毕业和授予学位进行分别评价，前者应侧重于对学生综合素质的考量，后者应侧重于对学生学术水平的考量，对于两者的禁止性条件应以法律明文列出，明确高校管理权力和学术权力的界限，平衡高校权力和学生权利之间的冲突。

另外，在实践中，还有一些高校会出于自身管理的需要，将毕业证书和学位证书的发放附加诸多条件，如是否按时交纳学费、是否提交就业协议、是否签订还款协议等。而这些直接导致高校和学生之间的冲突。这实际违反了行政法上的不当联结禁止原则，即公权力的行使必须与公权力的目的保持合理正当的关联的原则。高校滥用管理权，将发放毕业证书和学位证书作为实现催缴学费和贷款的手段，实质上违背了学业评价权目的，是违反法律规定的。

第三节　高等学校学籍管理法治化路径探索

随着我国高等教育的深化改革，学籍管理制度也在与时俱进，但是必须承认的是，面对诸多新问题、新情况，学籍管理的制度和方法仍然与高等教育迅速发展的需求存在着差距。推进学籍管理制度法治化建设，要立足实际，注重科学性和规范性的提高，为高校落实立德树人根本任务提供保障。

一、树立以人为本的学籍管理观念

现代管理更加注重人性化，学籍管理也应紧跟时代步伐。所以应树立"以人为本"的高校学籍管理理念，以此为原则指导学籍管理工作。

以人为本，服务学生。高校最重要的任务是立德树人，育人工作的目标就是让学生健康成长成才。因此，高校学籍管理者应树立"学生为主体"的理念，增强服务意识，摒弃"官本位"观念，时刻牢记一切制度的设立和方法的实施都应该从学生的角度出发，以促进其健康成长成才。

学生主体，参与管理。学籍管理的主导者应该是学校，但是这并不意味着学生只是被动的接受者。学生也是管理的主体，学籍管理应该主动引导学生参与，征求其意见，了解其需求，使其真正参与到高校的学籍管理工作当中，成为管理活动的主体。这样做不仅能贯彻以人为本的基本理念，还能把握学生的思想动态。以学生的需求作为工作重心，使工作更能联系实际，符合实际的需要。

尊重权利，因材施教。学籍管理涉及学生的重要权利，因此，在学籍管理中，必须树立保障学生权利的意识，同时也要认识到学生的个体差异是客观存在的，是不以管理者的意志为转移的。既要公平公正地对待每位学生，也要注意学生的个性差别，不能盲目地、整齐划一地要求学生。因材施教，有利于高等教育目的的实现。

二、完善学籍管理制度体系

我国高等教育立法内容过于原则和概括，存在着立法滞后于现实发展需要等情况。为了更好地完善高校管理权，保障学生的合法权益，需要重新梳理学籍管理制度体系，使高校管理有法可依。

我国现在的学籍管理制度基本形成了三级体系。第一个层次是法律；第二个层次是教育行政法规和规章，包括行政法规、部门规章、地方性法规、自治条例、单行条例和地方政府规章。第三个层次是学校自主制定的规定。目前下位法和上位法存在冲突现象仍然存在，学籍管理制度体系仍然有待完善。所以教育立法时应当根据教育法律体系的层次性，充分考虑各个不同层次法律文件的效力，对现有的教育法律法规进行清理，对一些与上位法律法规相冲突的规定予以改正或者废止。

完善我国教育法律法规还应该注意其可操作性，避免含糊不清的法律法规出现。在相关法律的指导下，鼓励地方和学校根据自身特点创制相关规定。通过一系列地方性法规和学校的自制规定进一步细化学籍管理的细节，做到每一个处理决定都有明确合法的依据。

三、加强学籍管理程序规范性

学籍管理所涉及的是学生的切身利益，关乎学生的受教育权。所以在实行学籍管理行为的时候应该格外注意程序正当性。只有正当的程序才能保证学籍管理行为的合法性、合理性和有效性。正当程序是维护学生利益的重要保证。

学校在进行学籍管理时应该保障程序的公正。公正程序的保证应该着眼以下几个方面：①公正原则的保障制度，具体包括回避制度、合议制度、听证制度、调查制度；②参与原则的保障制度，具体包括表明身份、说明理由、听证和调查、权利救济；③效率原则的保障制度，具体包括时效限定、先后顺序、简易程序。

从具体操作来看，要注重程序正当，让学生主动参与进来。首先，在学校学籍管理制度制定过程中，应主动公布有关内容，听取学生反馈，以便对制度进行进一步的修改和完善。其次，制度的执行过程中，特别是在对学生的处理意见作出之前或执行过程中，要允许学生申辩。学籍管理涉及学生自身，学生有权发表自己的意见，如果申辩程序缺失，学籍管理行为涉嫌程序违法，完全可以导致行为无效。最后，在制度的执行以后，要为学生设置权利救济程序，保障其申诉、诉讼的权利。我们看到，近些年一系列由于程序正当性缺失所引起的纠纷很多。而正当合法的程序是学籍管理行为有效的重要前提。合法的程序能够保证公正，而公正需要依赖正当合法的程序。在这方面的另外一个规范要求，是学校要改变以往处理学生的程序上的随意性，处理决定必须要以书面的形式作出，并且按规定的时限通知到本人并签收书面决定。

四、建立学籍预警制度

在学籍管理方面，由于管理行为所引起的矛盾层出不穷。而现今高校学籍纠纷解决更多是一种事后救济，以解决问题为主要处理方式。而仅仅事后救济并不能从根本上减少矛盾的发生。引入事前预警处理模式可以很好地解决这一问题。通过预警的方式提早发现矛盾并及时解决，防止纠纷的产生。学籍预警制度就可以起到这种防患于未然的作用。学籍预警指在日常教务管理中，通过合理的制度和科学的工作方法，尽早提示学生、发现学生问题并加以干预的机制。学籍预警可以从以下层面开展：入学警示、考勤预警、成绩预警、选课预警、毕业预警。①

（1）入学警示。新生入学后，面临的首要问题就是熟悉环境、各类规章制度，明确学习目标等。而面对新生，学籍管理人员可以有针对性地进行规章制度的宣讲，让他们清楚学籍管理中与他们的个人利益密切相关的制度规章和程序，以及可能引发的后果，起到初步警示作用。

（2）考勤预警。高等教育在目标定位上与义务教育具有较大差异，学校和教师更注重授课过程中学生的参与程度和积极性，对知识掌握的运用度和灵活性。而课堂教育出勤率对于学生的学习质量和学业成绩有着很大影响，对于学籍管理也有重要的意义。考勤预警通过监督学生出勤率等情况，及时对经常逃课的同学予以提示和警告，督促其按时完成学校规定的学习任务。

（3）选课预警。高等教育注重学生的个性发展，培养模式的设定和课程的安排都给予了学生一定的自主权。学生可以通过选课来制定自己的学习计划。但是学生选课往往缺乏科学依据，带有一定的盲目性，因此学校应当加强对学生选课的指导，以个性化的学业辅导对学生出现避重就轻或选课结构不合理现象提出要求和警示，帮助学生顺利完成学业。

---

① 柳海燕、王小凤、张有光：《关于本科学籍预警工作的探索与实践》，载《教育教学论坛》，2011年9月。

（4）成绩预警。成绩预警是对学生每学期期末成绩进行全面评估，对不符合培养方案的要求，不及格课程达到一定门数或所修学分达不到一定程度者，向学生本人、家长等进行反馈和警示，并提前告知其留级及退学政策。通过成绩预警，家长和学校可以充分了解学生的动向，避免出现过多考试成绩不及格而导致退学等严重后果。

（5）毕业和学位预警。在学生进入毕业年级前一年，根据学校培养方案的要求，对学生所获得学分情况提前进行审核，统计学生尚未修读或未达到要求的课程情况，[①] 及时发布预警，使学生能够根据个人情况及时进行查漏补缺，顺利完成学业。

---

① 参见刘艳萌，杨玉荣，李倩茹：《高校学籍预警机制建立初探》，载《河北农业大学学报（农林教育版）》，2013年4月。

第六章　高等学校学生奖助管理法治化研究

学生奖助①作为高校学生管理的重要组成部分和高校育人的重要途径，是大学生受教育权利的重要内容。其对于实现教育公平，保障大学生顺利完成学业具有重要意义。随着我国社会经济的迅速发展和高等教育体制深化改革，高校的学生奖助制度经历了深刻变化，对高校和学生间的权利义务关系产生了深刻的影响。

第一节　高等学校学生奖助管理法治化概述

高校学生奖助作为高校学生管理的重要组成部分，其制度沿革与高等教育的财政投入机制和收费制度变革休戚相关，其历史发展则从侧面反映了高等教育体制改革中高校权力和学生权利之间关系的演变。

一、高等学校学生奖助制度变迁

教育的本质在于公平。而只有实现教育的公平，才能保障公民在发展中享有应有的权利。学生奖助作为实现教育公平的重要途径，在世界各国的高等教育中都普遍存在。如美国高校实施的大学生"资助包"政策，运用多来源资金的混合资助，以法律方式来规范资助行为；再如英国高校采取贷学金等方式，以公共资金为主要来源资助学生学费和生活费。

近年来，我国高等教育发展取得举世瞩目的成绩，学生奖助制度在发挥国家

---

① 学生奖助是指高校对学生的奖学金、助学金、勤工助学、助学贷款、学费减免等奖励与资助工作的简称。

的公共财政职能，改革和发展高等教育体制，推进和实现教育公平的过程中发挥着重要的作用。实践中我国的高校学生奖助制度主要包括奖励和资助两方面。一般而言，奖励包括精神奖励和物质奖励，精神奖励主要是通过授予荣誉称号等形式来实现，物质奖励则是以奖学金等形式实现，即学校、团体或者个人给予学习成绩较好的学生的奖金。而考虑到精神奖励评定标准和评选程序具有较强政策导向性，制度历史变动较快且各地各高校情况复杂，因此本章所讨论的奖励将以奖学金为代表的物质奖励为重点。与奖励相比，资助的形式较为多样，一般以助学金的形式，即政府或者是社会团体资助给家庭经济困难学生的困难补助金。①除此之外，还有助学贷款、勤工助学、学费减免等形式，而奖学金和助学金作为高校奖助制度的核心内容，与其他的奖助措施构成了广义上大学生奖助体系。

自新中国成立以来，我国高校学生奖助制度随着高等教育体制的发展历经变迁。新中国成立初期，我国高等教育实施免费制度，不仅不收学费，而且还向学生提供人民助学金，以补助学生伙食、被服和学习书籍等费用。在此阶段，助学金的发放与学业成绩并无关系，1955年制定的《高等教育部关于执行全国高等学校（不包括高等师范院校）一般学生人民助学金实施办法的指示》中明确了发放范围、补助额度和申请程序等。

而恢复高考后，我国高等教育逐渐从免费制度向收费制度过渡，其间人民助学金也逐步过渡为实行学生奖学金与学生贷款（校内无息贷款）为主，个别学生困难补助为辅的奖助制度。其中奖学金与学业成绩挂钩，贷款则与学业成绩无关。对此，国家教委于1987年出台了《普通高等学校本、专科学生实行奖学金制度的办法》和《普通高等学校本、专科学生实行贷款制度的办法》等规定。而在研究生教育中，则实现了从发放生活补助到实行奖学金制度的转变，国家教委、财政部于1994年出台了《普通高等学校研究生奖学金办法》，明确研究生普通奖学金的标准，并规定了研究生的助教、助管、助研等三助工作和临时困难补助，

---

① 参见中国社会科学院语言研究所词典编辑室：《现代汉语词典》，商务印书馆，第664、1703页。

同时鼓励国内外企业和个人为研究生设立奖学金。

随着社会经济的发展和高等教育改革的深入，高校收费已经成为常态，高校学生奖助制度也在发生巨大变化，其规章制度不断完善，并逐步形成覆盖全体本专科生、研究生，包括奖学金、助学金、勤工助学、国家贷款、减免学费、困难补助在内的"奖、助、勤、贷、免、补"的全方位奖助体系。相对而言，当前的形式更为多样，资金来源更加多元和充足，而学生的受益面更加广泛，程度更为深入。2005 年修订的《普通高等学校学生管理规定》中明确了学生享有参加勤工助学，申请奖学金、助学金及助学贷款的权利。对此，2007 年 5 月，国务院颁发了《关于建立健全普通本科学校、高等职业学校和中等职业学校家庭经济困难学生资助政策体系的意见》（国发〔2007〕13 号），该文件指出从 2007 年秋季学期开始，建立健全我国高校家庭经济学生资助体系。具体措施包括，一是继续设立国家奖学金，奖励高校中特别优秀的学生，不限定家庭经济困难这一条件。这一奖项是国家在高校本专科阶段设立的最高荣誉奖，每年奖励 5 万人，每生每年 8000 元。二是新设立国家励志奖学金，奖励资助品学兼优的家庭经济困难学生，每生每年 5000 元，人数占在校生总数的 3%。三是完善国家助学金制度，资助家庭经济困难学生，平均每生每年 2000 元，资助面平均占在校生总数的 20%；自 2010 年秋季学期起，国家助学金平均资助标准从每生每年 2000 元提高到 3000 元。四是进一步完善和落实国家助学贷款政策，大力开展生源地信用助学贷款，继续实行国家助学贷款代偿和学费补偿资助政策。五是部署六所师范大学实行师范生免费教育试点。六是规定高校从事业收入中足额提取 4%~6% 的经费用于校内各项资助措施的开支。七是进一步落实、完善鼓励捐资助学的相关优惠政策措施等。而研究生的奖助政策也随着研究生培养体制改革的深入不断发展，2013 年，财政部、国家发改委、教育部发布《关于完善研究生教育投入机制的意见》（财教〔2013〕19 号），提出要完善研究生奖助体系，加大奖助经费投入力度，以政府投入为主，按规定统筹高等学校自筹经费、科研经费、助学贷款、社会捐助等资金，建立健全多元奖助政策体系，提高研究生待遇水平。提出了设立研究生国家助学金、国家奖学金、学业奖学金等制度，加大研究生助教、助研和助管岗位津贴资助力度，完善研究生国家助学贷款政策以及配套措施等政策。以上两个文件作为国家层面的高校学生奖助制度的顶层设计，规定了学生奖助的制度框架、组织机构、运行机制等核心内容，明确了奖助的基本措施和制度保障，充分体现多元化资助育人理念，对于我国高校学生奖助制度的建设和发展具有重要意义。

二、高校学生奖助的法律规定

高校学生奖助制度作为实现教育公平的重要途径，其本身是《宪法》第46条规定的公民受教育权的重要内容。《教育法》作为奖助制度的法律渊源，第38条规定，"国家、社会对符合入学条件、家庭经济困难的儿童、少年、青年，提供各种形式的资助。"第43条第2款规定，受教育者享有"按照国家有关规定获得奖学金、贷学金、助学金"的权利。《高等教育法》作为高等教育领域的基本法律，其第9条规定重申了奖助作为公民受教育权的基本内容，"公民依法享有接受高等教育的权利。国家采取措施，帮助少数民族学生和经济困难的学生接受高等教育"；而第54条、第55条和第56条则明确了奖助的基本内容：第54条规定了补助和减免学费，即"高等学校的学生应当按照国家规定缴纳学费。家庭经济困难的学生，可以申请补助或者减免学费。"第55条则规定了奖学金、助学金和助学贷款，即"国家设立奖学金，并鼓励高等学校、企业事业组织、社会团体以及其他社会组织和个人按照国家有关规定设立各种形式的奖学金，对品学兼优的学生、国家规定的专业的学生以及到国家规定的地区工作的学生给予奖励。国家设立高等学校学生勤工助学基金和贷学金，并鼓励高等学校、企业事业组织、社会团体以及其他社会组织和个人设立各种形式的助学金，对家庭经济困难的学生提供帮助。获得贷学金及助学金的学生，应当履行相应的义务。"第56条则规定，"学校的学生在课余时间可以参加社会服务和勤工助学活动，但不得影响学业任务的完成。高等学校应当对学生的社会服务和勤工助学活动给予鼓励和支持，并进行引导和管理。"

为进一步落实宪法和法律的规定，政府和教育行政部门以行政规章、地方规章和一般规范性文件等形式具体落实高校学生奖助制度，相关部门也出台诸多具有学生奖助内容的具有普遍法律效力的规章和规范性文件。

（1）国家奖助学金管理规定。财政部、教育部先后制定了《普通本科高校、高等职业学校国家奖学金管理暂行办法》（财教〔2007〕90号）、《普通本科高校、高等职业学校国家励志奖学金管理暂行办法》（财教〔2007〕91号）、《普通本科高校、高等职业学校国家助学金管理暂行办法》（财教〔2007〕92号）、《研究生国家助学金管理暂行办法》（财教〔2013〕220号）、《研究生学业奖学金管理暂行办法》（财教〔2013〕219号）、《研究生国家奖学金管理暂行办法》（财教〔2012〕342号）等。

（2）国家助学贷款管理规定。国家助学贷款包括校园地国家助学贷款和生源地信用助学贷款。为进一步规范国家助学贷款，国家有关部门先后出台了相关意见或规定。1999年，国务院办公厅转发中国人民银行等部门《关于国家助学贷款管理规定（试行）的通知》（国办发〔1999〕58号）；2000年，国务院办公厅转发中国人民银行等部门《关于助学贷款管理若干意见的通知》（国办发〔2000〕6号）；2002年，中国人民银行、教育部、财政部《关于切实推进国家助学贷款工作有关问题的通知》（银发〔2002〕38号）；2004年，国务院办公厅转发教育、财政部、人民银行、银监会《关于进一步完善国家助学贷款工作若干意见的通知》（国办发〔2004〕51号）；2007年，教育部、财政部、国家开发银行《关于在部分地区开展国家生源地信用助学贷款试点的通知》（财教〔2007〕135号）；2014年，财政部、教育部、中国人民银行、银监会《关于调整完善国家助学贷款相关政策措施的通知》（财教〔2014〕180号）。

（3）学费减免等管理规定。对于高校学生应征入伍服义务兵役，2014年，财政部、教育部、总参谋部出台了《高等学校学生应征入伍服义务兵役国家资助办法》（财教〔2013〕236号）。对于退役士兵，2011年，财政部、教育部、民政部、总参谋部、总政治部出台了《关于实施退役士兵教育资助政策的意见》

（财教〔2011〕538 号）。而对于高校毕业生赴基层单位就业，2009 年，财政部、教育部出台了《高等学校毕业生学费和国家助学贷款代偿暂行办法》（财教〔2009〕15 号）。

（4）勤工助学管理规定。《普通高等学校学生管理规定》中指出，学校应当鼓励、支持和指导学生参加社会实践、社会服务和开展勤工助学活动，并根据实际情况给予必要帮助。学生参加勤工助学活动应当遵守法律、法规以及学校、用工单位的管理制度，履行勤工助学活动的有关协议。2007 年，为规范管理高校学生勤工助学工作，促进勤工助学活动健康、有序开展，保障学生的合法权益，帮助家庭经济困难学生顺利完成学业，教育部、财政部联合制定了《高等学校学生勤工助学管理办法》（教财〔2007〕7 号）。

（5）奖助制度资金来源规定。目前国家除从中央财政投入进行国家奖学金、助学金和励志奖学金评选之外，还从制度层面确保奖助制度的资金来源，教育部出台的《高等学校财务制度》（财教〔2012〕488 号）中明确指出，高校学生奖助基金作为专用基金管理，"学生奖助基金，即按照国家有关规定，按照事业收入的一定比例提取，在事业支出的相关科目中列支，用于学费减免、勤工助学、校内无息借款、校内奖助学金和特殊困难补助等的资金。"

而基于以上法律法规，各地、各高校在授权范围内，制定符合自身实际的学生奖助管理规定。各高校为落实依法治校的要求，都会对本校的学生奖助制度进行全面梳理，制定本校的国家奖助学金、学校奖学金、勤工助学、学费减免等办法，以便于实际操作。

第二节　高等学校学生奖助管理法律问题研究

在党和国家高度重视下，随着高等教育的投入不断增多，我国高校学生奖助制度已初成体系，对于实现大学生的顺利完成学业和健康成长成才起到了积极作用。但由于历史等原因，我国高校学生奖助制度和政策仍缺乏准确定位和规范化、法治化管理，稳定、长效、规范的机制建设还有待加强。① 这体现在高校学生奖助制度运行中，出现了法律性质难以界定，主体之间权利义务不清、责任不明等困惑，这在一定程度上影响了高校学生奖助工作统一协调、持续、高效、健康的推进。②

一、高等学校奖助学金的法律问题

奖助学金是高校学生奖助制度的重要组成部分，是对学生进行奖助的重要形式。奖助学金因资金来源、奖助主体、受奖助对象不同而有所区别。就资金来源而言，有来自公共财政的国有资金，也有来自企业团体和个人的社会资金。从奖助主体而言，有国家设立的国家奖助学金等，也有学校设立的各种奖助学金，而因设立主体性质不同，奖励的额度、范围以及程序也大相径庭。而就受奖助对象而言，既有专科、本科、研究生等学历层次的区别，也有家庭经济困难学生、少数民族学生等特殊群体的区别。③

在高校学生管理实践中，奖助学金发放直接关系学生切身利益，其发放范围、评定标准、评定程序乃至后期的奖助学如何使用等问题都会引发同学们的关注和热议。如奖学金评选是否与宿舍卫生评比等非学业标准挂钩？奖助学金发放后学校是否有权因学生的过度消费等不良表现收回？助学金评选过程如何保护学生的隐私？奖助学金学校是否有权直接冲抵学费？学生是否具有奖助学金救济权利？等等。如不能妥善处理，将引发较为激烈的冲突和纠纷。据媒体报道，就有学生因奖学金减少将学校诉至法院的案例。

本书认为，解决问题的关键在于厘清奖助学金的法律性质，并在此基础上清楚地界定学校和学生双方权利义务关系。在我国当前的高校学生管理中，高校和学生之间存在着多重的法律关系。不同种类奖助学金因其资金来源性质不同，其法律关系也有所差异。对于社会捐助的奖助学金而言，如果捐助方提出条件和要求针对特定人发放，学生只有在满足和接受捐助方的条件才能获得的情况下，此

① 参见方舒峰：《高校资助体系中的法律问题研究》，载《海峡科学》，2007 年第 7 期。
② 张虎：《论高校资助工作体系的法治化建设》，载《乐山师范学院学报》，2012 年第 7 期。
③ 参见陈志君：《高校奖助学金制度研究》，山东大学 2013 年硕士学位论文。

类奖助学金实际上是捐助方和学生之间民法上的赠与和接受赠予行为，高校在其中只起到协调作用。如果此类奖助学金评选中出现纠纷，就可以适用民法和合同法中相关条款，按前期签订的协议来解决即可。而对于国家奖助学金、学校由经费拨付设立的奖助学金，资金来源于公共财政投入，高校在授权范围评定发放奖助学金体现了国家意志，是典型的管理行为。对于由社会捐助委托学校评选发放，并无特定指向的奖助学金而言，其资金由学校统一管理，具有公益性质，也具有管理性质。而要认识这两种奖助学金的属性，就需要深入分析高校和学生之间权利义务关系。

高校发放奖助学金作为授益性的管理行为，对学生并无强制性。考虑到高校和学生主体的特殊性，现有行政法理论很难对其进行分类。理论界也少有对此类问题的讨论，对此，有人提出此类奖助学金是一种非强制行政赠予，属于非强制行政行为的一种具体表现，国家通过这种赠予，表达了对品学兼优学生的奖励和对经济困难学生的扶持。[①] 这种观点有其合理之处，它看到了高校发放奖助学金所具有的公共服务属性，但其忽视了高校发放奖助学金并非是无条件的赠予，会为学生设定相应的义务或是资格要求；高校发放奖助学金必须依据法定程序，只有相对人符合相应的义务要求或是符合法律的资格要求后才能发放。而且高校必须要实施发放奖助学金这一管理行为，否则就是不作为。本书认为，根据奖学金和助学金的不同性质，立足高校和学生主体特殊性，对于具有奖励性质的奖学金，可参照行政奖励的理论分析；对于具有帮扶性质的助学金，可参照行政给付的理论分析。

奖助学金法律属性的明确，为分析解决当前奖助学金管理中面临的问题提供了思路。本书认为，高校在奖助学金评定发放过程中，其只要在法律法规的授权范围内，按照法定的程序和原则制定制度，进行公开公正的评选，即使提高了对学生履行义务上或是资格上的要求，如发放标准和范围的变动，附加日常行为规

---

① 文达：《大学生学费和国家奖助学金的法律性质及其关联》，载《法制与经济》，2009年第 7 期。

范的要求等。但只要没有超越法律的权限即符合法律规定，就属于高校行使自主管理权的范围。当然，高校并不能滥用自主权，随意或者变相提高对学生履行义务或是资格要求，如对学生使用奖助学金加以各种限制，或者折抵学费等情况，这违背了法律上不当联结禁止的原则，应当予以纠正。而对于学生而言，如果因高校的不作为或是乱作为，奖助学金的发放出现瑕疵，侵害自身权益，有权寻求救济。

奖助学金中另一个问题是学生隐私权的保护问题。在实践中，这在助学金发放中表现尤为突出。其直接涉及公众知情权和学生隐私权之间价值冲突。由于高校的奖助学金发放的行为具有公共属性，其本身应当保障公众的知情权，有必要将涉及学生的个人信息在法律规定程度和范围进行公开，实行"阳光操作"，确保工作的公开、公平、公正。但另一方面，也存在着个人信息和隐私被泄露的风险。如在家庭经济困难学生资格认定的过程中，根据《教育部财政部关于认真做好高等学校家庭经济困难学生认定工作的指导意见》（教财〔2007〕8号）要求，家庭经济困难学生资格认定要经过民主评议、公示等环节。由辅导员、班主任、学生代表组成的年级评议小组负责民主评议工作，评议小组对家庭经济困难学生的申请材料逐一进行评议。在这一过程中，可能会因参与者的法律意识淡薄，导致学生隐私泄露，给当事人带来不良影响的情况。而后期不适当的信息公示、扩大宣传、监督反馈都会导致学生隐私权进一步受到侵犯。如有些高校不仅将家庭经济困难学生的姓名、班级予以公示，还将其生活经历、家庭经济状况、父母婚姻及健康情况等个人信息均予以公示，这实际上严重违背了法律的原意。

对此，本书认为，奖助学金评选中，应当严格遵守我国法律规定，在实际操作中应当严格限制知情权的主体和信息公开范围，避免涉及学生个人隐私的信息随意扩散。当然，奖助学金作为授益性管理行为，学生有权选择是否接受。尤其是在当前奖助措施更加多元的情况下，高校提供给学生的选择也更为多样，学生可以根据自身情况选择更为适合的方式实现权利。

二、勤工助学中的法律问题

相对于奖助学金以物质的形式给予学生以奖励和资助，勤工助学则更多体现为机会资助，即为学生提供工作机会，以劳动来换取报酬进而继续学业。勤工助学在当前各国的高等教育中都较为普遍，如美国的"联邦工读计划"为需要经济帮助的本科生和研究社提供校园工作或是校外社区服务工作机会，并以法案的形式规定了最低工资数。而日本有较为完善的勤工俭学制度，日本大学生有五分之一的收入来自于勤工俭学，国家还专门拨款设立勤工俭学介绍所提供帮助。①

在我国，勤工助学的范围则比较窄，仅指大学生在学校的统一管理下参加学校组织的勤工助学活动，并不包括学生自行参加的校外打工或兼职行为。对此，《高等学校学生勤工助学管理办法》第4条和第6条规定，勤工助学是指学生在学校的组织下利用课余时间，通过劳动取得合法报酬，用于改善学习和生活条件的社会实践活动。勤工助学是学校学生资助工作的重要组成部分，是提高学生综合素质和资助家庭经济困难学生的有效途径。勤工助学活动由学校统一组织和管理。任何单位或个人未经学校学生资助管理机构同意，不得聘用在校学生打工。学生私自在校外打工的行为，不在本办法规定之列。而由于现有的勤工助学制度内容规定较为概括，引发了实践中一些难题。

第一是如何界定勤工助学的法律性质。明确勤工助学的法律性质是准确适用法律和解决纠纷的前提。当前，在校大学生是否构成劳动关系中的"劳动者"，及其参加勤工助学所提供的"劳动行为"的法律性质，应属于"劳务行为"还是"劳动行为"，无论学理上还是实践中均存在着较大争议。对此，有的观点根据原劳动部《关于贯彻履行〈中华人民共和国劳动法〉若干问题的意见》（劳部发〔1995〕309号）第12条规定"在校生利用业余时间勤工助学，不视为就业，未建立劳动关系，可以不签订劳动合同"，认为大学生并非劳动者，不接受劳动法的调整。也有观点从高校学生勤工助学服务对象的性质加以区分，认为"校内勤工助学"属于行政法上行政给付的法律关系，而"校外勤工助学"则因用工主

---

① 参见王康平：《高校学费政策的理论和实践》，厦门大学出版社，2001年版，第47-48页。

体和提供劳动的内容不同，为自然人提供服务属于民事法律关系，为法人或组织提供服务的则是劳动法律关系。[①]

本书认为，基于高校学生勤工助学服务对象的特点来区分其法律性质有其合理性。当学生在校内勤工助学时，其只是和学校发生法律关系。对此，《高等学校学生勤工助学管理办法》明确指出勤工助学是学校学生资助工作的重要组成部分，是提高学生综合素质和资助家庭经济困难学生的有效途径。组织开展勤工助学活动是学校学生工作的一项重要内容。由此可见，学校设立勤工助学岗位，其具有公益性，性质类似政府扶持的社会公益性岗位，因此并不适用于劳动法律和民事法律调整，而与行政法上行政帮扶的行政给付行为具有同理之处。但由于高校和学生之间法律关系的特殊性和多重性，行政给付的理论并不能完全解决勤工助学中可能遇到意外伤害等问题，因此，校内勤工助学岗位具有民事和行政法律双重意义。设立勤工助学岗位是属于高校应当实施的授益性管理行为，用以帮扶学生。学生如果上岗，则根据《高等学校学生勤工助学管理办法》相关规定处理。对此，《高等学校学生勤工助学管理办法》对工作时间和报酬等双方权利义务都做了明确规定，并且规定了学生在校内开展勤工助学活动的，学生勤工助学管理服务组织必须与学生签订具有法律效力的协议书。并指出，在勤工助学活动中，若出现协议纠纷或学生意外伤害事故，协议各方应按照签订的协议协商解决。如不能达成一致意见，适用《学生意外伤害事故处理办法》以及《侵权责任法》等民事法律来明确责任。

对于由学校组织的、学生参加的校外勤工助学岗位，其无论服务对象是自然人还是法人，提供的是劳务还是劳动服务，其首先是涉及高校、学生和用人单位的三方法律关系，高校作为管理组织部门，对学生和用人单位均负有法律责任，一旦发生纠纷或者意外伤害等事件，高校应承担连带责任。对此，《高等学校学生勤工助学管理办法》中规定，学生在校外开展勤工助学活动的，学生勤工助学

[①] 参见徐志强：《高校勤工助学的法律性质辨析》，载《山东青年政治学院学报》，2012年第3期。

管理服务组织必须经学校授权，代表学校与用人单位和学生三方签订具有法律效力的协议书。签订协议书并办理相关聘用手续后，学生方可开展勤工助学活动。其同时指出，协议书必须明确学校、用人单位和学生等各方的权利和义务，开展勤工助学活动的学生如发生意外伤害事故的处理办法以及争议解决方法。

第二则是如何处理学生非经学校组织的打工、经营等行为。由于《高等学校学生勤工助学管理办法》明确规定，"学生私自在校外打工的行为，不在本办法规定之列。"这实际导致了学生自发的打工、经营行为出现了法律的空白，一方面其合法权益很容易受到侵害，另一方面则是给学校管理带来难题。如果学生利用业余时间在校外寻找兼职等打工机会，其只和用人方发生法律关系。其两者出现纠纷则可以依据民事法律解决，高校没有任何法律上的责任。但在实践中一旦出现纠纷，在当前教育管理体制下，高校作为管理方，无论是从道义的角度，还是基于其他实际的考虑都必须要介入，为作为弱势方的学生提供法律等方面援助。这就从社会的法律问题转化为了高校的管理问题，实际增加了高校的责任。

另一个困扰高校的难题则是诸如摆摊等学生校园内商业经营行为。[①]如从法律规定上分析，大学生如果进行商业经营行为，应当具备场地和资金等条件，并取得工商等相关部门的许可。否则就是无照经营，依据《无照经营查处取缔办法》应当依法取缔。如果大学生在社区和马路等公共场合无照摆摊经营，则会由城管等部门负责执法。但如在校园内，因其学生的身份和高校并非执法部门等原因，往往只能采用劝说的手段，效果不佳，校园摆摊也是屡禁不止，对于校园的秩序和安全也带来了负面影响。

对此，本书建议，要从根本上解决当前勤工助学中出现的诸多问题，就是要通过法律法规予以规范。尤其是在"大众创业，万众创新"已经成为国家战略的今天，大学生的打工、经营乃至创业会越来越成为普遍现象。国家不仅要在政策上给予引导，更应给予法律上的保障。对此，可以借鉴国外的"最低工资、签订

---

① 参见张永然：《治理大学生校园摆摊的法律问题分析》，载冯世勇：《高校德育工作的理论研究和实践探索》，山西人民出版社，2014 年版。

书面合同、假期可打全工、参加社会保险、维权机构及途径"等勤工助学的相关法律规定，由教育部门会同人力资源部门结合当前学生的实际，进一步修改完善勤工助学的规定，扩大勤工助学的范围，进一步明确学生、高校和用人单位之间的权利义务规定，为学生提供较为有利的法律保障。[①]

三、助学贷款的法律问题

助学贷款是当前国际上对大学生实施的较为通用的奖助措施之一。助学贷款具有高覆盖率、政府贴息或是低息、还款时间较长等特点，同时还附加各类减免的优惠政策。助学贷款作为国家利用金融政策帮助大学生完成学业的政策性举措，其对于高等教育公平具有重要意义。我国高等教育助学贷款的发展历经曲折，从早期的校内无息贷款到试点实行国家助学贷款，再到目前全面铺开，其在取得显著成绩的同时，也存在着许多亟待解决的问题。而对于高校学生管理而言，最为突出的问题就是如何妥善解决学生贷款拖欠的现象。

从国际上来看，学生因种种原因拖欠助学贷款是较为普遍的现象。有报道称，英国学生贷款偿还额低于政府预期，约有 45% 的贷款额无法收回，这远远高于政府最初预计的 28%。而美国学生贷款拖欠率高居所有债务榜首，拖欠额总计高达 1.08 万亿美元。[②] 目前，我国尚未有大学生贷款拖欠整体数据报告，但是各类关于大学生因拖欠贷款信息被曝光、被起诉，导致自身信用受损的情况也屡见报端。由此来看，大学生拖欠贷款作为一种社会现象，在强调法治和信用体制较为健全的西方发达国家尚且如此，其背后必然有着复杂的社会经济原因。

在制度设计上，国家助学贷款具有政策性和商业性双重属性。从国家层面而言，助学贷款是为保障家庭经济困难学生接受高等教育、顺利完成学业而采取的一种行政手段，其具有政策性。但在实际操作层面，国家助学贷款属于商业贷

---

① 参见刘峥，王婉瑜，林红：《浅析大学生勤工助学的法律规范及立法保障》，载《法制与经济》，2009 年 4 月。

② 《英美大学生贷款上学越来越难　拖欠率居高不下》，http://news.qq.com/a/20140801/021801.htm。

款①，由商业银行承办的无担保的信用贷款，贷款方和借款方属于平等主体，其具有商业性。对此，《关于进一步完善国家助学贷款工作若干意见的通知》（国办发〔2004〕51号）文件强调的"方便贷款、防范风险"的原则正体现了两者的统一，既要方便学生贷款，还要保障成本。但由于在实践操作中，助学贷款是按商业贷款模式操作，国家除了提供贷款利率和就读期间贴息等优惠政策之外，并未介入贷款实质过程，而学校或银行均未得到授权成为行政法意义上的行政主体或被委托人，因此助学贷款过程中并没有发生任何的行政法意义上的法律关系，在法律实质上只是银行和学生两个平等主体之间的民事法律关系。②

　　而在这种制度设计下，高校被安排参与到贷款工作中来，并赋予了诸多的职责，其法律地位较为尴尬。上述文件明确规定了高校要组织学生申请贷款，并具有审查资格和材料真实性的义务，同时还要监督学生按贷款合同规定的用途使用贷款。高校还要强化贷后管理，不仅要开展诚信教育，还要想尽办法配合银行催收贷款，承担贷款风险，设立助学贷款风险补偿专项资金，学生违约情况还将影响到下一年度的贷款额度，等等。但必须承认的是，高校并非借贷法律关系的主体，其不具有借款人、贷款人和保证人的身份，只能履行一定的管理服务义务。③虽然借款合同的履行情况与高校利益有直接利害关系，但高校不具有受益主体身份，④只承担义务却没有实现维护权利的法律手段，对于违约学生只能采取教育手段，因此政府安排高校参与贷款工作过于理想化。

　　对此，本书认为，要使国家助学贷款更好发挥作用，法治化是必然途径。对此，美国、英国等国家较为完善的助学贷款立法规定都值得我们借鉴。而要面对拖欠贷款这一国际性难题，增强风险防范能力，实现可持续发展，则需要由政府、金融部门、高校以及企业、社会团体等共同组织实施和积极推进。⑤这要积极推进

① 王潇雅：《高校学生助学贷款法律问题研究》，载《思想政治与法律研究》，2015年第7期。
② 许若群：《学生助学贷款的法律分析》，载《江苏高教》，2004年第4期。
③ 赵亮：《我国助学贷款法律关系研究综述》，载《现代教育管理》，2011年第12期。
④ 王敏：《国家助学贷款中学校的法律地位问题研究》，载《理论界》，2008年第2期。
⑤ 杨建生，黄树标：《美国高校助学贷款立法经验及其启示》，载《高等工程教育》，2006年第4期。

社会个人信用体系的完善，政府增加对高等教育财政投入，以政府担保的形式防范风险等，就此避免因商业化的运作而带来学生贷款难等情况，使高校从承担贷款风险的连带责任和管理责任中解脱出来，集中资源和精力做好诚信教育、公民意识培养等育人工作。

第三节　高等学校学生奖助管理法治化路径探索

当前我国高等教育改革正处在向纵深推进的新阶段，新问题、新形势、新任务对我们提出了新要求和新挑战。当前高校学生奖助管理中出现的问题和难题，从根本上反映了当前我国高等教育体制机制与社会经济发展的需要、社会公众需求还存在着不适应的地方。在当前依法治国的时代背景下，以"法治化"作为破解难题，优化和构建科学、高效奖助工作体系的重要途径和长效机制①就成为必然选择。

一、以法治重塑高校学生奖助工作的理念

高校学生奖助工作尤其是对家庭经济困难学生资助工作对于实现教育公平和促进教育持续、协调、健康发展具有重大意义。纵览高等教育历史，对学生的奖励和资助的理念历经嬗变，从早期的民间慈善和宗教资助，到国家、社会本位的培养精英人才和人力资本投资，再到注重人本的促进高等教育机会均等和扩大选择自由，其深刻反映了社会经济和高等教育发展的趋势。而在此基础上，西方发达国家的高等教育也逐渐形成了当前注重法治，充分利用社会资源多元化的奖助体系。

对于我国高等教育而言，学生奖助制度源于我国早期计划经济体制下的高等教育投入政策，其资金主要来自政府的公共财政，学费收入和社会捐资比例很少。因此，奖助政策往往是被认为是国家培养人才的重要措施，具有浓厚国家本位和行政色彩。这直接导致了执行中行政化倾向严重，缺少规范性、制度性。奖助工

---

① 参见张虎：《论高校资助工作体系的法治化建设——以福建师范大学为例》，载《乐山师范学院学报》，第27卷第7期。

作依靠政府机关发文推动层层落实已经成为常态，在高校具体操作中则更标准不一，弹性大，工作效果不理想。①同时，很多奖助措施侧重于临时应急，如国家紧急拨专款对经济困难学生提供补助及当前各高校向经济困难学生提供的临时困难补助等资助形式，均缺少系统化和长期性。②面对当前高等教育已经普遍实施的收费改革、自主就业等情况，这无疑已不符合时代的发展和需要。以法治的理念重构我国高校学生奖助制度，以法治化实现规范化、制度化、稳定化，促进教育公平的发展就成为必然选择。

坚持法治理念，推进高校学生奖助制度的法治化，根本在于实现高校学生奖助中各方主体的权利义务的对等。高校学生奖助工作涉及多元的主体和复杂的法律关系，其包括政府、高校、学生、银行和企业等资助方。因此在各类奖助关系中，首先必须明确各方享有的权利和义务，树立各方的法治意识。对此，注重限制高校的管理权力，维护学生权利非常重要，如在实践中曾出现高校因学生不能归还助学贷款而扣发其毕业证的情况。虽然国家有关文件赋予了高校有贷后管理的义务，但将毕业和助学贷款的还款挂钩，已经明显超越高校的管理权限，应当被严格禁止。而另一方面，应当关注受奖助学生权利和义务对等。如有学者从公平角度提出，当前高校的资助工作的理论和实践侧重于无偿资助形式，关注结果平等，而忽视了权利义务关系的法律公平问题，对于大学生的成长成才具有负面影响。③从目前的情况来看，学生贷款违约、不按约定使用奖助学金等不诚信情况确实存在，对此，应当通过法律和教育予以进一步引导和规范。

二、以法治重构高校学生奖助工作的制度

当前我国高校学生奖助已经形成较为完善的措施体系。对此，国家从制度层面出台了大量的规范性文件予以保障，但这些主要由国家部委制定的部门规章或

①　参见张虎：《论高校资助工作体系的法治化建设——以福建师范大学为例》，载《乐山师范学院学报》，第27卷第7期。
②　方舒峰：《高校资助体系中的法律问题研究》，载《海峡科学》，2007年第7期。
③　夏小华，章少哨：《我国高校对家庭经济困难学生资助行为中的法律问题分析——以我国高校资助工作的公平性为视角》，载《教书育人》，2009年第10期。

规范性文件法律位阶低、效力弱，强制性、稳定性差。这也直接导致了从中央到地方的现行管理机构无法协调财政、教育、民政、银行、高校等各方力量，难以形成一套完整、协调、有效的工作机制，使得某些政策制度不能完全落实到位。[①]

对此，本书建议，随着国家法治化进程的不断推进和我国的教育法律体系日趋完善，实现高校奖助工作的专门立法也势在必行。当前发达国家对于高等教育奖助工作的立法非常重视，以美国为例，基本上每一项助学贷款的出台都有法律为依据。[②]而日本奖助学金的审核发放也严格按照《日本育英会法》和《日本育英会法实施令》执行，有着严格的司法救济程序的规定。我国制定国家奖助制度的法律法规，可以统一将奖助学金、勤工助学、国家助学贷款等纳入其中，明确各类主体的权利、义务和责任，确定管理机关、奖助资金来源方式、奖助对象、类型、条件、评选程序、权利救济等内容，改变现有以政策、文件为主要实施方式的模式，实现长期化和规范化建设。

另外，要进一步完善相关配套制度建设，这包括社会信用制度建设、学生奖助信息平台建设和多元筹资机制建设。当前由于我国社会信用法律制度尚不完善，个人征信系统的覆盖范围以及数据质量都与实际需求有较大差距，[③]这直接导致对助学贷款违约等行为的法律约束力和强制力效果不明显。对此，通过完善社会信用体系明确受助者的责任和义务，制约其失信违约行为，是奖助机制顺利运行的重要保障。学生奖助平台信息建设可以改变我国当前奖助管理分散，信息资源割裂的情况。奖助工作的目标是实现教育面前人人平等，当然这种平等，更多是机会上均等。在当前奖助资源有限的情况下，实现奖助信息的共享，在社会公众监督下，可以使资源运用更加合理和公正。另外，进一步扩大奖助来源则是推进奖助深入发展的要求。完善高校奖助学体系，就必须充分发挥国家、社会和学校

---

① 刘宁，姜召芹：《家庭经济困难学生资助体系存在的问题及对策》，载《黑龙江教育》，2010年第11期。
② 闫屹，程晓娜：《美日韩三国助学贷款比较及对我国的启示》，载《国际金融研究》，2006年12月。
③ 王潇雅：《高校学生助学贷款法律问题研究》，载《思想政治与法律研究》，2015年第7期。

的各方力量。当前我国奖助制度中，企业、个人等社会力量的参与度较低，尚处于自愿和自发状态。对此，健全社会参与学生奖助的激励机制，给予企业、个人参与高校奖助以政策上支持，鼓励更多的人参与进来，对于实现教育公平和高校育人具有重要意义。

三、以法治规范高校学生奖助工作具体实施

法治意味着良法善治，要有完善的法律，更要有严格的执行。高校作为学生奖助工作的具体管理者，必须依法办事，严格执行法律法规的规定，绝不能超越法律的权限，这具体体现在以下几点。

一是各部门以及高校在行使自主管理权时应遵循法律优先原则。其制定的各类办法等规范性文件都不能与法律有抵触，如有抵触，则以法律的规定为准；如出现规范性文件和法律的冲突，则法律具有优先地位，其他文件必须服从于法律，各部门、高校绝不能超越法律的权限自我授权。

二是各部门以及高校在奖助工作中应当合理行使职权。高校学生奖助工作是一种非强制、授益性管理行为，其具有公共服务性质。这要求高校在实施奖助行为时，不仅合法还要合理行使，确保学生受教育权利的公平实现。如美国实施的资助包政策，旨在通过资源规范合理的配置，使每个学生都能获得与其困难程度相称的经济资助。而对于高校而言，应当按照行政法上所要求的合理和比例原则，根据受奖助人的情况合理拨付资金，避免产生一部分学生获得大量资助而另一部分学生却陷于无助的境地，确保资金用到合理之处。

三是各部门以及高校应当严格按照程序办事。奖助工作比较容易引发纠纷的就是程序瑕疵，当前家庭困难学生资格认定、奖助学金评定等程序问题一直备受争议。因此，进一步完善程序规定，科学合理设定认定标准，明确时限，就成为解决问题的最佳选择，也是程序正义原则的基本要求。

四是各部门以及高校在奖助工作中应当注重权利救济。没有救济就没有权利。当前奖助工作主要是由高校依据自主管理权实施，其作为内部的管理行为，往往缺少对学生权利的救济途径。相对于学生惩戒等行为，学生对奖助学金的权利诉求基本局限在校内，且没有诸如听证、申诉等相应制度保障，更无法启动向教育行政部门的行政复议程序。对此，健全学生奖助学金中权利救济的申诉、复议等制度就成为法治的必然要求。

四、构建法治和德治有机统一的奖助育人体系

奖助工作是高校学生管理的重要内容，其根本任务在于育人。对于高校而言，就是要通过扎实的奖助工作，培养学生的科学精神、思想品德、实践能力和人文素养，引导青年学生树立正确的世界观、人生观和价值观，最终实现成长成才。[①] 而对此，奖助工作不仅要通过法治化实现对学生的物质帮助的顶层设计，落实责任、规范管理，构建长效机制，同时还要注重对学生的道德浸润、能力拓展、精神激励等教育工作，紧紧围绕"立德树人"这一根本任务，培养青年学生全面发展。

注重发挥各类非强制性规范的指引、教育作用。当前，伴随着公共治理的崛起，软法与硬法正在发展成为现代法的两种基本表现形式。[②] 相对于以国家强制力保证实施、内容较为原则概括的硬法，以自律机制保证实施的非强制性规范的软法内容细致、实用、指向性更加明确。尤其在高校奖助工作中，因其授益性、非强制性等特点，软法的行为指引、教育导向的作用更为明显。因此在推进高校奖助工作时要积极推进硬法和软法的同步建设，在不同具体情况下，采用最适宜的方式。如涉及国家奖助学金的资金来源等制度保障问题，宜用硬法规范；而对于社会力量捐资助学等问题，则宜用软法进行鼓励和号召。

将育人融于奖助工作之中，通过奖助实现对学生能力和品质的培养。"授人以鱼不如授人以渔"，奖助工作尤其是对家庭经济困难学生的资助工作，其治本之策在于增强学生就业创业的核心竞争力，强化创新精神和实践能力。与此同时，加强励志教育、诚信教育和社会责任感教育，培养青年学生自立自强、诚实守信、知恩感恩、勇于担当的良好品质。依托学校信息化建设学生的诚信档案，使其充

---

① 教育部党组副书记、副部长杜玉波在 2016 年高校资助育人工作座谈会上的讲话。

② 百度百科：http://baike.baidu.com/link?url=m3-kOhG8J6vvtLRynhkHb8rhFjATo-QEVxYongRPrLQV_Kg9ENHOriQqBwtaO8kB7Lk-1blQ8_wfHLKAUVz5Eq

分认识到贷款违约等不诚信行为可能带来的严重后果，牢固树立学生的诚信意识和责任意识。

　　实现精准资助和育人的有效衔接。精准资助是针对不同学生的情况，运用科学有效的程序实施精确识别、精确帮扶、精确管理的资助方式。其对于满足当前大学生的个性化、多元化的成才需求，提升育人效果，服务大学生健康成长成才具有重要意义。如对于贷款违约的情况，如严格按照法律规定，可以追究学生违约的民事责任。但学生之间的情况大相径庭，对于有偿还能力而主观上恶意拖欠的学生，其应当承担法律责任；但对于因客观情况确实有困难而无力偿还的，则应当从奖助工作的育人初衷出发，以精准资助的方式继续加强对其资助，解决其实际困难，避免因拖欠贷款等负面记录导致其陷入更为不利的局面，进而影响其成长发展。

第七章　高等学校学生惩戒管理法治化研究

学生惩戒是高校学生教育和管理的重要内容，是维护学校教学秩序，实现育人目标的重要保障。学生惩戒作为对学生权益的限制甚至剥夺，最直接展现了高校权力与学生权利之间的冲突博弈。近年来，随着高等教育的深化改革和学生权利意识的不断提升，惩戒日益成为学生管理法治化中的难点和热点问题。如何规范高校学生惩戒权的行使，实现高校自主管理权和学生受教育权利之间的平衡，成为一个具有理论和实践意义的重要问题。

第一节　高等学校学生惩戒管理法治化概述

在高校学生管理中，学生应遵守法律法规、道德规范和学校管理制度，而对违法、违规、违纪行为的学生，学校有权给予其正当合理惩戒，实现对学生的教育和引导，维护学校正常教育秩序，保障学生受教育权。

一、高等学校学生惩戒的界定

"惩戒"根据《现代汉语规范词典》的解释，是指"给予惩罚，使人警诫"。即惩戒是通过对不合范行为施于否定性的制裁，从而避免其再次发生，以促进合范行为的产生与巩固。[①]其中，惩即惩处、惩罚，是其手段；戒即戒除、防止，是其目的。虽然随着高等教育的发展与完善，高校学生惩戒的外延在发生着变化，

---

① 吴莉：《当前我国高校学生惩戒存在的问题及解决策略》，载《教育学术月刊》，2011年第3期。

但是本身所具有的以惩罚为手段和条件、以教育为目的和根本价值内涵的本质并没有变。

当前对于高校学生惩戒的概念，学界的界定基本是一致的，只是在惩戒主体的限定上有所不同。有学者认为"惩戒，即通过对不合范行为施予否定性的制裁，从而避免其再次发生，以促进合范行为的产生和巩固"。该学者认为，惩戒权是教师的教育权力。[①]还有观点认为，高校学生惩戒是大学为维护其良好的学校秩序，根据法定事由和法定程序对违反学校纪律或达不到学校管理要求的受教育者进行强制性消极处理的行为。[②]也有学者认为，惩戒不仅是教师的权力，也是学校的教育权力，惩戒行为是"学校或教师为了达成教育的目的，藉由物理上或心理上的强制力，对于违反特定义务之学生，所采取具有非难性或惩罚性的措施，学生因此而受到某种不利益或精神上、身体上的痛苦。"[③]当教师对行为失范的学生穷尽管教行为而没有效果，或者学生失范行为情节严重时，则由学校对其予以惩戒。

综上观点，本书认为，高校学生惩戒是高校为了保障正常的教学秩序，依据法律授权和法定程序，在学生管理中对于在校学生的违法、违规、违纪行为采取非难性或惩罚性措施的行为。当前我国法律、法规及规范性文件虽没有采用惩戒这一提法，但在实践中，惩戒在高校学生管理中被广泛使用，如退学、取消学籍、取消入学资格、撤销学位等。而考虑到上述惩戒的形式已经在本书的学籍管理一章进行了讨论。在此，本章的惩戒采用狭义的概念，即仅涉及《普通高等学校学生管理规定》中规定的批评教育和纪律处分。

由于高校学生惩戒可能直接影响学生受教育权等基本权利的实现，因此对高校学生惩戒的行为主体、行为目的、行为性质、行为可诉性以及实施程序等都应

---

① 劳凯声：《变革社会中的教育权与受教育权：教育法学基本问题研究》，教育科学出版社，2003年版，第375页。
② 吴莉：《高校学生惩戒行为的若干法律问题分析》，湘潭大学2007年硕士学位论文。
③ 周志宏：《教育法与教育改革》，台北稻乡出版社，1997年版，第369页。转引自沈岿：《析论高校学生惩戒学生行为的司法审查》，载《华东政法学院院报》，2005年第6期。

当予以严格的限定，这也是法治的基本要求。

首先，高校学生惩戒的主体是高校和作为教育对象的学生。二者之间的关系是教育管理与被教育被管理的关系，高校学生惩戒行为是单方行为，双方在惩戒法律关系中的地位是不对等的。基于对学生的公民基本权利——受教育权的保护，应当对高校学生惩戒权的行使和惩戒行为的实施予以严格的限制。

其次，高校对学生实施惩戒是为了维护正常的教育或管理秩序。其权力源自《教育法》等法律授权，因此高校实施惩戒所依据的法律、法规、规范性法律文件以及学校章程、规章制度，均不得与《教育法》及各自相应的上位法相抵触，相抵触的内容不得作为惩戒学生的依据。《高等教育法》以及《普通高等学校学生管理规定》等法律、法规中对学生惩戒的具体形式和程序进行了明文规定，高校学生惩戒行为需在其规定的范围实施。

最后，高校学生惩戒行为的对象是在校学习的学生。从学校对学生管辖的实际出发，应为学生收到录取通知书报到入学注册至因毕业、肄业或退学而注销学籍的期间。据此，学生因在校期间如非法取得毕业证、学位证，学校有权在发现时给予取消毕业证书和学位证书等惩戒，不受发现时间的限制。而对于学生未入校报到前以及因毕业、肄业或退学离开学校后的违法、违规和违纪行为，学校很难对学生行为予以约束。

二、我国高等学校学生惩戒制度变迁

我国高校学生惩戒法律制度是随着新中国教育法制的发展而逐步建立并完善起来的，与国家经济、政治和社会的发展变迁密切相关。高校学生惩戒法律制度经历了从无到有，从重管理轻权利到管理与教育并重，从重实体轻程序到实体与程序兼顾的发展过程。

新中国成立初期，为了"培养具有高级文化水平，掌握现代科学和技术成就，全心全意为人民服务的高级建设人才"，《中国人民政治协商会议共同纲领》《高等学校暂行规程》《中华人民共和国宪法》《高等学校课程考试与考查规程》《高等学校章程草案》等对社会主义教育事业的计划管理、学制改革、思想政治教育、院系调整等进行了规定，在前苏联经验的基础上初步建立了社会主义高等教育，为新中国高校学生惩戒制度的形成提供了基本前提。为调整、规范高等教育，教育部在1961年9月制定了《教育部直属高等学校暂行工作条例》（简称《高教六十条》），在条例的第32条的第3款、第35条的第2款和第3款分别规定，"学生要严格遵守国家法令、校规和学习纪律"，"对于破坏学校纪律的学生，应该分别情况给予批评教育，或者给予警告、记过、留校察看甚至开除学籍的处分"，"对于学习成绩低劣，不宜继续在校学习的学生，应该令其退学"。这是新中国第一部规定了高校学生惩戒内容的法律性文件，为学校各项工作提供了明确的工作思路。

随着1966年"文化大革命"的开始，高考制度被废止。高校正常的教育秩序遭到了严重的破坏，高校学生惩戒的法律性文件成为一纸空文。直到1978年高校统一招生考试制度全面恢复，高等教育立法开始重建。1980年2月通过的《学位条例》第17条规定"学位授予单位对于已经授予的学位，如发现有舞弊作伪等严重违反本条例规定的情况，经学位评定委员会复议，可以撤销。"除了这一有关学位惩戒的规定外，高等学校学生惩戒制度仍然百废待兴。

1985年5月的《中共中央关于教育体制改革的决定》成为高等教育法制建设发展的关键转折点。随着高校在招生与行政管理等方面自主权限的扩大，为了进一步规范高校对学生的教育和管理，1995年3月全国人大通过并颁布了《教育法》，以基本法的形式赋予高校以惩戒学生的权力，其第28条规定，"学校及其教育机构行使下列权利……（一）按照章程自主管理……（四）对受教育者进行学籍管理，实施奖励或者处分。"第44条规定，受教育者应当履行"（一）遵守法律、法规……（四）遵守所在学校或者其他教育机构的管理制度"的义务；并规定受教育者享有获得公正评价权和申诉控告权，教育法第43条规定，受教育者享有下列权利："……（四）对学校给予的处分不服向有关部门提出申诉，对学校、教师侵犯其人身权、财产权等合法权益，提出申诉或者依法提起诉讼；……"为高校学生惩戒制度的构建提供了基本的法律依据。对此，《高等教育法》也明确了高校具有处分权利。其第41条规定，高等学校的校长全面负责本学校的教学、科学研究和其他行政管理工作，行使下列职权："……（四）……对学生进行学籍管理并实施奖励或者处分；……"

而1990年颁布并于2005年修订的《普通高等学校学生管理规定》从宏观角度首次明确规定了高校学生惩戒，并突出强调对学生的处理要以教育为出发点，学生处分要和学生教育相结合。该法明确规定高校对有违法、违规、违纪行为的学生应当给予批评教育或纪律处分，[①]并对纪律处分的具体形式和开除学籍的具体情形进行了列举式的规定，[②]取消了法律依据不明确或者行为特征不确定的处分规定，代之以有明确法律依据或者行为特征比较清楚、易于判断的法律标准、纪律标准、学业标准，例如取消了作为开除学籍理由的"品行极为恶劣，道德败坏"规定，增加了"触犯国家法律，构成刑事犯罪的""违反治安管理规定受到处罚，性质恶劣的"开除学籍等规定。这有助于减少学校处分行为的随意性、不确定性

---

① 1990年《普通高等学校学生管理规定》第62条规定，"对犯有错误的学生，学校可视其情节轻重给予批评教育或纪律处分。"2005年修订后的《普通高等学校学生管理规定》，第52条规定，"对有违法、违规、违纪行为的学生，学校应当给予批评教育或者纪律处分。学校给予学生的纪律处分，应当与学生违法、违规、违纪行为的性质和过错的严重程度相适应。"

② 1990年《普通高等学校学生管理规定》第62条规定，学生处分的形式包括警告、严重警告、记过、留校察看、勒令退学和开除学籍。在第63条规定，勒令退学和开除学籍的具体情形包括"（1）有反对四项基本原则的反动言论和行为者；组织和煽动闹事、扰乱社会秩序、破坏安定团结、侮辱和诽谤他人而坚持不改者；（2）触犯国家刑律，构成刑事犯罪者；（3）破坏公共财产，偷窃国家、集体、私人财物造成严重损失和危害者；（4）有偷窃行为而又屡教不改者；酗酒、赌博、打架斗殴，情节严重者；品行极为恶劣，道德败坏者；（5）违反学校纪律，情节严重者；（6）一学期旷课超过五十学时（旷课一天，按实际授课时间计）者。"2005年修订后的《普通高等学校学生管理规定》第53条规定将纪律处分的种类分为警告、严重警告、记过、留校察看和开除学籍。第54条规定，"学生有下列情形之一，学校可以给予开除学籍处分：（一）违反宪法，反对四项基本原则、破坏安定团结、扰乱社会秩序的；（二）触犯国家法律，构成刑事犯罪的；（三）违反治安管理规定受到处罚，性质恶劣的；（四）由他人代替考试、替他人参加考试、组织作弊、使用通讯设备作弊及其他作弊行为严重的；（五）剽窃、抄袭他人研究成果，情节严重的；（六）违反学校规定，严重影响学校教育教学秩序、生活秩序以及公共场所管理秩序，侵害其他个人、组织合法权益，造成严重后果的；（七）屡次违反学校规定受到纪律处分，经教育不改的。"

和不可预见性。还取消了与国家基本法律不一致的特殊规定，如删掉了原《普通高等学校学生管理规定》中"在校期间擅自结婚而未办理退学手续的学生，做退学处理"的规定，学生能否结婚根据国家《婚姻法》和《婚姻登记条例》的相关规定执行。也详细规定了对受处分学生的申诉和救济程序，提出贯彻正当程序的原则，规定学校作出涉及学生权益的管理行为时，必须遵守权限、条件、时限以及告知、送达等程序义务。这些都为高校学生惩戒提供了具体明确的法律依据。

此外，地方人大和政府根据法律、法规的规定和授权，立足地方教育法制和教育的具体实际，先后制定了一系列的地方性法规和规章，各高校根据法律授权和学校自主管理权先后制定了学校章程和规章制度，全面推进了地方高校学生的教育和管理。

三、我国高等学校学生惩戒现有法律规定

目前我国已经初步形成了以法律、部门规章、地方性法规和地方政府规章以及各高校章程、规章制度组成的学生惩戒法律规范体系，这些法律规范从实体上和程序上对高校学生惩戒行为进行了规范，成为高校学生惩戒的主要法律依据。具体而言，包括以下三个方面的内容。

（一）惩戒的形式以及适用条件

依据《普通高等学校学生管理规定》，惩戒包括批评教育和纪律处分，其中纪律处分分为警告、严重警告、记过、留校察看和开除学籍等五种。学校适用以上惩戒时，应与学生违法、违规、违纪行为的性质和过错的严重程度相适应。

批评教育，即分析学生行为性质，比较、评定其是非对错，通过指出其缺点和错误，提出改正意见，引发学生思考，令其改正错误的方法。批评教育适用于有轻微的违规违纪等失范行为，但尚未达到纪律处分的学生，其适用范围也较广，可采用方式也较多，可以当众批评，也可个别批评。

警告，即提醒、警示、告诫，适用于学生违纪行为情节轻微、危害不大的情形，其实施方式是通过书面公告的方式对违纪学生加以斥责，并勒令其限期改正。

严重警告是针对学生违纪行为严重，但尚未达到记过程度，强令其限期改正。

记过是学生违纪行为性质或情节严重，对学校教学、管理秩序的危害性较大，以至于学校需在一定期间内将其违纪行为记入档案，以儆效尤，即使之后学生因悔改而被解除处分，记过以上的处分决定也需保留在档案中。是否存在着记过以上的处分，也是学生就业时被考察的重要内容。

留校察看，适用于学生严重违反校规校纪以及违反法律的行为，处分决定记录在档，是介于记过与开除学籍之间的处分，有严格的考察期（一年），在考察期中，学校将综合考察学生表现，确认其确有悔改，则保留学籍和学习资格，如在考察期内又有违纪等行为，则予以开除学籍。

开除学籍，是学校惩戒学生最为严厉的措施。相对于前四种的非身份性的惩戒，其直接涉及学生身份的变更和受教育权的实现，《普通高等学校学生管理规定》对开除学籍所适用的情形进行了列举式的规定，包括违宪行为①，犯罪行为，违反治安管理处罚规定且性质恶劣的行为，由他人代替考试、替他人参加考试、组织作弊、使用通讯设备作弊及其他作弊行为严重的行为，剽窃、抄袭他人研究成果且情节严重，违反校规校纪情节严重，以及屡次违纪不思悔改等行为。

（二）惩戒适用的程序条件

根据《普通高等学校学生管理规定》第55条规定，学校对学生的纪律处分，应当做到程序正当、证据充足、依据明确、定性准确、处分恰当。一般来说，根据《普通高等学校学生管理规定》的相关规定，有以下程序：

（1）调查取证。即了解学生是否存在违法、违规和违纪的具体行为并全面取证，对是否给予或给予何种纪律处分提供事实。在此过程中，学校应当听取学生意见，尊重学生的陈述权和申辩权。

（2）处分决定。学校认定应给予纪律处分的，应及时作出处分决定并出具处分决定书，送交本人。对学生出具的处分决定书应当包括处分和处分事实、理由及依据，并告知学生可以提出申诉及申诉的期限。学校对学生作出开除学籍处

---

① 违反宪法、反对四项基本原则、破坏安定团结、扰乱社会秩序的。

分决定，应当由校长会议研究决定。

（3）异议申诉。受处分学生对处分有异议的，可向学校学生申诉处理委员会或学校所在地省级教育行政部门提出书面申诉。

（4）处分执行。高校对学生作出的纪律处分应认真执行，使之真正达到教育学生的目的。被开除学籍的学生，由学校发给学习证明。学生按学校规定期限离校，档案、户口退回其家庭户籍所在地。

（5）归档备案。学校所作出的处分决定应相应记录在案，对学生的处分材料，根据规定，学校应当真实完整地归入学校文书档案和本人档案；开除学籍的处分决定书，报学校所在地省级教育行政部门备案。

（三）受惩戒学生权利救济

惩戒是对学生权益的限制乃至剥夺，对此，学校进行惩戒时，必须遵守权限、条件、时限以及告知、送达等程序义务。《普通高等学校学生管理规定》中明确了学生权利救济的途径：

（1）陈述和申辩。学校在对学生作出处分决定之前，应听取学生或其代理人的陈述和申辩。学生申请听证的，学校应按规定组织听证，进一步查明事实。

（2）处分异议申诉。学生对处分决定有异议的，在接到学校处分决定书之日起5个工作日内，可以向学校学生申诉处理委员会提出书面申诉。学校应当成立学生申诉处理委员会，受理学生对取消入学资格、退学处理或者违规、违纪处分的申诉。同时强调学生申诉处理委员会应当由学校负责人、职能部门负责人、教师代表、学生代表组成。学生申诉处理委员会对学生提出的申诉进行复查，并在接到书面申诉之日起15个工作日内，作出复查结论并告知申诉人。需要改变原处分决定的，由学生申诉处理委员会提交学校重新研究决定。

（3）复查异议申诉。学生对学校复查决定有异议的，在接到学校复查决定书之日起15个工作日内，可以向学校所在地省级教育行政部门提出书面申诉。

省级教育行政部门在接到学生书面申诉之日起 30 个工作日内，对申诉人的问题给予处理并答复。从处分决定或者复查决定送交之日起，学生在申诉期内未提出申诉的，学校或者省级教育行政部门不再受理其提出的申诉。

（4）提起诉讼。在惩戒中，退学处理、开除学籍等行为严重影响学生受教育权，学生可以依法向法院提起诉讼，通过司法途径进行权利救济。

第二节　高等学校惩戒管理的法律问题研究

随着高等教育的深入改革和发展，高校学生管理体制发生了深刻变化。虽然高校惩戒的内容和程序规定日趋完善，但随着学生权利意识的提升以及司法审查的介入，因为惩戒具有单方性、强制性，其引发的高校和学生之间的各类纠纷却呈上升趋势。

一、高等学校自主行使惩戒权的法律问题

根据法律法规的授权，高校作为公共教育职能部门，为维护正常的教育、教学秩序，拥有对学生的惩戒权。而面对高校学生管理中复杂多变的情况，法律法规不可能一一穷尽。因此高校行使惩戒权更多依据自主制定的章程和规章制度来实现。而这也导致现实中的不少争议。如高校能否通过惩戒行为强制学生参加集体劳动、志愿服务等非教学活动，这根本上涉及了高校自主行使惩戒权的问题，即高校能否自设惩戒种类？高校的惩戒权限范围在哪儿？

（一）高等学校自设惩戒种类的法律问题

目前《普通高等学校学生管理规定》明确了惩戒形式，即批评教育和纪律处分，其中纪律处分包括警告、严重警告、记过、留校察看和开除学籍五种形式。高校作为法律法规授权的行政主体，其应严格在授权范围内行使职权。因此，高校行使惩戒权只能适用以上惩戒形式，不能自设惩戒种类。对于实践中出现高校对学生罚款的情况，根据《行政处罚法》规定，罚款作为行政处罚措施，只有拥有行政处罚权的行政机关、法律法规授权的机关或特定的委托机关才具有罚款权，高

校并不在上述机构之列。而且只有法律、行政法规、地方性法规及部门规章可以在法定的权限范围内设置罚款，其他规范性文件均不得设定罚款。因此，不仅学校对学生的罚款不合法，应予以撤销，而且学校进行罚款所依据的学校相关规定也不合法，应予以废除。

对于通报批评而言，其作为高校给学生以书面形式的谴责和告诫，指明其错误及危害，避免再犯，从本质上也属于处罚范畴。《普通高等学校学生管理规定》中明确指出，对有违法、违规、违纪行为的学生，学校应当给予批评教育或者纪律处分。我们据此理解，通报批评不属于作为纪律处分的高校学生惩戒，而属于批评教育这一惩戒形式。在实践中高校考虑到学生违纪行为轻微，以通报批评实施教育的做法确有法律依据和合理之处。当然从高校依法行使自主管理权而言，通报批评作为内部教育管理措施，应当注意其适用条件和范围，不应给学生造成不利后果，不应按照纪律处分的要求记入学生档案。

目前教育部正在启动《普通高等学校学生管理规定》修订工作，其征求意见稿拟将第52条、第53条合并，修订为"对有违法、违规、违纪行为的学生，学校应当给予批评教育或者酌情给予如下纪律处分。（一）警告；（二）严重警告；（三）记过；（四）留校察看；（五）开除学籍；（六）学校规定的其他处分方式。"如该修改意见能通过，则高校可以在授权范围根据实际自设惩戒种类。但是，本书认为高校在自设处分方式时必须基于教育的目的，不可任意自设一些对学生严重不利益的方式，并且必须符合法律法规和规章的基本要求。

（二）高等学校惩戒权限的法律问题

由于惩戒对于学生具有强制性，一些高校在制定规章制度时，会基于管理方便的需要，以惩戒为手段要求学生必须参加各类集体活动，必须遵守一定行为规范，如不得着奇装异服、不得有校园恋爱亲昵行为等，否则要给予处分，等等。而这直接导致了一些高校惩戒的相关规定成为一部学生行为规范大全，基本涵盖了学生在校期间的学习生活的方方面面。

本书认为，根据《普通高等学校学生管理规定》，高校行使惩戒权限是有着明确法律规定的,其主要是教育教学管理①和校园秩序管理②两个方面。高校在制定惩戒规定时,不能任意扩大范围。在实践中,高校行使惩戒权应当严格掌握标准,在设置惩戒适用事由时,应当坚持公共利益标准,即只有在学生的行为已经对教育教学和校园管理秩序带来一定程度的不良影响的情况下才能适用惩戒。如只是涉及学生个人的衣着服饰、亲密行为,在不影响公共利益的情况下,宜采用教育手段,而不能适用惩戒。同时高校不能以惩戒为手段,强迫学生参加志愿服务、献血等集体活动,此类行为实际上混淆了对学生的道德要求和法律义务的界限,以惩戒简单地代替思想教育工作。

二、开除学籍的法律问题

开除学籍作为高校学生惩戒中最为严厉的措施,其涉及学生身份的剥夺,直接影响学生的受教育权。而现实中绝大多数纠纷也是因为开除学籍引起的。双方争执的法律焦点就在于高校作出开除学籍这一惩戒行为,是否违背宪法剥夺了学生受教育权?是否遵守正当程序?开除学籍的事由是否正当?

(一)开除学籍与学生受教育权的冲突

开除学籍作为对学生资格的撤销,意味着学生无法继续享有完成学业的机会,直接影响了学生的受教育权。而受教育权作为公民基本权利已被宪法法律所确认,任何人不得随意侵犯。受教育权利和"开除学籍"似乎有着不可调和的矛盾。对此,有观点认为,"开除学籍"是违背宪法的,作为各国宪法和法律所保障的公民基本权利,我国自新中国成立以来的四部宪法都确认了公民的受教育权。开除学籍依据的是部门规章,显然违反了上位法。当然,这种观点值得商榷。宪法保护学生的受教育权,但权利是有界限和前提的,学生不能滥用权利侵犯他人权利,并

---

① 见《普通高等学校学生管理规定》第16条:学生严重违反考核纪律或者作弊的,该课程考核成绩记为无效,并由学校视其违纪或者作弊情节,给予批评教育和相应的纪律处分。给予警告、严重警告、记过及留校察看处分的,经教育表现较好,在毕业前对该课程可以给予补考或者重修机会。
第17条:学生不能按时参加教育教学计划规定的活动,应当事先请假并获得批准。未经批准而缺席者,根据学校有关规定给予批评教育,情节严重的给予纪律处分。
② 见《普通高等学校学生管理规定》第四章第40条到49条相关规定。

且要忠实履行自己的义务。目前《普通高等学校学生管理规定》第54条规定的开除学籍适用事由为违反宪法法律，严重侵犯国家利益，或者滥用受教育权。而遵守宪法法律是公民应尽的义务，其一旦违反宪法法律，必然要承担法律责任。因此，无论是从法律规定还是教育目的来看，开除学籍并不违背宪法保护权利的精神。

另外，开除学籍并不是完全剥夺学生受教育权，只是对其在特定时间和地点的暂时限制。我国现行法律法规对被开除学籍学生的再受教育权并无限制，并没有否定其开除学籍后再接受高等教育的权利。

（二）开除学籍与程序瑕疵问题

开除学籍一旦作出会严重影响学生的受教育权，应该严格按照法定程序执行。现实中因开除学籍引发的纠纷大部分争议点都集中在程序不公开、不透明。高校对学生的陈述权和申辩权没有足够重视，在作出开除学籍处分之前，学校没有充分告知受处分学生应有的权利。作出开除学籍决定后，不告知学生救济的途径和期限，或是没按法定程序送达处分决定。而这些程序瑕疵必然会影响高校学生惩戒行为的合法性和公正性。如在司法实践中曾出现的王某不服南京某大学教育行政决定案中，法院认为高校在行使惩戒权时，被告仅在4天内就作出了书面的处分决定，未给原告或其代理人任何陈述和申辩机会，严重违反相关法定程序，就此判令撤销被告给予原告开除学籍处分的行为。

对此，本书认为，开除学籍涉及行为相对人的重大利益，必须要遵循正当程序原则。实质公正和程序公正要兼顾是行为有效的前提。一旦出现瑕疵，就应作出有利于相对人的决定。所以高校在作出"开除学籍"的处理决定时应该既重实体也重程序，保证处理决定合理合法。要保障学生应享有的权利，给予他们充分的申诉和申辩的机会。这样不仅维护了学生自身的利益，同时也维护了决定本身的权威性。

（三）开除学籍适用事由的法律问题

另一个容易引发争议纠纷的就是开除学籍适用事由的问题。《普通高等学校学生管理规定》明确了学校可以适用开除学籍的七种情形，而在实践中，高校往往出于严格管理，提高人才培养质量的目的，或在适用开除学籍的事由的问题上会提高标准，将可以予以开除学籍规定为必须开除学籍；或增加开除学籍的适用事由，如规定考试作弊一律开除学籍等。

本书认为，高校行使惩戒直接关系到学生权益，对于开除学籍此类严重影响学生权益的惩戒行为，高校只能在法律法规授权范围内行使。目前除《普通高等学校学生管理规定》中的七种开除学籍情形之外，根据教育部的《学位论文作假行为处理办法》有关规定，对于在读学生的论文作假行为，其所在学校或者学位授予单位可以给予开除学籍处分。[①]因此，高校不能超越以上规章规定，自行增加适用开除学籍的事由。如因增加事由导致学生开除学籍则该惩戒决定应当被撤销，其所依据的学校规定亦无效。而高校将可以给予开除学籍的情形规定为必须给予开除学籍，如从保护学生权益方面考量，其增加了学生义务要求，违背了法律保留原则，高校应当严格按《普通高等学校学生管理规定》的要求行使惩戒权。

近期教育部《普通高等学校学生管理规定》修订的征求意见稿中明确了开除学籍适用于"篡改、伪造实验数据或剽窃、抄袭他人研究成果，情节严重的；由他人代替、替他人撰写论文或参与买卖学术论文等严重学术不端行为的"，并增加了"对失信学生可给予警告直至开除学籍等处分。"如果该修订意见通过，则高校应修订学校相关的规章制度，对以上学生行为明确适用开除学籍的纪律处分。

三、高等学校学生惩戒中学生隐私保护的法律问题

高校学生惩戒是对学生负面的评价，其不可避免地要影响受惩戒学生个体的权利。而在实践中，高校学生惩戒权与学生隐私权冲突是一个难点。高校作出惩戒决定后，往往基于教育警示的目的，会在一定范围内将决定予以公示；而这不可避免地要公布受惩戒学生的个人信息和违法违规违纪事由，其中则有可能涉及学生不愿让他人知晓的隐私，而这就造成高校权力和学生权利之间的冲突。

隐私权是公民人格权的重要组成部分，我国相关法律法规都明确予以保护。对此，高校学生惩戒的记录算不算学生个人隐私就成为问题的法律焦点。目前在美国，已明确以法律形式确认学生的纪律处分记录为个人隐私，未经学生本人许可，任何人不得查看。[②]而在我国，惩戒是高校依法行使管理的重要内容，其必

① 详见《学位论文作假行为处理办法》第七条、第八条。
② 刘素亚、王治国：《〈家庭教育权和隐私法〉对学生教育档案信息的保护》，载《当代教育科学》，2006年6月。

须遵循公开、公正的行政法原则，同时公开惩戒相关信息客观上能起到以儆效尤的警示教育作用，对其他学生进行教育。这涉及如何处理高校实现教育目的，通过公开惩戒信息发挥惩戒警示教育作用和学生隐私权保护之间平衡的问题。

对此，本书认为高校在公布惩戒信息时应当遵循最小侵害原则，[①] 实现公共利益和个体利益之间的平衡。基于惩戒的教育目的，高校公布惩戒信息应当在尊重学生个人隐私的前提下，以公开为原则，以不公开为例外。而在具体实施过程中，公开惩戒信息应当注意方式方法、公布范围以及公布内容等关键环节。根据《高等学校信息公开办法》等有关规定，学生惩戒信息并没纳入高校主动公开信息的内容之列，因此，高校可以视学生的违纪事实和处理决定等情况，决定是否主动公开、依申请公开或是不公开。一般而言，对于不涉及学生名誉等隐私的惩戒，学校可以公开。对于可能涉及学生隐私，公开可能对学生造成严重不良影响时，则建议不公开或是依申请公开。当然如果学生有严重违法犯罪行为，已经受到刑事制裁或行政处罚的，则应当予以公开。在公开范围上，对于学生的惩戒宜在校内公开，不宜对社会公开，可采用校园内网公示等技术方式避免信息的意外扩散。毕竟惩戒作为教育手段，与刑罚、行政处罚等有着本质的区别，不宜给学生打上标签，造成长期不良影响。而在公开内容上，应限制在学生的基本信息和违纪违规事实的公开上，宜采用简要地概括式公布，而不宜采用详细描述式公布。

第三节　高等学校学生惩戒管理法治化路径探索

面对当前高校学生惩戒出现的复杂问题和诸多的纠纷，本书认为实现正当性和合理性是其法治化的关键所在。惩戒的正当性和合理性实质上是高校依法行使惩戒权，以正当程序保障学生权利的体现，具体可以通过以下途径实现。

---

① 最小侵害原则是在不违反和减弱行政目的前提下，已经不存在其他给当事人或是公众带来最小损害的措施了，除此之外别无他法，再也找不到对公民利益损害更小的办法可以替代实现某一公共利益的目的。

一、严格依法界定高校学生惩戒权限

惩戒是对学生权益进行限制甚至是剥夺的行为，当前高校基本上依据其学校制定的具体规定而实施。因此，惩戒的有效性直接取决于依据的合法性。其规章制度的合法性考量是学校依法行使自主管理权、保护学生合法权益的重要保障。

根据法律优先与法律保留原则的要求，学校的章程及规章制度的制定应在宪法、法律、法规及规章的授权范围内进行，不得与上位法相抵触，相抵触的内容均归于无效，据此，高校制定的学生惩戒管理相关规定应遵循这一原则，不能对宪法、法律规定应由法律予以保留规定的事项作出相悖的规定。例如关于剥夺人身自由只能依据法律规定作出，不属于学校可以惩戒的方式，学校无权予以规定。

而学校在自主管理权范围内制定的章程及规章制度，其内容应符合法律法规授权的目的，即遵循教育管理和学生成长规律，保障学生的受教育权的实现。因此对于学生违纪违规行为的惩戒规定，应本着立德树人的根本宗旨，从教育学生和帮助学生成长的角度出发，均衡惩罚与教育双重价值，给予学生改过自新的机会，通过惩戒实现责任教育、纪律教育等法治社会的公民教育。

另外，对学生惩戒应遵循错责相适应的原则。即《普通高等学校学生管理规定》第52条的规定"学校给予学生的纪律处分，应当与学生违法、违规、违纪行为的性质和过错的严重程度相适应。"高校惩戒学生应遵循实质正义的要求，不仅惩戒依据应当体现错责相当，而且在对于学生行为认定的过程中，应在全面调查基础上，综合考虑学生的主体情况、主观认识、违纪行为客观事实以及影响程度。高校惩戒不宜一味求严，应从学生的成长成才出发，给予学生悔改的机会。当然也不能有错不惩，注意学生责任意识的养成，只有错责相当、宽严相济，才能更好地实现立德树人的教育目的。

二、规范程序行使高校学生惩戒权

高校学生惩戒是学校对学生作出的否定性评价，具有单方性、制裁性与强制性的特点，而正当程序是提升学校惩戒行为的公信力和执行力，是学生获得公正评价权利的重要保障。高校学生惩戒程序应当逐一规范，从而保障学生基本的人身与财产权利等合法权益不受侵害。结合《普通高等学校学生管理规定》修订的征求意见稿中的明确要求，本书认为应当从以下程序规范高校学生惩戒。

（1）完善告知程序。在作出惩戒决定之前，应以法定程序书面告知受惩戒学生惩戒的依据、理由以及具体惩戒形式，而对惩戒决定的告知时间、告知的具体内容以及不予告知的法律后果以学校章程的形式予以明确。

（2）完善证据制度。作出惩戒决定之前，应对学生违纪行为进行深入调查，明确受惩戒学生行为的具体事实。可借鉴诉讼法中相关规定完善证据收集、运用规则。确立全面收集证据、排除违法、存疑证据等规则，明确用于确定学生应受惩戒行为的证据均应发生在惩戒决定作出之前，做好证据保全等工作。对学生实施惩戒决定应当在事实确凿，证据充分，形成完整的证据链条的基础上作出。

（3）完善听证程序。作出惩戒决定之前，应给予被惩戒学生以质证和辩驳的机会，告知听证的权利以及申请的期间。对于经学校调查的事实，学生享有口头或书面申辩的机会。学校组织听证，安排非事实调查部门的负责人主持；准许受惩戒学生与调查部门就事实进行质证和辩论；听证笔录可作为确定学生行为受惩戒性的重要证据。

（4）完善裁定程序。对学生作出惩戒决定应当由法律法规及学校章程规定的学校主管部门依据法定程序作出。对此，在行使惩戒职责分工上，应当坚持调查与裁决相分离原则①，学校应当明确专门的惩戒事实调查部门、惩戒决定处理机构、学生听证机构以及申诉委员会等负责人和机构，各具体负责人和机构之间相互独立，互不隶属，应当由一定数量的教师、学生代表参与。涉及学生身份性、学术性的惩戒行为应由且只能由校长会议和校学术委员会、学位委员会依职权作出。其中开除学籍的决定应由校长会议审批之后，提交学校所在省教育行政主管部门审批备案。

（5）完善送达程序。惩戒决定作出之后，应当出具处分决定书，决定书应

---

① 调查与裁决相分离原则源自诉讼法中"裁判者应与案件利益无涉"的古老原则，为了保证裁决的公正性，裁判者应与裁决所涉及的双方均无利害关系。

当明确学校和学生基本信息、违纪事实和证据、处分种类和依据、处分履行途径和期限、权利救济途径等内容。处分决定应以书面形式送达本人。送达书需经受惩戒学生本人签收,如有特殊情况不能签收,应由送达人采取公告、邮寄等方式送达,并在送达书副本中注明。

(6)完善权利救济程序。受惩戒学生对惩戒决定不服,可通过权利救济程序,向校内外部门提出申诉。学校申诉委员会是校内独立部门,负责复查,其对具体惩戒决定具有可变更权,对于涉及身份性学生惩戒行为,具有停止执行权。学生对校内申诉委员会的复查意见不服的,可在法定时限内向学校所属省级教育行政管理机关提出复议申请,教育行政管理机关需在法定时限内对被复议惩戒行为进行事实和程序双重复查,并作出复议决定。学生对校内申诉委员会或教育行政管理机关的复查决定不服的,可以向人民法院提出诉讼,法院在法定时限内依法作出判决或裁定。

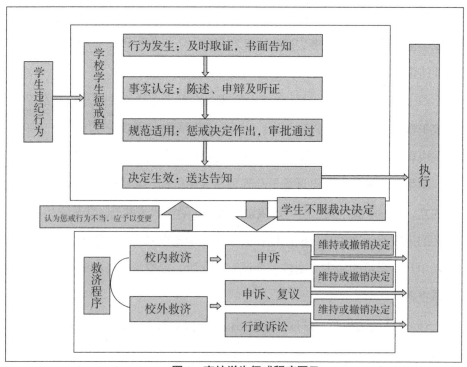

图1 高校学生惩戒程序图示

三、构建高等学校学生惩戒解除制度

高校实施学生惩戒根本目的在于立德树人，即通过惩戒实现对学生思想行为的规范引导。高校学生惩戒具有丰富的思想政治教育内涵。其通过禁止性规定明确学生行为规范义务，为学生提供指引；而受惩戒学生通过参与听证、申诉等程序，在维护合法权益中树立民主法治意识，这对于引导学生成为具有社会责任感、遵纪守法、学以致用的人才具有重要作用。必须明确惩戒是育人的手段而不是目的，所以，学生管理者应当在规则许可的范围内对学生教育从严，惩戒从宽，重教育，慎惩戒。应当允许学生犯错误，更允许学生以积极的行为改正错误。但在实践中，惩戒往往背离教育目的和对学生未来的公正评价，使学生权利受损。其一，学校惩戒记录依据有关规定应当记入学生人事档案，这直接影响了学生未来的就业和发展；其二，一些高校将准予毕业、授予学位与惩戒记录关联，导致了部分学生因受过处分无法正常毕业和授予学位。对此，建立高校学生惩戒解除制度就势在必行。

从目前来看，高校学生因违法违规违纪行为受到惩戒的情况，除情节极其恶劣、行为人主观意识难以矫正的个案外，绝大多数是因为行为人心智不成熟，规则意识与责任意识不强，存在侥幸心理。而这正是这个阶段的大学生生理和心理发展的特点。大学是学生规则意识和责任意识形成的关键期，高等教育的基本任务就是培养大学生正确的世界观、人生观和价值观。其中最重要的是培养和提高大学生辨别是非对错的价值判断能力，抵御不良侵蚀的人格完善能力和恪守法定准则的行为责任能力。[①] 对此，基于惩戒的教育目的，不应该将惩戒定义为对学生的终身标签，而宜作为阶段性的教育措施。就此，从教育和帮助学生成长的角度给予学生自我发展和重新选择的机会，正是高校惩戒解除制度的理论基础。

首先，构建高校学生惩戒解除制度应符合惩戒与教育相结合原则。高校解除学生惩戒并非是有过不罚，对学生的无差别放任纵容，而是实现有条件的解除。其适用应综合考虑行为人的主观认识，行为的情节及影响程度，而且不同违纪行

---

① 　石亚军：《思想政治教育重在培育三种能力》，载《中国特色社会主义研究》，2006年第5期。

为和不同学生群体的解除程序应区别对待。学生受到惩戒后，解除惩戒要和跟踪帮扶教育相结合。对受惩戒学生要进行建档观察，定期访谈，从矫正思想认识入手来矫正失范行为，同时结合同学、教师以及辅导员等不同群体对其现实表现的反馈进行评估，综合评定受惩戒学生是否符合处分解除的条件。

其次，构建高校学生惩戒解除制度应当遵循合法性原则。制定高校惩戒制度应严格遵循学校章程及相关校规校纪的规定，且不得违反法律、法规、规章的禁止性规定。从目前来看，惩戒解除制度不能适用于开除学籍以及惩戒尚未执行完毕的情况，如对于触犯国家法律法规，受到行政拘留及以上处罚的；留校察看处分考察期未满或者受开除学籍处分的；或是有弄虚作假等情况则不能适用高校学生惩戒解除。

再次，构建高校学生惩戒解除制度应遵循正当程序原则。高校学生惩戒解除的程序应当遵循公开公正的程序原则，所适用的受惩戒学生群体、受惩戒行为、申请解除的时间、申请条件、申请程序、评估程序、跟踪考察程序、评审程序、决定送达和公示等均应由学校明确规定。

最后，构建高校学生惩戒解除制度应完善配套制度建设。高校学生惩戒解除制度从根本上是要消除高校惩戒给学生带来的各种长期的不利影响。借鉴当前少年司法制度的前科消灭制度，①本书建议，修订《普通高等学校学生管理规定》第66条，即"学生的奖励、处分材料，学校应当真实完整地归入学校文书档案和本人档案"的规定，当高校作出学生惩戒解除的决定后，其惩戒记录不应当再记入学生个人档案，而留存于学校文书档案。且只有在法律法规允许的情况下，才能查阅。

---

① 前科消灭制度是指曾受过刑事处罚的人在具备法定条件时，国家抹销其犯罪记录，使其复归社会的不利状况消失，恢复正常法律地位的一种刑事制度。

第八章　高等学校学生网络行为管理法治化研究

随着信息技术的迅猛发展，网络在人们日常生活中发挥着越来越重要的作用，高校是网络发展应用的前沿阵地，大学生网民更是使用网络最为活跃的群体之一。[①]然而，部分大学生在进行网络行为时常常触碰道德和法律的底线，造成严重的后果。深入研究大学生网络行为涉及的相关法律问题，对于推进我国法治进程，提升高校管理法治化水平具有积极意义。

第一节　高等学校学生网络行为管理法治化概述

高等学校学生网络行为管理法治化是高校学生管理法治化的重要组成部分，具体是指高校在对在校大学生网络行为管理的过程中，依据宪法、法律、法规，通过制定学校章程、规章制度，以法治思维和法治方式，解决在校大学生网络行为引发的相关问题。

一、大学生网络行为的基本概念

大学生网络行为是指大学生参与的网络学习、娱乐、社交和商务等所有的网上活动，既包括参与网络建设、管理等活动，也包括学习、创新网络知识和技术等专业活动，甚至还包括利用网络传播各种资讯和服务社会等衍生性的活动。[②]

---

① 根据中国互联网信息中心 2016 年发布的中国互联网络发展状况统计报告显示，截至 2015 年 12 月，我国网民规模达 6.88 亿，其中，大专、大学本科及以上的网民占比 19.6。

② 楼巍：《大学生网络行为分析及网络道德文化建设路径探究》，载《思想理论教育》，2014 年第 5 期。

具体而言，大学生网络行为主要表现为以下五类：一是学习行为，即利用网络平台海量知识满足学习需要；二是社交行为，即利用网络交流软件，如QQ、微信、微博、论坛等网络平台进行社交活动；三是休闲娱乐行为，即利用网络听音乐、看电影、玩网络游戏等；四是信息查找行为，即使用网络搜索工具查找获取信息；五是商务行为，即利用网络平台买卖商品等。

大学生网络行为种类繁多，根据不同的标准分为不同类型的大学生网络行为。本文根据大学生网络行为是否符合社会规范，将大学生网络行为划分为网络规范行为和网络失范行为。网络规范行为是指大学生的网络行为符合法律规范和道德规范，反之则是网络失范行为。大学生网络失范行为是一种非理性的网络行为，主要包括一般网络失范行为、网络违法行为两个类型。此外，根据大学生网络失范行为侵害的客体不同，还可将大学生网络失范行为分为两类，一类是以计算机本身为侵害对象，利用网络技术，对计算机信息系统、数据或应用程序进行侵犯的行为；另一类是以计算机网络技术为工具，实施传统的侵害行为。

由此可见，大学生网络失范行为是大学生网络行为管理的主要内容。因此，大学生网络行为管理法治化研究的重点即是研究高校如何依法引导和管理大学生网络行为，防止大学生网络失范行为的发生，以及如何依法对已发生的大学生网络失范行为进行处理。

二、高等学校学生网络行为管理工作的制度变迁

对高校学生网络行为的管理主要通过互联网相关法制建设和大学生网络思想政治教育工作两个方面进行。

（一）互联网法制建设历史沿革

2000年以前，我国关于互联网的法律法规主要集中在计算机信息网络国际联网管理方面。2000年，国务院公布并实施《中华人民共和国电信条例》，这是中国第一部管理电信业的综合性法规，标志着中国电信业的发展步入法制化轨道。同年，全国人大常委会表决通过了《全国人民代表大会常务委员会关于维护互联网安全的决定》。

2001 年，"信息网络传播权"正式列入《中华人民共和国著作权法》，有关新条款使今后网络传播环境下的著作权保护有法可依。同年，共青团中央、教育部、文化部、国务院新闻办公室、全国青联、全国学联、全国少工委、中国青少年网络协会向社会正式推出《全国青少年网络文明公约》。2002 年，国务院公布并实施《互联网上网服务营业场所管理条例》。2003 年，文化部发布并实施《互联网文化管理暂行规定》。

2004 年，全国人大常委会表决通过了《中华人民共和国电子签名法》，此法标志着我国的信息化立法迈出重要步伐，对我国的电子政务、电子商务等信息化建设有非常积极的促进和保障作用。2005 年，信息产业部发布了《电子认证服务管理办法》，该办法与《电子签名法》同步实施，为我国电子认证服务业的发展奠定了基础。

2006 年，信息产业部发布并实施《互联网电子邮件服务管理办法》。同年，国务院公布并实施《信息网络传播权保护条例》。2007 年，国家广播电影电视总局、信息产业部联合发布了《互联网视听节目服务管理规定》。

2010 年，《中华人民共和国侵权责任法》施行，该法首次规定了网络侵权问题及其处理原则。同年，文化部发布了《网络游戏管理暂行办法》，这是我国第一部针对网络游戏进行管理的部门规章。随后，中国人民银行发布了《非金融机构支付服务管理办法》，将网络支付纳入监管。

2011 年，最高人民法院发布《关于充分发挥知识产权审判职能作用推动社会主义文化大发展大繁荣和促进经济自主协调发展若干问题的意见》，进一步明确了网络环境下的著作权侵权判定规则。

2012 年，全国人大常委会通过《关于加强网络信息保护的决定》。决定要求保护个人电子信息、防范垃圾电子信息、确立网络身份管理制度，并赋予了有关主管部门必要的监管权力。2013 年，我国首个个人信息保护国家标准《信息安全技术公共及商用服务信息系统个人信息保护指南》实施，标志着我国个人信息保护工作进入法制阶段。随后，工信部公布了《电信和互联网用户个人信息保护规定》，保护电信和互联网行业用户信息，维护网络信息安全。

此外，2013年最高人民法院和最高人民检察院联合公布了《关于办理利用信息网络实施诽谤等刑事案件适用法律若干问题的解释》。最新《中华人民共和国消费者权益保护法》发布，规定经营者采用网络、电视、电话、邮购等方式销售商品，消费者有权自收到商品之日起七日内退货，还明确了个人信息的保护，规定了网络交易平台的责任等。

（二）高等学校网络思想政治教育工作历史变迁

1994年，我国正式接入国际互联网，大学生网络思想政治教育开始了初步探索，这一时期，大学生网络思想政治教育工作的开展主要是"防、堵、管"①，即防止网络危害，堵住有害信息的传播，加强思想教育和行为管理并开始正面的宣传教育。

1999年9月，中共中央下发了《关于加强和改进思想政治工作的若干意见》，明确指出要探索新形势下思想政治工作的规律和方法，加强网络信息分析和有针对性的宣传工作。紧接着，教育部为贯彻落实中共中央思想政治工作会议精神，于2000年9月下发了《关于加强高等学校思想政治教育进网络工作的若干意见》，明确要求高校提高对思想政治教育进网络重要性和紧迫性的认识，切实加强对思想政治教育进网络工作的领导，进一步理顺管理体制，扎实推进思想政治教育进网络的各项工作；充分运用网络手段拓展思想政治教育的视野，用正确、积极、健康的思想文化占领网络阵地。

2004年10月，为深入贯彻党的十六大精神，提高大学生的思想政治素质，促进大学生的全面发展，中共中央、国务院下发了《关于进一步加强和改进大学生思想政治教育的意见》。这份文件至今对我国高校开展网络思想政治教育工作仍具有非常重要的指导意义。文件共分为九个部分，第五部分就努力拓展新形势下大学生思想政治教育的有效途径进行了规定，其中第17条明确提出要主动占

---

① 张再兴：《我国高校网络思想教育的十年历程与发展》，载《思想教育研究》，2005年第7期。

领网络思想政治教育新阵地，要密切关注网上动态，加强同大学生的沟通与交流，要运用技术、行政和法律手段，严防各种有害信息在网上传播。

为贯彻落实《关于进一步加强和改进大学生思想政治教育的意见》的要求，教育部等部门均多次下发文件作出具体要求。2005 年，教育部发布了《关于整体规划大中小学德育体系的意见》，要求积极开展网上思想政治教育活动，使校园网成为加强德育的新阵地，全面服务学生的新平台；同年，共青团中央也下发《关于进一步加强和改进大学生思想政治教育的实施意见》，其中第七部分对强化网络思想教育功能作出明确要求，牢牢把握网络思想政治教育主动权，主动占领网络思想政治教育的制高点。此外，教育部和共青团中央联合下发《关于加强和改进高等学校校园文化建设的意见》，提出要充分发挥网络等新型媒体在校园文化建设中的重要作用，形成网络文化建设工作体系，牢牢把握网络文化建设主动权，使网络成为校园文化建设新阵地。2010 年，教育部还下发了《关于进一步加强和改进研究生思想政治教育的若干意见》，提出要充分发挥网络在研究生思想政治教育中的作用，加快推进"易班"等学生网上互动社区建设。

三、规范大学生网络行为的法律规定

我国并未就大学生网络行为专门制定法律法规进行调整，对大学生网络行为的规范主要依据宪法、法律、行政法规、地方性法规、行政规章和其他规范性文件。

宪法是国家的根本法，具有最高的法律效力，一切法律、行政法规和地方性法规都不得同宪法相抵触，一切违反宪法的行为，必须予以追究。因此，对大学生网络行为的管理和规范必须遵守宪法的规定，不得有丝毫的违背。

根据全国人大常委会于 2009 年修订的《全国人民代表大会常务委员会关于维护互联网安全的决定》规定，利用互联网实施违法行为构成犯罪的，依照《刑法》有关规定追究刑事责任；违反社会治安管理，尚不构成犯罪的，由公安机关依照《治安管理处罚法》予以处罚；利用互联网侵犯他人合法权益，构成民事侵

权的，依法承担民事责任。此外，全国人大常委会在 2012 年通过了《关于加强网络信息保护的决定》，对如何保护网络信息安全进行了规定。

如前文所述，针对以计算机为侵害对象的网络失范行为，除了基本法外，还有计算机领域方面的法律、行政法规、地方性法规、行政规章对其进行规范和调整。我国《刑法》第 285 条、第 286 条规定了非法侵入计算机信息系统罪、破坏计算机信息系统罪；国务院制定并颁布了《电信条例》《计算机软件保护条例》《计算机信息系统安全保护条例》《计算机信息网络国际联网安全保护管理办法》；工业和信息化部也制定并颁布了《通信网络安全防护管理办法》《电信和互联网用户个人信息保护规定》等部门规章。

针对利用计算机实施传统侵害行为的网络失范行为，根据其具体侵害的客体，通过法律、行政法规、地方性法规、行政规章进行规范和调整。我国《侵权责任法》第 36 条概括性地规定网络用户利用网络侵害他人民事权益的，应当承担侵权责任。大学生网络行为可能侵犯他人的人身权、财产权、知识产权等，除了《侵权责任法》，根据其网络行为侵犯的不同客体，通过《民法通则》《物权法》《著作权法》《消费者权益保护法》等不同法律进行规范和调整。此外，国务院还制定并颁布了《互联网信息服务管理办法》《互联网上网服务营业场所管理条例》《信息网络传播权保护条例》等。

对于大学生网络行为，除了前文提到的网络思想政治教育方面的规定外，其他教育方面的法律法规和一般规范性文件也对大学生网络行为进行了规定。《普通高等学校学生管理规定》第 48 条规定学生使用计算机网络应当遵循国家和学校关于网络使用的有关规定，不得登录非法网站、传播有害信息；《高等学校学生行为准则》第 5 条对文明使用互联网进行了规定。值得一提的是，2016 年，针对校园不良网络借贷频频引发各类事件的问题，教育部办公厅、中国银监会办公厅下发了《关于加强校园不良网络借贷风险防范和教育引导工作的通知》，要求加大不良网络借贷监管力度，加大学生消费观教育力度，加大金融、网络安全知识普及力度，加大学生资助信贷体系建设力度。

第二节　高等学校学生网络行为管理法律问题研究

互联网时代，网络早已成为大学生日常校园学习生活不可或缺的一部分。网上学习、娱乐、交友、购物，大学生网络行为涉及方方面面，由网络行为引发的问题也愈发频繁，此类问题轻则违反学校的校规校纪，重则违反法律法规，严重影响大学生的发展。如前文所述，大学生在使用网络的过程中符合社会道德规范和法律法规是不会引发此类问题的，因此大学生网络行为管理法律问题研究主要围绕着大学生网络失范行为展开。

一、大学生网络言论失范法律问题

言论自由作为一项公民的基本权利，在我国《宪法》第35条明确规定。网络的普及和便捷，更加便于公民言论自由权的充分行使。网络言论自由是一把双刃剑，在利于社会民主进步的同时，可能会侵害到他人的权利、社会的公共利益以及国家的安全利益。因此，网络言论自由必须受到一定的限制。基于网络本身隐匿性、随意性和快速传播性等特点，网络言论更容易失范，且危害影响极大，难以消除。大学生正义感强，有想法但欠缺一定的社会阅历，部分学生还缺乏辨别是非的能力，因此极易受到网络虚假信息、不实不当言论的影响，非理性地对待网络言论中的人或事。大学生网络言论失范是指大学生在参与网络舆论的过程中，其言论因包含虚假信息，或具有侮辱性内容，或含有不当的政治思想等，违反社会道德规范或法律规范。

（一）一般网络言论失范行为和网络言论违法行为

根据大学生网络言论失范行为的危害程度，分为一般网络言论失范行为、网络言论违法行为。

1.一般网络言论失范行为

一般网络言论失范行为危害程度轻微，例如，在微信朋友圈抨击他人或者散布不实言论，但并未造成严重的危害后果。一般网络言论失范，倘若其危害程度非常小，没有违反校规校纪，一经发现，学校应当根据立德树人的原则，了解具体情况后，以批评教育为主，惩罚为辅；如果其通过网络捏造或者歪曲事实、故意散布谣言，扰乱了校园秩序，造成了一定的危害后果，违反校规校纪，则应当以教育与惩戒相结合的方式，按照高校自身制定的违纪处分规定，给予一定的处分。

2. 网络言论违法行为

网络言论违法行为是指大学生因为网络言论违反了相关的法律法规，其危害程度较一般网络言论失范行为更重。大学生因为网络言论而违反法律法规，主要是网络诽谤、网络谣言和人肉搜索三类。

网络诽谤客观表现为在互联网上，通过电子邮件，或者在微信、微博、论坛等网络平台上捏造并发布虚构的事实，对他人进行中伤、污蔑的行为[①]。网络诽谤一旦构成民事侵权，一般侵犯他人的名誉权、荣誉权等人身权利，《侵权责任法》第36条对网络侵权行为人应当承担的侵权责任作出了概括性规定，最高法院在2014年就利用信息网络侵害人身权益民事纠纷案件发布了司法解释。根据《民法通则》第120条的规定，网络言论侵犯他人的人身权利时，被侵权人可以要求侵权人停止侵害，恢复名誉，消除影响，赔礼道歉，并可以要求赔偿损失。大学生网络言论构成民事侵权时，侵权人应当主动承担相应的民事责任，积极与被侵权人沟通、协商，或者接受法院的判决，配合被侵权人消除因自己的侵权行为产生的影响。大学生网络诽谤的行为情节严重，具有一定的社会危害性但不够刑事处罚的，则按照《治安管理处罚法》第42条对侮辱、诽谤的规定，处拘留或罚款；行为情节严重的，则构成了我国《刑法》第246条侮辱诽谤罪。对于情节严重到何种程度算构成犯罪，最高人民检察院和最高人民法院的司法解释规定，具有以下情形之一的认定为"情节严重"：①同一诽谤信息实际被点击、浏览次数达到五千次以上，或者被转发次数达到五百次以上的；②造成被害人或者其近亲属精神失常、自残、自杀等严重后果的；③两年内曾因诽谤受过行政处罚，又

---

① 熊鹰：《网络言论侵权行为入罪问题研究》，湘潭大学2009年硕士学位论文。

诽谤他人的；④其他情形。

网络谣言是一种新型的造谣方式，网络谣言不是刑法上的具体罪名，其具体是指利用互联网作为媒介捏造事实并进行传播，不同于传统造谣的是，互联网的特性导致谣言得到迅速而广泛的传播，造成紧张的社会气氛，影响社会秩序的稳定甚至国家安全。《治安管理处罚法》第 25 条对散布谣言，谎报险情、疫情、警情故意扰乱公共秩序的人处以拘留或罚款；《刑法》第 291 条规定了编造、故意传播虚假信息罪，其中特别对明知是虚假信息，故意在信息网络上传播，严重扰乱社会秩序的犯罪行为进行了规定。此外，最高人民检察院和最高人民法院通过司法解释规定编造虚假信息，或者明知是编造的虚假信息，在信息网络上散布，造成公共秩序严重混乱的行为以寻衅滋事罪定罪处罚。

人肉搜索是对网民在网络上进行信息交流的形象概括，是指对特定的人的个人信息的获得。① 人肉搜索最直接侵害的是被搜索人的隐私权，而且人肉搜索往往伴随网络暴力，对被搜索人的名誉权等人身权利会造成侵害。可以构成民事侵权，甚至构成犯罪。

大学生网络言论失范行为一旦被认定为违法行为，学校应当按照《普通高等学校学生管理规定》，给予行为人批评教育或者纪律处分。值得注意的是，倘若其言论构成刑事犯罪或者违反治安管理规定受到处罚且性质恶劣，学校可以给予开除学籍等处分。

（二）高等学校管理大学生自媒体平台的法律问题

大学生因网络言论失范，往往会造成一定的危害，严重者甚至扰乱社会公共秩序。而自媒体时代，人人可以为自己发声，微博、微信、百度贴吧等自媒体平台因为注册简单，门槛低，平台活跃度高，深受大学生喜爱，大学生往往习惯通过这些自媒体平台发表言论。随着网络信息技术的发展，这些自媒体平台为用户提供了更加便捷的功能，其中，微信公众平台的产生，更是方便个人以标准的自媒体形式发表言论。通过微信公众平台，个人可实现和特定群体的文字、图片、

---

① 参见樊雯雯：《人肉搜索中的侵权责任研究》，载《法制与社会》，2011 年第 25 期。

语音的全方位沟通、互动。微信公众平台的图文推送非常容易通过微信朋友圈在手机网络上引起大范围的传播，而一条热门微博更能达到上百万的阅读和点赞。怎样引导和管理学生通过微信、微博建立的自媒体平台，防止其网络言论失范，是大学生网络行为管理法治化研究不可避免的问题。

学校对学生自媒体平台的管理，需要讨论两个问题：第一，学校是否有权力对本校学生的自媒体平台进行管理；第二，学校通过什么方式对本校学生的自媒体平台进行管理。在此，我们以学生自己注册的微信个人公众号为例探讨高校对大学生自媒体平台的管理。

高校是否有权对学生自媒体平台进行管理呢？本书认为，根据我国《宪法》第 35 条、41 条规定，公民有言论和通信自由的权利，学生依法注册和使用自媒体平台并发表言论，是学生行使言论自由和通信自由权利的体现，对此学校无权管理。以微信个人公众号为例，只要满足注册的基本条件，并且同意腾讯公司为每一用户提供的《微信公众平台服务协议》，即可注册使用微信公众平台，至于其在微信公众平台上进行图文推送，那是学生的言论自由，学校无权干涉。但是，我国宪法第 51 条规定，公民在行使自由和权利的时候，不得损害国家的、社会的、集体的利益和其他公民的合法的自由和权利。同时，《教育法》《高等教育法》都规定学生作为受教育者，应当遵守法律、法规，遵守学生行为规范，遵守所在学校的管理制度。学生通过自媒体平台发表言论是学生的言论自由，但是一旦其言论失范，违反了学校规定或法律法规，学校应当对其行为进行管理。

学校应当在不侵犯学生言论自由权的同时，通过相关机制，依法对学生自媒体平台进行管理。仍以微信个人公众号为例，通过登记备案制度，全面统计校内学生微信个人公众号的使用情况，值得注意的是，此项制度是非强制性的，为了达到全面统计的效果，学校可通过其他鼓励的方式来推动。学校通过建立新媒体联盟等形式，将学生自媒体平台纳入校园文化建设的总体规划中，通过自治性的联盟章程来约束自媒体平台的网络言论，防止其失范。当学生通过自媒体发表的言论行为失范时，学校第一时间发现、处理，防止不良影响或者危害后果进一步扩大，倘若其行为违反了校规校纪，学校应对其进行批评教育或纪律处分；倘若其行为已经构成违法犯罪，学校积极配合司法机关的工作。

二、利用网络侵犯知识产权的法律问题

通过网络进行学习和娱乐已经成为现在大学生最为习惯的方式，在通过网络获取学习资源和娱乐资源的过程中，部分大学生因为法律意识淡薄或者为了牟利等其他目的，可能会侵犯他人的知识产权。

根据我国《民法通则》的规定，知识产权包括著作权、专利权、商标权、发现权、发明权和其他科技成果权。大学生利用网络侵犯知识产权主要表现为侵犯著作权。如未经著作权人的同意，擅自从网上下载著作权人的作品并进行营利；未经权利人许可，擅自将著作权人的作品传输上网。前者主要是表现为"在线盗版"。所谓"在线盗版"具体是指在网络上复制和发行盗版软件、非法下载音乐、文学作品等现象。大学生面对付费的音乐和小说时，常常选择非法下载。在网络环境下复制成本低、速度快，并且随着信息产业的飞速发展，盗版行为日益猖獗。后者主要表现在大学生将老师上课用的讲义、PPT 等拷贝，为了方便资源共享、学习交流，擅自将其上传至网上。老师对原创性的课件享有知识产权，学生私自将其上传网站，可能侵犯老师的信息网络传播权和发表权。

针对此类侵犯著作权的行为，我国著作权法等相关法律明确赋予了著作权人对其作品享有的著作权，尤其是法定期限内的著作财产权。任何人未经著作权人的许可，均不可擅自下载、上传其作品，更何况通过此类行为进行牟利，这些行为均被认定为侵权行为，侵权人应当承担相应的法律责任。根据《著作权法》第47 条和第 48 条的规定，侵犯著作权的行为，根据具体行为类型和严重程度，侵权人应当承担停止侵害、消除影响、赔礼道歉、赔偿损失等民事责任；倘若其侵权行为同时还损害了公共利益，侵权人还会被没收违法所得并处罚款，构成犯罪的，依法追究刑事责任。我国《刑法》第217 条对侵犯著作权罪进行了规定。

三、危害网络运行安全的网络行为法律问题

大学生中，有少数人因主修计算机相关专业或出于兴趣努力钻研而成为网络技术高手，他们掌握了较高的网络技术，出于炫耀、报复、牟利等心理，制造或传播网络病毒，严重威胁网络运行安全。

学校的网络系统是大学生最常入侵的网络系统。伴随着网络技术的不断完善和发展，各高校相继建立了属于自己的校园网络，校园网络的建立，一方面使教学方式更加丰富，另一方面也提升了高校各部门的管理服务水平。但随着校园网的高速发展，校园网的安全问题也日益凸显，最近几年，多次出现学生利用自身掌握的网络技术，入侵校园网系统的恶性事件，其中最容易成为学生入侵目标的则是高校的教务系统。究其原因，学生因为成绩不及格或者为了参评奖学金，萌生了入侵教务系统修改成绩的想法，而极个别掌握较高网络技术的学生则看到了所谓的"市场"，为了修改自身成绩或为了牟取暴利，铤而走险，入侵学校的教务系统。针对此类危害网络安全的网络行为，我国《刑法》《治安管理处罚法》《计算机信息系统安全保护条例》《计算机软件保护条例》等法律法规都进行了规定，此外，2016年6月，全国人大常委会审议并公布了《网络安全法（草案二次审议稿）》，作为网络安全的基本法，该草案对网络运行安全、网络信息安全及相关法律责任进行了明确的规定。学生入侵学校的教务系统篡改成绩的行为，应被认定为对计算机信息系统中存储、处理、传输的数据和应用程序进行删除、修改、增加的违法行为，如果其还不构成犯罪，则应当按照《治安管理处罚法》第29条处理，根据严重程度处以不同程度的行政处罚；如果其构成犯罪，则按照《刑法》第286条破坏计算机信息系统罪来处理。

对于网络入侵者而言，入侵网络系统只是实现目的的手段和途径，以学生入侵学校教务系统而言，修改成绩或者通过修改成绩而牟利才是他们的目的。因此，对于入侵网络系统的行为，常常不仅危害了网络安全，还可能侵犯他人的合法权益，扰乱社会的公共秩序，危害国家安全。如个别大学生缺乏责任心，为了满足好奇心，利用个人电脑控制服务器攻击地震局网站并在该网站发布个人编造的虚假地震信息，造成社会恐慌，不仅危害网络安全，触犯了我国《刑法》第285条规定的非法侵入计算机信息系统罪，而且其编造并发布了虚假的地震消息，引起社会恐慌，严重影响了社会秩序，还触犯了我国《刑法》第291条规定的编造、故意传播虚假信息罪。如个别大学生为了展示自己的能力，测试自己撰写研发的恶意软件，导致恶意软件在短时间内广泛传播，窃取手机短信内容、通讯录等隐私，同时也会给手机用户产生发送短信的费用等，此行为不仅严重危害了手机系统运行安全，还侵犯了他人的隐私，涉嫌非法获取公民个人信息。

危害网络安全的行为违反法律法规，是一种网络违法行为。针对此类违法犯罪行为，高校应当按照《普通高等学校学生管理规定》给予开除学籍的处分。很多涉案的大学生对自己的行为后果没有很清晰的认识，高校在进行计算机教育的同时，还要重视提升大学生的是非观念、法治意识。

第三节　高等学校学生网络行为管理法治化路径探索

大学生网络失范行为的发生由多种原因引起，既包括网络规范立法不健全、网络行为管理不完善等客观原因，也包括大学生本身网络法治意识淡薄等主观原因。高校依法开展大学生网络行为管理工作，需要从网络立法、网络监管、网络行为规范教育、营造健康校园网络文化等四个方面入手。

一、完善网络行为相关立法

当前，我国就网络行为方面制定了一部分法律法规，但总体而言，并没有形成完善的法律体系，不能实现对各类网络违法行为的全面规制。为进一步使网络这个虚拟世界规范化，降低它的负面效应，完善的网络法律法规体系是必不可少的。此外，就高校自身而言，目前国内高校并未就如何规范大学生网络行为进行规定，学校相关规定的空白，不利于学校对大学生网络行为的引导、监督和管理，因此，完善学校层面的立法工作也是不可忽略的一个方面。

（一）网络行为相关法律法规的制定

网络法律法规体系是一项长期、系统的复杂工程，应当积极完善相关制度，发挥网络的正面效应。

我国网络立法的层次还比较低。具体来说，我国与信息网络及其安全有关的立法主要包括：《刑法》《全国人大常委会关于维护互联网安全的决定》《计算机信息系统安全保护条例》《计算机信息网络国际联网管理暂行规定》等。这些规范在一定程度上促进了我国信息网络的健康发展，但面对高速发展的信息网络，面对层出不穷的网络违法犯罪行为，并不能完全有效地遏制和消除网络不良信息、网络违法犯罪等对大学生权益的侵害。因此，国家有必要借鉴某些网络立法先进国家的做法，尽快出台一部信息网络保护的基本法。基本法的制定需要较长的时间进行论证、起草和公布，鉴于此，针对如网络服务提供者责任的规制等某些急需解决的问题，可先制定单行法进行规范，以达到预防网络犯罪、惩戒网络犯罪的目的。《中华人民共和国网络安全法（草案二次审议稿）》的公布，预示着作为我国网络安全的基本法，网络安全法距离其成功制定又近了一步。根据草案内容，不难看出，这部法律彰显了国家意志，确定了网络安全工作的基本原则，明确了建设网络安全保障体系的主要举措，将我国公民个人信息保护纳入法律正轨，保障了网络产品和服务安全。

此外，我国教育方面的立法也应当完善对大学生网络行为规范。目前《高等学校学生管理规定》第48条仅仅规定"学生使用计算机网络应当遵循国家和学校关于网络使用的有关规定，不得登录非法网站、传播有害信息"，本书认为应当增加对移动通信网络的规定，除了"不得登录非法网站、传播有害信息"外，还应当规定"禁止攻击他人计算机和移动通信网络系统"。

（二）高等学校关于网络行为的规定

目前，国内高校并未对大学生网络行为规范进行专门的规定，大学生网络违法行为常常导致非常严重的后果，对社会、学校及个人造成恶劣的影响，高校有必要对大学生网络行为进行专门的规定。通过学生网络行为规定，积极引导大学生网络行为，明确网络行为规范教育的内容、主体和对象，建立网络监管体系、预警机制，营造健康校园网络文化。一部关于学生网络行为规范的校内规定的制定和公布，有利于相关制度的建设，也有利于明确相关部门的职责和权限，方便工作的开展，更重要的是，通过各种形式，让每一位学生了解规定的内容，更有利于让学生自身意识到规范自己网络行为的重要性。

二、加强网络监督管理力度

当前，大学生网络环境中存在的重要问题之一就是对网络资源的监管力度不够，导致负面信息充斥大学生视野，影响大学生的积极行为。因此，必须把网络文化管理纳入法治，这既是国家和社会的责任，也是高校的职责所在。

（一）建立网络监管体系

网络信息虽然丰富，但良莠不齐，容易对大学生产生负面影响。政府应当建立完善的网络监督体系，积极开发网控技术，将电子检测、过滤与管理协调统一，设置高密度防火墙，防止有害信息侵入，同时加强对各类网站和网吧的经营督导，做到"执法必严，违法必究"，为大学生网络生活提供一个清爽有序的和谐环境，同时引入网民自律监督，将微博、微信等新媒体与传统网站相结合，建立网民道德、法律监督平台，监管网络上的失范行为。

（二）构建网络预防机制

高校应密切关注网上动态，了解大学生思想状况，加强与学生的沟通交流，及时解决学生的实际问题，将可能激发学生出现网络违法行为的问题处理在萌芽状态，防患于未然。具体来说，可以通过选拔优秀教师、学生干部成立网络评论员队伍，加强对网络事件的预防。网络评论员队伍可通过新媒体和传统媒体相结合的方式开展工作，通过电子邮件、热线问答等了解和解决学生的思想、学习、生活、就业等问题；通过开设微信公众平台，引导学生参与积极向上的讨论话题，引领校园文化氛围，揭露网络谣言，纠正不正确的思想观点。

（三）强化网络督导

为了在发生网络突发事件时做到快速反应、有效处置，高校应当建立校内网络技术队伍，及时删除网上的负面信息，并对学生的网络行为实施有效督导。对于学生转载、讨论的负面信息，应密切关注，积极引导，必要时，及时向学校有关部门汇报，辅导员、班主任与网络评论员队伍协同配合，线上引导，线下谈话，实现对学生网络行为的引导与规范。

三、强化网络行为规范教育

大学生网络行为规范教育应在适应社会发展的要求同时符合大学生成长成才的实际需求，具体应包含网络法律法规教育、网络思想道德教育与网络心理健康教育三个方面。

（一）加强网络法律法规教育

网络法律法规主要调整两个方面的问题，一是与网络息息相关的各种技术问题，二是因为网络行为而产生的社会关系问题。因此，对大学生的网络法律法规教育主要包括对技术性法律法规的教育和对网络社区法律规范的教育。

对技术性法律法规的教育主要是针对部分掌握较高网络技术的大学生，既包括主修计算机网络技术的专业学生，也包括因个人兴趣爱好，刻苦钻研而掌握较高网络技术的其他非计算机专业的学生。当前，我国的技术性法律法规主要有《电子签名法》《计算机信息系统安全保护条例》《互联网电子邮件服务管理办法》等，通过此类规范的学习，有助于帮助大学生合理认识、运用信息技术，从而有效约束大学生的网络行为，防止他们滥用自己的知识与技术。

与此同时，对大学生开展网络社区法律规范的教育，则是重中之重。大学生作为网络生活的主要群体，利用网络学习、交友、购物等各类网络行为的过程中均会产生各种各样的社会关系和法律问题。大学生的网络行为容易导致他们的隐私权、名誉权、财产权等受到侵害，与此同时，大学生网络违法行为违反的法律法规也主要是这一领域。通过这方面的教育，不仅可以提高他们的自我防范意识，防止自己的权益受到侵害，更重要的是，让他们了解自身网络行为的边界和底线，不触犯相关法律法规，实现规范大学生网络行为的目的。

网络法律法规教育不应采取说教的方式进行，而应以模拟法庭、普法宣传等大学生喜闻乐见的方式来开展，以达到更好的教育效果。

（二）强化网络思想道德教育

人的行为受到内在和外在两方面的约束，一是受到内心所信奉的道德约束，二是受到所处社会法律规范的约束，而前者往往从根本上规范了人的行为。随着网络时代的到来，人们难以在实施网络行为时感受到面对面的道德监督，因此更需要强大的道德自律性。深入开展道德教育是大学生网络行为规范教育的根本。

具体来说，开展大学生网络道德教育，一是要加强大学生的道德认知教育，二是要培养大学生的道德情感，三是要促进大学生的道德行为。首先，让大学生意识到网络世界尽管是个虚拟空间，也不能肆意放纵，应当遵守道德规范；其次，对于网络生活中所遇到的善恶好坏要有情感倾向，让他们对网络中好的、善的信息趋于肯定；最后，通过合理的要求和引导，帮助他们形成良好的习惯。

（三）加强网络心理健康教育

一些大学生异地求学，缺少父母的监督，缺乏自我约束和自我调节的能力，当生活、学习中遇到挫折时，常常很难迅速找到有效的应对方式，也不会进行自我疏导，从而选择沉溺网络作为自己逃避现实的一种方式。健康的心理状态和正确的心理健康观念对大学生的成长成才非常重要。因此，通过加强这方面的宣传教育，使大学生了解其中的重要意义，能够帮助大学生学会克制自己，抵御各种诱惑。

具体而言，就是要构建网络心理健康教育阵地。一是开设相关课程；二是进行定期的团体辅导；三是就一些新情况、新问题针对辅导员或学生开展不同类别的讲座和研讨；四是开展网上和网下相结合的心理健康咨询，为大学生提供心理疏导的有效渠道；五是建立传播正能量的示范性网站，对大学生的网络心理进行正面的引导；六是通过微博、微信等新媒体客户端，以视频、图片、文字等多种形式有针对性地开展网络心理健康教育。

四、营造健康校园网络文化

校园网络文化是大学生在利用互联网进行交流和学习过程中产生的特有的文化，是校园文化的重要组成部分，与传统校园文化紧密相连。营造健康的校园网络文化，有利于减少在校大学生受到不良的网络信息的影响，通过提升校园文化的正面影响、加强网络文化体系建设、强化校园法治文化建设，正面引导在校大学生的网络文化行为。

（一）提升校园文化正面影响

外部因素、外部环境已成为影响大学生行为的重要因素，高校的校园文化单一沉闷并缺乏对大学生日常行为的有效引导，必将增加大学生沉迷网络的可能性。因此，构建积极活跃、和谐友爱的校园文化，创造良好的校园环境，以丰富多彩的校园活动吸引同学们积极参与，是预防大学生不良网络行为最有效、最基础的手段之一。

同时，校园文化作为大学生的精神家园，是大学生第二课堂的重要组成部分，为大学生提升自我素质起到了重要的作用。充分利用校园文化这个平台，通过举办形式多样、富有教育意义的校园文化活动，合理安排大学生的课余时间，既能充实大学生校园生活，又能充分提升大学生综合素质，更能为大学生养成良好学习生活习惯提供保障。

（二）加强网络文化体系建设

校园网络文化体系是网络思想政治教育的主阵地，但由于其吸引力不足、互动性偏低，使网络思想政治教育的效果得不到有效发挥。加强网络文化体系建设，一要紧密结合网络信息技术的发展，善于运用微信、微博等在高校师生中普及率高的新媒体，构建科学有效的高校舆情引导机制；二要强化网络文化体系的隐形教育作用，将教育信息有效渗透到校园网络信息中，让大学生在通过校园网络获取信息、学习知识的同时潜移默化地接受思想政治教育与法治教育信息；三要加强交流互动，使教育者与受教育者能通过网络实现思想沟通，完成价值观念、思想道德的交流互动，实现网络文化体系的育人功能。

（三）强化校园法治文化建设

校园法治文化建设对大学生形成法治信仰和守法意识具有导向、激励作用。应当高度重视校园法治文化建设，把法治文化融入校园文化中，搭建集教育性、知识性和趣味性为一体的校园法治文化活动平台，让大学生在充分体现时代特征、法治目标与大学生成长成才需要的校园文化活动中，受到浓郁法律氛围的熏陶，使法治文化通过法律讲堂、模拟法庭、普法宣传、法律援助等同学们喜闻乐见的教育活动深入人心，指导大学生的自觉行动。

第九章　高等学校学生心理健康教育及危机事件管理法治化研究

随着社会快速、多元、开放的发展，复杂多样的社会、经济、文化问题以多种形式和机制对高校和大学生群体产生影响，各类心理危机和突发事件对于高校的和谐稳定带来了巨大冲击。对此，学生心理健康教育及危机事件管理在高校学生管理中的地位和作用越来越重要。但因法律法规不健全，体制机制不完善，心理健康教育和危机事件管理在实践中面临着不少困惑和难题。

第一节　高等学校学生心理健康教育和危机事件管理法治化概述

高校育人需要和谐稳定的校园环境。而高校人员密集，是各类突发、危机事件的易发地区，维护校园安稳是高校学生管理的重要职责。心理健康教育以及危机事件管理是校园安稳工作的有效措施，发现隐患、做好预防、化解危机，对于维护校园和谐稳定和做好高校育人工作具有重大意义。

一、高等学校学生心理健康教育概述

世界卫生组织指出，人的健康包含身体健康、心理健康以及良好的社会适应能力。心理健康教育又称心理素质教育，简称为心理教育或心育。它是教育者运用科学的心理学方法，对教育对象心理各层面施加积极的影响，以促进其心理发展与适应、维护其心理健康的教育实践活动。其中心理健康是一个相对概念，是

165

以无心理疾病为标准的状态。但是这个概念具有阶段性，每个人随时随地都有可能产生心理问题，即使是健康的人，也会有突发性、暂时的心理异常。[①]

心理健康教育作为高校育人的重要内容，是大学生健康成长成才的重要方面。心理健康教育包括以下途径：全方位优化社会心理环境，减少劣性刺激；全面渗透心理素质培育，以优化心理素质；适量开设心理健康教育课程，以普及心理保健知识；进行必要的心理测量，以了解心理状况；开展多种形式的心理咨询或辅导，以缓解心理问题。其中心理健康教育课程、心理测量和心理咨询，在高校范围内实施最为广泛和实际。[②]

（一）我国高等学校心理健康教育的制度变迁

相对于国外高校具有百年历史的心理健康教育发展史，我国高校心理健康教育起步于 20 世纪八十年代。当时针对学生心理问题频发的情况，各高校陆续建立心理健康咨询中心，相关的教育研究工作也逐步展开。1994 年中共中央颁布的《关于进一步加强和改进学校德育工作的若干意见》，首次明确提出了"心理健康教育"，"指导学生心理素质方面尽快适应新的要求"是新形势对学校德育工作的更高要求，明确指出了开展心理健康教育的具体工作目标和工作途径。此后，国家颁布的一系列文件及学术理论界都开始使用"心理健康教育"一词。1995年国家教委颁布的《高等学校德育大纲（试行）》，明确把培养学生具有"健康的心理素质"作为十大德育目标之一。1999 年国务院颁布的《中共中央国务院关于深化教育改革全面推进素质教育的决定》指出，要"加强学生的心理健康教育，培养学生坚韧不拔的意志、艰苦奋斗的精神，增强青少年适应社会生活的能力"。2001 年教育部则颁布了首个大学生心理健康教育的专门性文件《关于加强普通高等学校大学生心理健康教育工作的意见》(教社政〔2001〕1 号)，并随后出台了《普通高等学校大学生心理健康教育工作实施纲要（试行）》(教社政厅〔2002〕3 号)。党和政府的高度重视推动了高校心理健康教育工作迅速发展，

---

① 李有华：《大学生心理健康教育》，中国林业出版社，2000 年版，第 11-12 页。
② 鲁洁，王逢贤：《德育新论》，江苏教育出版社，1994 年版，第 95 页。

心理健康教育工作的机制体制不断完善，教育内容不断丰富，成效也十分显著，大学生心理健康素质取得显著提高。

2004年《中共中央国务院关于进一步加强和改进大学生思想政治教育的意见》（中发〔2004〕16号）颁布之后，国家强调要"开展深入细致的思想政治工作和心理健康教育"。随后，各类专门的规范性文件相继出台，给高校的心理健康教育持续深入发展提供了坚实的政策支持，如《教育部、卫生部、共青团中央关于进一步加强和改进大学生心理健康教育的意见》（教社政〔2005〕1号）、《普通高等学校学生心理健康教育工作基本建设标准（试行）》（教思政厅〔2011〕1号）、《普通高等学校学生心理健康教育课程教学基本要求》（教思政厅〔2011〕5号）等。《普通高等学校辅导员队伍建设规定》以及《高等学校辅导员职业能力标准(暂行)》（教思政〔2014〕2号）明确了辅导员开展心理健康教育的职责。就此，高校心理健康教育工作全面普及开来。各高校立足自身实际，通过建章立制、队伍建设等多种举措推进心理健康教育工作，形成了从管理到教育教学的一揽子制度，其规范性和科学性也不断提升，育人的效果十分显著。[1]

（二）高等学校学生心理健康教育的法律规定

当前高校开展学生心理健康教育是依据《教育法》《高等教育法》等规定，自主组织教育教学活动、科学研究和思想品德教育。[2]而相关规章和规范性文件的规定，则进一步明确了高校开展心理健康教育在体制机制建设、师资队伍建设、教学体系建设、活动体系建设、心理咨询服务体系建设、心理危机预防和干预体系建设、教育工作条件建设等方面的相关内容和标准要求。

另外，学生心理健康教育作为社会心理健康服务体系的重要部分，适用《精

---

[1]　参见卢爱新：《我国大学生心理健康教育发展研究》，华中师范大学2007年博士学位论文。吴霞：《改革开放以来大学生心理健康教育研究》，西南大学2014年博士学位论文。

[2]　《中华人民共和国教育法》第29条：学校及其他教育机构行使下列权利：……（二）组织实施教育教学活动；《中华人民共和国高等教育法》第34条：高等学校根据教学需要，自主制定教学计划、选编教材、组织实施教学活动。第41条：高等学校的校长全面负责本学校的教学、科学研究和其他行政管理工作，行使下列职权……（二）组织教学活动、科学研究和思想品德教育。

神卫生法》及各地方《精神卫生条例》相关规定。《精神卫生法》第16条对学校应当进行的精神卫生知识教育、配备的心理健康教育教师作出了规定，要求学校在发生灾害时对学生进行心理援助。地方性法规如《北京市精神卫生条例》则规定了学校应当将精神健康教育纳入教学计划，针对不同年龄阶段学生的特点，开展精神健康教育、咨询、辅导，创造有利于学生精神健康的学习环境，促进学生身心健康。并明确了高等学校应配备专业人员，为学生提供心理咨询服务。

对于作为高校心理健康教育重要内容的心理咨询而言，《精神卫生法》规定了心理咨询师的职责范围、责任义务及尊重接受咨询人员的隐私等问题；同时明确了心理咨询师违反规定所承担的法律后果，将接受警告、罚款、责令停业、吊销执照等行政处罚。心理咨询师与咨询对象之间的心理咨询关系是平等民事法律关系。当高校心理咨询出现纠纷时，适用《侵权责任法》等民事法律，心理咨询师有过错的，由心理咨询师承担相应的法律责任，高校作为主管部门承担连带责任。

二、高等学校危机事件管理概述

"危机"一词，最初源于古希腊文，是指医学上的"转折点"[1]。根据美国学者查理斯·赫尔曼的观点，危机有三要素：一是未曾意料而仓促爆发所造成的意外；二是威胁到组织或决策单位的价值；三是在情况急速转变之前可提供反应的时间有限[2]。因此，危机事件即对偶然发生的危机事件的总称，是一种引起潜在负面影响的具有不确定性的大事件[3]。从历史发展来看，危机事件管理作为新兴的研究课题，进入高校学生管理工作视野内的时间不长。早期高校学生管理中出现的具有突发性质、危机性质的事件，因体制和理念等诸多原因，并没有真正危机管理意义上的处置，对于危机事件也缺少科学性和针对性的研究。

① 李景升：《大学生危机管理研究》，中国文史出版社，2014年版，第1—2页。
② Hermann, Charles：《International Crises: Insights From Behavioral Research》，FreePress，1972。
③ 薛澜，张强，钟开斌：《危机管理：转型期中国面临的挑战》，载《中国软科学》，2003年第4期。

（一）高等学校危机事件的界定

高校危机事件，一般是指主要发生在高校校园内或与大学生利益有关，由高校内外因素引起的，在事先未预警的情况下突然爆发，干扰高校正常运行、对高校组织功能及声誉造成严重影响的情境[①]。危机事件不等于突发事件。突发事件是指突然发生、造成严重危害、需要采取应急处置措施予以应对的自然灾害、公共卫生事件和校园安全事件等。并非所有的突发事件都会引发危机，只有对高校组织利益构成严重损害的突发事件，才有可能构成危机事件。因此，危机事件和突发事件有所交叉，突发事件的解决是危机事件处置的一个环节[②]。

高校危机事件因性质、诱因可分为不同类型，如公共卫生类、政治危机类、治安类、自然灾害类等。对于高校学生管理具有重要意义的分类，是从学生的行为表现上将危机事件分为日常行为危机、适应发展危机、身心健康危机、意外事故危机、群体事件危机等五类[③]。其中心理危机属于典型和常见的类型。心理危机是指当个体面临突然或重大生活逆遇（包含丧亲丧偶、学业压力、就业挫折等）时所出现的心理失衡状态。心理危机严重时可能导致当事人产生精神疾患，出现自杀、攻击伤害他人等严重破坏性行为。而自杀危机是个体无法度过心理危机的极端表现之一，也最能展现危机的严重性。[④]

（二）高等学校危机事件管理

危机事件管理，指的是危机管理机构根据危机事件的特性，通过确定指挥人物、制定紧急计划、实施信息公关等对危机事件进行控制、减少危机事件的破坏后果，为化解危机，恢复常态创造条件等。高校危机管理，是指高校管理者根据大学的危机管理制度和计划对大学危机进行预防、应对、恢复的过程，涉及高校危机事件和危机状态的管理，是大学危机管理的重要组成部分。

高校危机事件具有破坏性、持续性、多元性、传播性、主客体性、突发性、

---

① 赵红霞：《大学危机管理》，中国轻工业出版社，2010年版，第2页。
② 李景升：《大学生危机管理研究》，中国文史出版社，2014年版，第1—2页。
③ 赵红霞：《大学危机管理》，中国轻工业出版社，2010年版，第3—14页。
④ 赵红霞：《大学危机管理》，中国轻工业出版社，2010年版，第77—95页。

潜伏性、可转化性、敏感性和新闻性等特点[①]，这就要求学校全程管理、全员参与，全面整合多重资源，通盘考虑多方利益，从而进行危机防范和应对活动。而基于高等教育的特点，高校危机管理应遵循下列原则：①生命安全第一的原则，即全力保护学生生命；②快速反应原则，学校要在第一时间及时作出反应，避免危机的恶化和扩大；③事先预防制度原则，在总结和借鉴的基础上，制定综合预防和应对措施；④教育性原则，以危机管理教育学生，提升自救自护能力；⑤发展性原则，在最小化危机所带来的灾害中，寻求实现组织的发展的机遇[②]。

针对危机事件管理，国家已经出台相关法律法规，如《突发事件应对法》《国家突发公共事件总体应急预案》等。《传染病防治法》《食品安全法》《学校卫生工作条例》《学校食堂与学生集体用餐卫生管理规定》等法律法规对于不同性质危机事件的处理程序、责任认定等也有相关规定。高校可根据法律法规的原则和规定进行危机事件管理，并依据相关部门出台的规范性文件开展具体工作，如《教育部关于加强普通高等学校大学生心理健康教育工作的意见》（教社政〔2001〕1号）、《关于加强学校传染病预防工作的通知》（教体艺厅〔2001〕2号）等。

第二节　高等学校学生心理健康教育及危机事件管理法律问题研究

在学生心理健康教育和危机事件管理中，往往涉及复杂的法律关系。但相关法律法规规定得较为概括，参与主体各方的权利义务呈现出复杂的关系，这给合理合法解决心理健康教育问题以及处理危机事件管理中可能出现的纠纷和矛盾带来不小困难。

一、心理健康教育中的法律问题

从目前来看，涉及心理健康教育的法律问题，主要集中在心理健康教育的主体资格及其权利义务关系上。目前我国并没有专门的心理健康教育的立法，《精

---

① 赵红霞：《大学危机管理》，中国轻工业出版社，2010年版，第3-14页。
② 卢涛：《应对突发事件能力》，人民出版社，2005年版，第39页。

神卫生法》以及各地《精神卫生条例》只是明确规定了心理咨询与治疗的地位和责任，但未规定心理健康教育过程中涉及的法律问题。因此，也就引发了心理健康教育工作者职业资格和行为规范、参与心理咨询大学生的权利、患有精神疾病学生的处置等一系列法律问题。

（一）高等学校心理健康教育工作者职业资格问题

根据《精神卫生法》的规定，在高校进行教育工作的教师和员工在某种程度上都是心理健康教育的主体①。但是心理健康教育是专业化、科学性很强的工作，有效的职业资格是心理健康教育的专业化与法治化的重要保障。目前境外一些国家已经建立了一套较为完善的心理健康教育职业资格认证体系。在美国，学校心理咨询师的专业资格证书与执照的核发需要遵循法律程序。在英国，以法律的形式规定心理咨询工作者的学历、经验等最低资格条件。②2001 年我国台湾地区颁布的《心理师法》③，明确了谘商心理师和临床心理师的应考资格、执业执照的取得、从业要求、违法的处罚等规定。

而根据《教育部、卫生部、共青团中央关于进一步加强和改进大学生心理健康教育的意见》（教社政〔2005〕1 号）、《普通高等学校学生心理健康教育工作基本建设标准（试行）》（教思政厅〔2011〕1 号）等文件要求，我国大学生心理健康教育队伍的培训参照国家有关部门心理咨询专业人员相关规定和要求，逐步使专职心理健康教育和咨询人员达到持证上岗要求。这里的相关规定和持证，具体来说是指依据《劳动法》和《职业教育法》等法律规定，持有人力资源和社会保障部依据《心理咨询师国家职业标准》认证的心理咨询师三级（国家职业资格三级）、心理咨询师二级(国家职业资格二级)、心理咨询师一级（国家职业资格一级）职业证书。目前，高校引进心理健康教育工作者主要依据《心理咨询师国

---

① 王晓路：《浅析高校心理咨询工作中主要涉及的法律主体与法律适用问题》，载《法制博览》，2015 年第 12 期。

② 汪亚芳：《美国学校心理服务体系研究及其启示》，华中师范大学 2006 年硕士学位论文。裴学进，郑攀君：《境外心理咨询资格认证制度与启示》，载《医学与哲学：人文社会医学版》，2012 年第 1 期。

③ 台湾辅导与谘商学会：《心理师法》，http://www.guidance.org.tw/psychology.html。

家职业标准》执行。但除了心理咨询师的国家职业资格认证外，中国心理学会推出注册系统实施注册心理师评审工作，其标准和条件比心理咨询师要求更为严格，得到了国内心理咨询行业以及国际专业组织的认同。由于当前心理健康教育队伍准入机制不统一，高校心理健康教育队伍的专业化和职业化建设也受到了一定影响。

（二）高等学校心理健康教育工作者行为规范问题

心理健康教育工作具有特殊性，包括心理咨询师在内的心理健康工作者应当遵守特定职业行为准则和伦理道德。目前我国对于心理健康教育职业行为准则并没有系统的法律规定，只在《精神卫生法》《心理咨询师国家职业标准》中对心理咨询师的职业道德和职业准则进行了概括性、原则性规定。对于高校心理健康教育工作者，《普通高等学校学生心理健康教育工作基本建设标准（试行）》（教思政厅〔2011〕1号）则提出高校应当健全心理健康教育从业者职业道德规范的规章制度，并指出高校应加强心理咨询制度建设，遵循心理咨询的伦理规范，保证心理咨询工作按规定有效运行。目前，《心理咨询师职业道德准则》《中国心理学会临床与咨询心理学工作伦理守则》等行业规范是心理咨询师等心理健康教育工作者开展工作的主要职业行为准则。

由于我国心理健康教育工作者只有职业伦理规范，并无明确法律规定，这就可能导致高校心理咨询师的法律义务与职业伦理冲突。高校心理咨询师作为高校教师或管理者，属于双重角色，在实践中会面临着一些两难冲突。如发现学生违法违纪行为，咨询师是应当保护隐私，还是应以教师身份进行教育或将上报；再如法院要求高校咨询师出庭作证，是否应当就所知道学生隐私全部说明等复杂情况。对此，《中国心理学会临床与咨询心理学工作伦理守则》规定，心理师在专业工作中应遵守有关法律和伦理。如两者冲突，心理师在保证自己行为符合专业伦理的基础上解决二者冲突，如果冲突无法解决，则以法律法规作为行动指南[1]。当然在遵守法律的同时，要时刻保持清晰的伦理意识，明确"什么应该做，

---

[1] 《中国心理学会临床与咨询心理学工作伦理守则》，"伦理处理"部分第7.3条，如果本学会的专业伦理规范与法律法规之间存在冲突，心理师必须让他人了解自己的行为是符合专业伦理的，并努力解决冲突。如果这种冲突无法解决，心理师应该以法律和法规作为其行动指南。

什么不应该做"①。

　　心理健康教育工作者职业伦理冲突实际上反映了公共利益与保护个人隐私权之间的冲突，目前心理学界尚未提出最佳的解决办法，多是通过行为守则和伦理要求等行业规范予以原则性指导。而考虑高校学生心理健康教育目的和对象的特殊性，高校心理健康教育工作者应当在遵守法律法规和职业伦理前提下，帮助学生解决心理问题，促进健康发展。如涉及学生违法违纪行为，其作为教师应当在告知学生权益的情况下，对其进行教育或视情况的严重程度上报。而涉及出庭作证义务时，则在参考隐私性的咨询记录与当前诉讼案相关性基础上，应通过咨询法律热线、专业协会和专业人士，取得意见后，慎重地向法院提出意见，由法院决定是否免除出庭义务。

　　另外，心理健康教育工作者开展工作时，应当遵守相关工作程序守则。如在被广泛使用的心理测验中，应当严格适用条件，遵守相关流程，尽到保密义务、随时解答义务，告知风险和权利义务，以及对于被测试者可能受到伤害进行救济义务等，避免心理测验被滥用，确保控制测验信息在那些经过专业训练并且具有专业资格的人员手中。②

　　（三）心理咨询中学生的权利保护

　　心理咨询作为高校心理健康教育工作的重要方式，对象主要是在读大学生。学生作为来访者，在咨询过程中往往会涉及隐私权、知情权和自主权等权利，这是高校心理咨询法律关系的重点和难点。

　　1. 保护学生的隐私权

　　心理咨询中来访的学生通常需要广泛地向心理咨询师透露其个人信息。这种信息的透露建立在双方之间充分的信任之上，具有亲密性、隐私性，一旦为人所知，则可能因社会道德或普遍的习惯而影响社会对该人的评价，因而它属于隐私

---

① 季建林，赵静波：《心理咨询和心理治疗的伦理学问题》，复旦大学出版社，2006 年版，第 184 页。

② 乐国安，王恩界：《当前心理测验的应用问题与伦理规范》，载《心理科学》，2005 年第 6 期。

的范围。① 对此，《精神卫生法》第 23 条规定，心理咨询人员应当尊重接受咨询人员的隐私，并为其保守秘密。高校心理咨询中应当严格保护心理咨询中学生的隐私，规范心理咨询工作流程。《普通高等学校学生心理健康教育工作基本建设标准（试行）》（教思政厅〔2011〕1 号）中指出高校应加强心理咨询个案记录与档案管理工作，坚持保密原则，按规定严格管理心理咨询记录和有关档案材料。如果因心理咨询师个人原因或是心理咨询记录等档案材料使用不当，导致学生隐私受到侵犯，则根据《民法通则》、最高人民法院《关于贯彻执行民法通则若干问题意见（试行）》的有关规定追究相关责任人的法律责任。

当然对于学生情况并非绝对保密，其有保密的例外和责任豁免。如美国咨询心理学会 2005 年版伦理守则中就有保密例外的情境②：有威胁来访者自身和他人生命的危险、有传染性及威胁生命的疾病、涉及法律诉讼时法庭要求公开信息等。《中国心理学会临床与咨询心理学工作伦理守则（第一版）》也明确了当来访者出现自杀、杀人、严重触犯法律以及伦理和法律要求泄密时，应打破保密原则，进行预警或将相关信息上报。因此对于高校心理健康教育工作者来说，如果学生有自伤、伤害他人行为或违反法律时，咨询师有责任上报。当来访者的心理咨询上升为心理危机时，应当坚持生命权至上原则，及时上报危机个案。当然，对于保密原则的例外，也应将来访者隐私暴露在最小范围内③。

2. 尊重学生自主权和知情权

心理咨询作为大学生的自愿行为，如果教师或辅导员强迫其咨询，不仅不能取得咨询效果，也会侵犯学生的权益。根据我国民法中相关规定，已满 18 周岁的完全民事行为能力人可决定是否接受心理咨询或治疗；未满 18 周岁或已患精神障碍的限制行为能力人接受心理咨询或治疗则需要征得其监护人书面同意。当

---

① 马惠兰，侯志瑾，徐凯文：《心理咨询与治疗中的隐私权、保密及其他伦理问题》，载《中国心理卫生杂志》，2003 年第 10 期。

② American Counseling Association：《ACA Code of Ethics》，Washington，DC：Author，2005。

③ 罗丹，肖水源：《个体危机干预中的伦理学问题》，载《医学与哲学：人文社会医学版》，2007 年第 4 期。

然，考虑到学生自身情况，如果其具有完全民事能力，有必要接受心理咨询而拒绝接受时，学校应尽到告知父母等家属的义务，避免以后产生纠纷。

心理咨询过程中也应尊重学生自主权和知情权。如咨询关系开始前，应当通过心理协议或是知情告知书的形式告知来访学生有自愿参加咨询、寻求帮助以及选择咨询师的自主权，同时明确双方在心理咨询中权利义务关系；在咨询开始后，咨询师和来访学生共同探讨选择合适的咨询方法。而咨询结束后，咨询师应当保障学生知情权，告知学生咨询情况，并给出专业建议。而在使用学生心理健康档案用以研究、出版刊物时，必须征得学生同意，并以匿名的形式才能进行。当然咨询师为了个案督导或者研究，在咨询中进行录音、录像，也要事前征得来访者同意。①

（四）患有精神疾病学生处置的法律问题

患有精神疾病的学生处置问题是高校学生管理中的难点，其不仅是医疗问题，也是法律问题。《精神卫生法》的出台，为学校和社会处置患有精神疾病的学生提供了明确的法律依据。

（1）精神疾病的诊断与治疗界限

《精神卫生法》第23条规定，心理咨询人员不得从事心理治疗或者精神障碍的诊断、治疗，而应当建议疑似患者到符合规定的医疗机构就诊。第51条规定，心理治疗活动应当在医疗机构内开展，心理治疗人员也不得为精神障碍患者开具处方或者提供外科治疗。②因此，高校心理健康教育者是无权进行精神障碍的诊断的，只能建议疑似精神障碍者就医，对诊疗康复后的精神障碍患者进行咨询，否则心理健康教育者将面临行政处罚。根据《精神卫生法》的规定，如果心理咨

① 罗亮亮：《大学生心理档案管理系统研究》，南昌大学2008年硕士学位论文。
② 《中华人民共和国精神卫生法》第23条：心理咨询人员应当提高业务素质，遵守执业规范，为社会公众提供专业化的心理咨询服务。心理咨询人员不得从事心理治疗或者精神障碍的诊断、治疗。心理咨询人员发现接受咨询的人员可能患有精神障碍的，应当建议其到符合本法规定的医疗机构就诊。心理咨询人员应当尊重接受咨询人员的隐私，并为其保守秘密。第51条：心理治疗活动应当在医疗机构内开展。专门从事心理治疗的人员不得从事精神障碍的诊断，不得为精神障碍患者开具处方或者提供外科治疗。心理治疗的技术规范由国务院卫生行政部门制定。

175

询人员从事心理治疗或者精神障碍的诊断、治疗，将被给予警告并处以罚款；后果严重者将吊销执业证书或者营业执照。①

（2）患有精神疾病学生的转介送医问题

《精神卫生法》第28条第1款规定，除个人自行到医疗机构进行精神障碍诊断外，疑似精神障碍患者的近亲属可以将其送往医疗机构进行精神障碍诊断。因此面对患有精神疾病或是疑似精神疾病的学生，学校并无权直接将其送到医疗机构进行诊断。学校可以督促本人自行就医或是告知其父母等近亲属履行监护职责，由其陪同学生就医。《普通高等学校学生心理健康教育工作基本建设标准（试行）》（教思政厅〔2011〕1号）中指出，高校应积极在院（系）、学校心理健康教育和咨询机构、校医院、精神疾病医疗机构等部门之间建立科学有效的心理危机转介机制，对有较严重障碍性心理问题的学生，应及时指导他们到精神疾病医疗机构就诊；对有严重心理危机的学生，应及时通知其法定监护人，协助监护人做好监控工作，并及时将学生按有关规定转介给精神疾病医疗机构进行处理。转介过程应详细记录，做到有据可查。

当然在紧急情况下，为保障学生和他人人身财产安全，学校有权将学生送医。《精神卫生法》第28条第2款规定，疑似精神障碍患者发生伤害自身、危害他人安全的行为，或者有伤害自身、危害他人安全的危险的，其近亲属、所在单位、当地公安机关应当立即采取措施予以制止，并将其送往医疗机构进行精神障碍诊断。如出现法律规定的紧急情况，对患有精神疾病或疑似精神疾病的学生，学校可以和公安机关配合将学生紧急送医，并及时通知其近亲属。

对患有精神障碍学生的诊断和送医，其合法权益受到法律保障。《精神卫生法》规定任何组织或者个人不得歧视、侮辱、虐待精神障碍患者。学校不能限制和剥夺患有精神疾病学生的学习权利，应加强对患精神疾病学生康复及康复后的

---

① 《中华人民共和国精神卫生法》第76条：如果心理咨询人员从事心理治疗或者精神障碍的诊断、治疗，由县级以上人民政府卫生行政部门、工商行政管理部门依据各自职责责令改正，给予警告，并处五千元以上一万元以下罚款，有违法所得的，没收违法所得；造成严重后果的，责令暂停六个月以上一年以下执业活动，直至吊销执业证书或者营业执照。

关注跟踪。

二、高等学校危机事件管理的法律责任问题

危机事件管理作为高校学生管理的新领域，面对着当前越来越复杂的社会安全形势，其作用越来越重要。目前，学生意外伤害、食品消防等公共安全、游行示威等各类危机事件给高校管理带来了巨大挑战，但因存在管理权责不清、程序不规范等问题，一旦处理不当，就可能严重威胁高校正常秩序，并有可能导致负面后果严重的事件。[①] 由于危机的紧急性、破坏性、不确定性等特点，法律法规往往赋予管理主体比日常状态下更大的权力。[②] 如法律赋予了政府在危机事件紧急状态下可以实行交通管制、征用公私财物等紧急措施的权力。但由于我国并没有专门、系统的校园危机应对法律，规定散见于各类法律法规以及规范性文件之中，这导致了危机事件中不同主体之间权利义务不清，法律责任不明。如因学生意外伤害导致危机事件，适用《学生伤害事故处理办法》有关规定；出现食品安全、疾病传染等公共安全危机事件，则依据《传染病防治法》《食品安全法》《学校卫生工作条例》《学校食堂与学生集体用餐卫生管理规定》等规定。而如果出现了游行示威等群体性事件，则要依据《刑法》《治安管理处罚法》《集会游行示威法》等相关规定。而这些法律法规涉及各个领域和部门，规定内容或不一致，或者有滞后性，或者存在空白。尤其是面对复杂多样的高校大学生危机事件，更是缺乏法定的统一标准，导致同样的事件可能存在不同的处理结果，不利于校园的稳定。[③]

目前，对于危机事件管理中高校法律责任的认定，主要依据《学生伤害事故处理办法》的有关规定，可以分为下列几种情形。

（1）学校应承担责任的情况。《学生伤害事故处理办法》第9条明确了学

① 张海峰：《高校危机管理的现状与对策分析》，载《扬州大学学报（高教版）》，2014年10月。
② 薛澜，张强，钟开斌：《危机管理：转型期中国面临的挑战》，载《中国软科学》，2003年第4期。
③ 黄海鹏：《大学生危机事件管理的法律问题研究》，载《太原城市职业技术学院学报》，2010年第5期。

生伤害事故中学校应当依法承担相应责任的情形，①这其中包括了可能诱发危机事件，如食品安全、消防、保卫等事情。学校因未能尽到安全保障义务，导致危机事件发生，引发学生意外伤害的，学校应当按《侵权责任法》及相关法律、法规的规定，承担相应的事故责任。

（2）排除学校责任情况。《学生伤害事故处理办法》第12条、13条则明确了排除学校责任的情况。因不可抗力的自然灾害、无法预料的意外事件以及学生自身行为导致危机事件的，如发生学生意外伤害的，只要学校履行相应职责，行为并无不当的，无法律责任。②尤其是对因心理危机引发的大学生自杀和自伤事件，

---

① 第九条：因下列情形之一造成的学生伤害事故，学校应当依法承担相应的责任：（一）学校的校舍、场地、其他公共设施，以及学校提供给学生使用的学具、教育教学和生活设施、设备不符合国家规定的标准，或者有明显不安全因素的；（二）学校的安全保卫、消防、设施设备管理等安全管理制度有明显疏漏，或者管理混乱，存在重大安全隐患，而未及时采取措施的；（三）学校向学生提供的药品、食品、饮用水等不符合国家或者行业的有关标准、要求的；（四）学校组织学生参加教育教学活动或者校外活动，未对学生进行相应的安全教育，并未在可预见的范围内采取必要的安全措施的；（五）学校知道教师或者其他工作人员患有不适宜担任教育教学工作的疾病，但未采取必要措施的；（六）学校违反有关规定，组织或者安排未成年学生从事不宜未成年人参加的劳动、体育运动或者其他活动的；（七）学生有特异体质或者特定疾病，不宜参加某种教育教学活动，学校知道或者应当知道，但未予以必要的注意的；（八）学生在校期间突发疾病或者受到伤害，学校发现，但未根据实际情况及时采取相应措施，导致不良后果加重的；（九）学校教师或者其他工作人员体罚或者变相体罚学生，或者在履行职责过程中违反工作要求、操作规程、职业道德或者其他有关规定的；（十）学校教师或者其他工作人员在负有组织、管理未成年学生的职责期间，发现学生行为具有危险性，但未进行必要的管理、告诫或者制止的；（十一）对未成年学生擅自离校等与学生人身安全直接相关的信息，学校发现或者知道，但未及时告知未成年学生的监护人，导致未成年学生因脱离监护人的保护而发生伤害的；（十二）学校有未依法履行职责的其他情形的。

② 第十二条：因下列情形之一造成的学生伤害事故，学校已履行了相应职责，行为并无不当的，无法律责任：（一）地震、雷击、台风、洪水等不可抗的自然因素造成的；（二）来自学校外部的突发性、偶发性侵害造成的；（三）学生有特异体质、特定疾病或者异常心理状态，学校不知道或者难于知道的；（四）学生自杀、自伤的；（五）在对抗性或者具有风险性的体育竞赛活动中发生意外伤害的；（六）其他意外因素造成的。第十三条：下列情形下发生的造成学生人身损害后果的事故，学校行为并无不当的，不承担事故责任；事故责任应当按有关法律法规或者其他有关规定认定：（一）在学生自行上学、放学、返校、离校途中发生的；（二）在学生自行外出或者擅自离校期间发生的；（三）在放学后、节假日或者假期等学校工作时间以外，学生自行滞留学校或者自行到校发生的；（四）其他在学校管理职责范围外发生的。

只要学校尽到了相关责任，就不再承担法律责任。

（3）第三人承担责任的情况。《学生伤害事故处理办法》明确了"来自学校外部的突发性偶发性侵害造成的损害"以及"因学校教师或者其他工作人员与其职务无关的个人行为，或者因学生、教师及其他个人故意实施的违法犯罪行为，造成学生人身损害的"行为，属于第三人责任，对于第三人责任依据《侵权责任法》相关规定处理。

当然《学生伤害事故处理办法》作为部门规章，法律位阶低，适用范围小。其只是在现有法律法规框架内，参照相关法律法规，对高校在出现学生伤害事故的危机事件管理可能承担的法律责任做了较为原则性的规定。而对其他类型的危机事件，以及危机事件中学生、其他相关责任人的法律责任认定，以及如何补偿危机事件造成损失等法律问题，现有的法律规范尚处于空白。

第三节 高等学校学生心理健康教育及危机事件管理法治化路径探索

面对当前心理健康教育和危机事件管理中出现的问题，为了实现民主法治、自由平等、公平正义的社会主义法治理念的要求，构建和谐校园、平安校园和法治校园，进一步加强规章制度建设，规范队伍建设，完善权益保障，已经成为保障心理健康教育和危机事件管理活动合法性、实效性亟需解决的问题。

一、加强高等学校心理健康教育及危机事件管理的法治建设

当前，我国心理健康教育立法相对滞后，如隐私保护原则和档案保存等重要制度缺乏明确的法律规范和行为指引。虽然《精神卫生法》已经包含了心理咨询职业规范的相关条款，但是涉及心理健康教育的内容较少，尤其是针对高校的具体规定更少。对此，应当借鉴国外的立法经验，进一步规范心理健康教育工作，以法律法规的形式明确心理健康教育的主体资格、行为规范等关键问题。同时按照法制统一的原则，学校进一步梳理学校规章制度，制定细则，确保管理制度不

与《精神卫生法》等上位法相抵触，保证学校的规章制度体系层次合理、简洁明确、协调一致。在产生相关法律纠纷时，能够有法可依。

而为了更好应对高校危机事件，修订相关法律法规进一步加强校园安全已成为必然要求。如美国早在1990年就出台了《校园安全法》，并确立了校园警察制度。对此，制定统一的校园安全法律法规，明确高校在危机事件管理中的责任和权限，健全高校危机事件管理体制，规范高校危机事件管理流程，当危机事件发生后，严格按照法律法规开展工作，对于避免纠纷，维护校园和谐稳定具有重大意义。

二、以法治的精神全面规范队伍的建设

法治是解决矛盾纠纷的基础，而实现管理法治化最根本的是人的法治意识和法治能力提升。因此要进一步加强管理队伍法治意识和法治能力提升。

（一）提高心理健康教育工作者的法治意识

当前高校心理健康教育工作者整体法律意识和法治素养有待提高。高校应当继续提升心理健康教育工作者的法治意识，加强法律知识的宣传教育力度，逐步普及心理健康教育工作者的法律知识岗前培训，以提升整个队伍的法律认知水平。高校心理健康教育工作要尊重学生的自主选择权，学生应自愿参加咨询，这也符合心理咨询"助人自助"的原则。对于高校心理健康教育的过程，需要建立弹性的管理制度和评价制度。例如，在咨询效果评估环节建立多元评价体系，以便学生自愿选择下一步心理咨询的方向。这种弹性制度，保障了学生的自主选择权，既了解与明确自身权利，体现学生的主体性，也避免心理咨询师的过错或者大意而导致伤害。

（二）依法规范队伍建设

当前我国心理健康教育队伍准入机制不统一。国家职业资格和行业标准之间仍然有一定差距。考虑到心理健康教育的专业性，建议由法律授权行业协会进行职业资格认证。由于心理健康教育与心理危机事件管理的功能差异，工作内容和特点也不同。应当将两支队伍分开，在台湾，心理谘商（即咨询，台湾称"谘商"）与心理危机干预队伍是相互独立的，工作过程也由不同法律规范指导。这值得我们借鉴。

三、构建高等学校危机事件权益和信息保障机制

高校危机事件从根本上危及高校和学生的权益，而危机事件信息是作为主体与外界沟通的桥梁，完善信息保障机制、主体权益保障机制，对于妥善处理高校危机事件具有重要意义。

（一）完善学生权益的应急保障机制

高校管理者要确立"以人为本"的思想。在预防和妥善处理危机事件中，应将保障学生合法权益放在第一位。这样，高校管理应急权力的运行，才能根据法律的规定限度，在权衡处理危机事件和学生权益之间的关系时，得到学生及家长的理解。也就是说，在法治精神和原则之下，管理者既要采取积极手段，又要防止过度和不当干预来保障学生权益。此外，加强对危机事件及学生权益的立法构建，按照《突发事件应对法》的规定，设专章规定学生权益保障与救济细则。如增加条文规定学校权力机关的监督机制和权力机关在危机事件管理中的职能等，以保证权力在危机事件的预防阶段、应对阶段和恢复阶段等三个阶段都能够有序行使；同时在公共利益上升的情况下，依然要保障学生作为人的基本价值和尊严，明确大学生危机事件中各主体享有的权利和承担的法律责任。同时，畅通学生权益救济途径，如明确行政复议或行政诉讼的权利，要发挥《突发事件应对法》的规范作用，使学校权力的运行有章可循、有法可依，以提高危机事件管理的效率。

（二）完善学校权益的应急保障机制

在危机预防阶段，高校管理者要强化危机意识，将危机事件纳入常态化管理中。要规范学校权力的运行，提高队伍素质，必要时成立专门的危机事件应急处理机构。建立健全预警预控机制和心理监测机制，形成一套制度化的应急预案。

在危机应对阶段，要建立健全统一的组织和指挥机制。例如，有学者提出将"安全阀"机制引入高校危机事件管理。"安全阀"机制，指社会应该允许不满情绪有一定的渠道和以一定的方式得到发泄，不能对所有起冲突的因素一概否定[1]。

---

[1]　周斌：《试论独立学院学生群体"安全阀"机制建构》，载《扬州大学学报：高教研究版》，2012 第 6 期。

例如，建立访谈制度，就属于"安全阀"机制的一个示例[1]，它有利于学校主动发现和疏导危机事件中的各种不满情绪。此外，在处理危机事件时，既要严格依法办事又要讲究策略方法和语言的技巧。

在危机恢复阶段，具体问题具体分析，对不同性质事件的学生区别对待，制定有关问责的规范性文件，建立责任追究制。同时，在大学生中，加强政治法律知识的教育，联系相关法律法规讨论案例，培养学生的法治观念。

（三）完善危机事件信息保障机制

学校要补充和完善危机事件中关于信息运行方面的法律规范，如在《突发事件应对法》《国家总体应急预案》中，增加信息的收集、研判、报告、发布和公开的具体过程内容，包括信息公开的主体、内容和时限，为行政主体行为提供规范，使信息在法制的轨道内运行。除此之外，完善信息公开制度对于保障学生的知情权和加强执法过程的监督具有重要的现实意义。将近年来危机事件发生的资料以大数据形式报告给学生，以起到警示的作用。许多师生不了解学校处理危机事件的程序，因此学校应该增加一项教育机制，例如进行危机防范和应对教育培训等，以告知学生何为合法的危机事件处理程序，并提高学生的危机应对意识。

在危机事件发生后，要及时关注媒体和网络信息动态，完善媒体和网络的管理、疏导机制[2]。校方与媒体的关系是双向的，校方通过媒体向外界告知事件发展态势，而媒体又将校方应对危机事件的态度、策略及方法等信息传递给公众，因此要注重危机处理与新闻媒体之间的沟通和应对。对于信息运用和管理不当行为，需要建立信息问责制度。还需建立完整的网络舆情管理制度，制定多方位的信息收集和引导机制，及时发现潜在的舆情危机并迅速作出决策，掌握危机事件舆论发生、发展的话语权和主动权。

---

[1] 戚建刚：《我国群体性事件应急机制的法律问题研究》，法律出版社，2014年版，第111-124页。
[2] 戚建刚：《我国群体性事件应急机制的法律问题研究》，法律出版社，2014年版，第163-168页。

第十章 高等学校学生就业创业工作法治化研究

就业乃民生之本。大学生能否顺畅就业，以及就业质量高低，不仅关乎其自身利益和发展，更关乎社会的稳定和国家的长治久安。[1] 面对当前大学生严峻的就业形势，依法、规范做好高校学生就业创业工作，化解各类纠纷矛盾，对于提高高校办学水平和人才培养质量，推进大学生高质量充分就业具有重大意义。

第一节 高等学校学生就业创业工作法治化概述

高校学生就业创业工作是高等教育体制改革的重要内容，其体制的变化深刻反映了我国高等教育理念和制度的历史变迁，折射出我国社会时代发展中面对的复杂社会法律问题。

一、高等学校学生就业创业工作的界定

目前高校学生就业创业工作的概念尚未有统一的界定。侧重于高校学生就业创业工作的指导和服务职能的概念提法较多，对于就业管理职能的概念则涉及较少。如有人认为高校学生就业创业工作就是就业创业指导服务，是以提升高校大学生就业创业能力为宗旨，通过就业创业教育、服务、培训等方式，帮助大学生确立职业发展目标，完善职业生涯规划的综合性工作。高校学生就业创业指导服务的目的是为大学生的就业创业提供完善、系统的服务，营造良好的就业创业环

---

[1] 赖德胜：《促进大学生高质量就业具有深远意义》，http://finance.qq.com/a/20140523/039834.htm。

境，指导大学生进行职业规划，为大学生成才提供教育管理与服务指导相结合的保障体系。[1]

的确，随着社会主义市场经济体制的建立和国家劳动人事制度的深化改革，党的十八大提出推动实现高质量就业的新要求，确立"劳动者自主就业、市场调节就业、政府促进就业和鼓励创业"的新时期就业方针后，高校学生就业创业工作正逐步实现"管理为主"向"服务为主"的职能转变[2]。但从高校学生就业创业工作所承担的职能来看，其作为综合性、系统化的工作体系，涵盖了高校学生就业创业管理、指导、服务等多种职能。以上概念侧重于高校的指导、服务职能，仍不够完整。本书认为，高校学生就业创业工作是在高校学生就业创业指导服务等相关部门相互分工、相互合作的基础上，依照有关法律法规和政策规定，通过专业化管理、个性化指导和精准化服务的方式，履行就业创业管理、指导、服务职能等一系列相关工作的总称。

二、高等学校学生就业创业工作的制度变迁[3]

高校毕业生就业创业制度是国家劳动人事制度的组成部分，其产生、发展、改革与经济体制的变化密切相关。自新中国成立以来，我国高校学生就业创业制度经历了从计划经济到市场经济转变历程中的"计划分配""双向选择"和"自主择业"阶段。

（一）计划经济下"计划分配"阶段

新中国成立初期，我国高校毕业生就业执行的是指令性计划分配制度。1950年政务院发布《为有计划地合理地分配全国公、私立高等学校今年暑期毕业生工作的通令》，要求"对毕业生一般应说服争取他们服从政府的分配，为人民服务"。这作为国家对首届大学毕业生的分配意见，提出对高等学校毕业生实行有计划的

---

① 蔡勇：《从管理走向服务——兼谈高校服务指导体系的构建》，载《理工高教研究》，2004 年第 4 期。

② 杜嘉，金蕾：《新时期高校就业部门的职能转型》，载《大学生就业》，2005 年 6 月。

③ 2014 年，国家出台政策文件，首将高校毕业生"创业"工作与"就业"工作并列，加强高校对大学生创业的指导服务。本节内容更侧重高校学生就业工作的制度变迁。

统筹分配。①1951 年政务院发布《关于改革学制的决定》，明确规定"高等学校毕业生的工作由政府分配"。1952 年政务院《关于 1952 年暑假全国高等学校毕业生统筹分配工作的指示》中进一步指出："高等学校毕业生的工作由政府分配"并确定"集中使用，重点配备"为高校毕业生统一分配工作的基本方针。此后，国务院又出台《高等学校 1957 年暑期毕业生分配工作的几项原则规定》等相关政策，进一步巩固高校毕业生"国家负责、计划分配"为特征的就业政策。

高校就业计划分配制度一直延续到 20 世纪 80 年代初期，这个阶段的高校就业工作具有强烈的行政管理色彩，不存在市场化因素，大学生的自主择业和创业活动受到严格限制。② 相关法律、规范、制度处于初创阶段，政策文件成为当时开展工作的依据。

（二）深化改革中"双向选择"阶段

自 20 世纪 80 年代以来，随着改革开放的深入，高校就业工作从"计划分配"下的统包分配向"双向选择"逐步转变。1985 年出台的《中共中央关于教育体制改革的决定》，提出"要改革大学招生的计划制度和毕业生分配制度。改变高等学校全部按国家计划统一招生，毕业生全部由国家包下来分配的办法"，"实行在国家计划指导下，由本人选报志愿、学校推荐、用人单位择优录用的制度。"1986 年，原国家教委出台《高等学校毕业生分配制度改革方案》，提出高校毕业生分配制度改革的目标是，在国家就业方针政策指导下，逐步实行毕业生自主择业、用人单位择优录用的双向选择制度，逐步把竞争机制引向高等学校。

---

① 《大学生就业大事记》，http://education.news.cn/2008-12/05/content_10458519.htm。

② 《高等学校 1957 年暑期毕业生分配工作的几项原则规定》中规定："具体调配和派遣工作中，应该做好思想动员工作，说服学生自觉地接受国家所分配的工作，鼓励他们积极参加祖国的社会主义建设。对于学生所提出的个人志愿和实际困难，应该在可能条件下给以适当的照顾。实际条件不可能照顾的，应该把国家的困难向他们交代清楚，说服他们服从国家分配。除开国家某些缺门和急需的专业必须全部服从国家分配以外，对于其他专业学科中少数不顾国家需要、无理坚持个人要求、拒不服从分配的学生，可以发给毕业证书，由学校负责人向他们宣布，国家不再负责分配他们的工作，由他们自找职业；但是，国家机关、学校、企业和事业只能接受国家分配的学生，不得自由录用这些自找职业的学生。"

1989年国务院发布《批转国家教委关于改革高等学校毕业生分配制度报告的通知》（国发〔1989〕29号）明确了"毕业生自主择业、用人单位择优录取"的双向选择制度。

这一阶段，高校就业双向选择制度作为高等教育体制改革从包学费、包分配到自交学费、自主择业转变的重要内容，给予了高校和学生一定的就业自主权。但这个阶段就业工作的相关法律法规仍然不健全，国家的政策仍是高校开展就业工作的重要依据。

（三）市场经济下"自主择业"阶段

随着社会主义市场经济的建立，高校就业工作体制机制的改革也逐步深入。1994年，原国家教委发出《关于进一步改革普通高等学校招生和毕业生就业制度的试点意见》（教学〔1994〕3号），提出从招生开始，通过建立收费制度，改变学生上学由国家包下来，毕业时国家包安排职业的做法。引导学生毕业后参与劳动力市场的竞争，以奖学金制度和社会就业需求信息引导毕业生自主择业。而在《关于1995年进行普通高等学校招生和毕业生就业制度改革的意见》中，要求各高校对"并轨"后所招学生，毕业时原则上在本系统、本行业范围内自主择业，在条件成熟后逐步过渡到大多数毕业生自主择业。1997年，原国家教委颁发《普通高等学校毕业生就业工作暂行规定》（教学〔1997〕6号），首次将"毕业生分配"的提法改为"就业"，并且明确了国家、高校毕业生的权利义务关系，即国家制定就业方针、政策，指导毕业生就业，执行国家方针、政策和根据需要为国家服务是毕业生的义务。

随着自主择业制度的确立，国家也出台了相关配套政策。2002年，《国务院办公厅转发教育部、公安部、人事部、劳动保障部关于进一步深化普通高等学校毕业生就业制度改革有关问题的意见》（国办发〔2002〕19号），文件对中、东部地区的毕业生到西部地区工作的户籍管理、工资定级、到非公有制单位就业的高校毕业生的集体户口的审批条件、企业用人自主权的规定等方面给出了详细的规定。2003年教育部发布《关于进一步深化教育改革，促进高校毕业生就业工作的若干意见》(教字〔2003〕6 号文件),针对就业存在的问题,要求高校以就业为导向,坚决调整学科、专业结构,优化人才培养结构。而国务院、中组部、中宣部、共青团中央等部门也相继出台诸如大学生志愿服务西部计划、三支一扶、农村义务教育阶段学校教师特设岗位计划等一系列支持大学生就业的政策。

随着社会经济的发展,大学生就业途径日益增多,创业工作逐渐成为高校就业工作的重要内容。在《国务院办公厅转发教育部、公安部、人事部、劳动保障部关于进一步深化普通高等学校毕业生就业制度改革有关问题意见的通知》(国办发〔2002〕19 号)中就明确提出积极鼓励、支持高校毕业生自主创业,国家也随后出台大量有利于高校毕业生自主创业的金融政策、信贷政策、税收优惠政策以及财政政策。而在 2014 年发布的《国务院办公厅关于做好 2014 年全国普通高等学校毕业生就业创业工作的通知》(国办发〔2014〕22 号)中,首次将"创业"工作与"就业"工作并列,提出要实施为期三年的"大学生创业引领计划",加强高校对大学生创业的指导服务。2015 年颁布的《国务院关于进一步做好新形势下就业创业工作的意见》(国发〔2015〕23 号)和《国务院办公厅关于深化高等学校创新创业教育改革的实施意见》(国办发〔2015〕36 号)则在"大众创业、万众创新"的背景下,为高校学生就业创业工作进一步提供了政策依据。

这个阶段,我国法治建设也取得显著成绩。《高等教育法》《劳动合同法》《就业促进法》《就业服务与就业管理规定》等一系列法律法规出台,对于规范就业市场、促进大学生就业起到了巨大的推动作用。

三、高等学校学生就业创业工作的法律规定

就业是公民享有劳动权利的重要体现,《高等教育法》第 59 条规定,高等学校应当为毕业生、结业生提供就业指导和服务。而近期教育部就《普通高等学校学生管理规定》修订的征求意见稿中,也明确提出,学生有获得就业创业指导和服务的权利。可见,就业创业工作是高校的法定职责,高校必须在法律法规的要求和国家政策指导下,为毕业生提供全方位的指导与服务,创造良好的就业环境,促进毕业生充分高质量的就业。

根据《普通高等学校毕业生就业工作暂行规定》以及国家出台的相关政策文件，高校履行就业创业工作的职责可以归纳为以下几个方面：

（一）管理工作

①根据国家的就业方针、政策和规定以及学校主管部门的工作意见，制定本学校的工作细则；②落实高校学生就业创业工作的部门人员建设以及设备资金、办公场所投入；③开展本校毕业生的资格审查工作，及时向主管部门和地方调配部门报送毕业生资源情况；④收集就业信息，组织毕业生就业供需见面和双向选择等活动；⑤印发统一的就业推荐表，向用人单位真实、全面、准确推荐毕业生；⑥签订毕业生就业协议书，作为制定就业计划和派遣的依据；⑦统一使用《全国普通高等学校毕业生就业派遣报到证》和《全国毕业研究生就业派遣报到证》派遣毕业生，做好档案户口关系转接工作；⑧报送和发布就业管理信息，发布高校毕业生就业质量年度报告；⑨负责办理毕业生的离校手续。⑩完善教学和学籍管理制度，建立就业与招生计划、人才培养、经费划拨、院系设置的联动机制，为毕业生就业创业提供良好环境；⑪上级主管部门交办的工作。

（二）服务工作

①加强信息服务，通过网络平台提供高效便捷的就业信息服务，让高校毕业生知晓获取就业政策和岗位信息；②重点帮扶零就业家庭、优抚对象家庭、农村贫困户、城乡低保家庭以及残疾等就业困难的高校毕业生；③做好离校未就业高校毕业生的档案、户口等跟踪服务工作，为有就业意愿的高校毕业生、结业生持续提供岗位信息和求职指导；④加强就业创业教育资金支持和政策保障，开展就业创业教育实践教学，资助学生创新创业项目等；⑤开展与毕业生就业有关的调查研究工作。

（三）指导工作

①开展毕业教育和引导工作。宣传党和国家的就业创业政策和措施，引导毕业生树立正确的就业观，鼓励毕业生前往基层、西部和国家社会最需要的地方建功立业；②加强高校学生就业创业指导课程和队伍建设，健全就业创业指导课程

体系，改革教学方法和考核方式，提升教师的教学能力；③为毕业生提供就业创业培训、实践实习机会，提供创业孵化基地等设施设备，提升毕业生创业就业能力。

当然，由于高校学生就业创业工作具有很强的政策性和时效性，关于高校职责的规定散见于各类意见、通知、办法等政策性文件之中，而且高校学生就业创业管理、指导、服务工作本身也有交叉之处，本书的分类归纳难免有遗漏和不足之处，在此也仅供参考。

第二节　高等学校学生就业创业工作法律问题研究

高校学生就业创业工作涉及管理、服务、指导等多个领域，而随着社会经济的快速发展和高等教育的深入改革，在高校学生就业创业相关法律规定相对滞后的情况下，高校、学生、用人单位之间出现的很多新问题、新情况，直接导致学生就业创业工作中出现法律难点和盲区，带来了实践中的困扰和纠纷。

一、就业协议和就业报到证中的法律问题

虽然我国高校学生就业创业工作已经进入了自主择业阶段，但就业协议和就业报到证制度仍然是高校学生就业创业管理的重要内容。当前各地各高校大都制定了本地区、本校的就业协议和就业报到证的管理办法，但由于就业协议和就业报到证的法律属性不明晰，导致了实践中高校、学生、用人单位之间的矛盾和纠纷。

（一）就业协议的法律属性以及法律责任

就业协议全称《全国普通高等学校毕业生就业协议书》，是由高校毕业生、用人单位和学校三方签订的、明确三方在就业择业过程中权利义务关系的书面协议，即日常所称的"三方协议"。就业协议一般由教育行政主管部门或各省、市、自治区就业主管部门统一制定，格式相对统一。根据《普通高等学校毕业生就业工作暂行规定》第 24 条规定："经供需见面和双向选择后，毕业生、用人单位和高等学校应当签订毕业生就业协议书，作为制定就业计划和派遣的依据。未经学校同意，毕业生擅自签订的协议无效。"在我国当前管理体制下，就业协议

是教育部门制定就业计划、进行毕业生派遣的根据，确认就业意向和劳动需求的凭证，也是进行就业率统计的重要依据。[①]

目前尚未有就业协议书法律性质及责任承担的明确规定，导致了实践中签订就业协议的纠纷状况不断。就毕业生而言，或签订时稍有不慎，就可能陷入维权死角；[②] 或因违约等情况难以再获得就业推荐和补发就业协议书，在工作选择面前进退两难；就用人单位而言，就业协议书甚至遭到冷遇或拒签；对于高校而言，一旦发生毁约现象，高校作为毕业生推荐部门则难辞其咎。

那么如何认识就业协议的法律性质？高校、学生、用人单位在就业协议之中法律关系如何？目前对于就业协议的法律属性有着不同认识，有人认为就业协议是三方签订的民事合同，如出现违约，应依照《合同法》的规定来追究违约方的违约责任；[③] 有人则认为，就业协议即劳动合同，毕业生与用人单位自签订就业协议时即建立劳动关系，其法律适用应以《劳动合同法》为依据；还有人认为，就业协议书只是毕业生与用人单位签订劳动合同的预约合同，毕业生进入用人单位后，其效力即终止，劳动关系由双方签订的劳动合同确立。[④]

以上观点各有合理之处，但依据《普通高等学校毕业生就业工作暂行规定》和高校工作的实践，本书认为，就业协议实质是高校行使就业管理的审查权，在对学生进行资格审查和就业推荐后，以就业协议的形式确认学生和用人单位之间就业关系合法、真实，进而依据协议制定就业计划和实施派遣。当然，随着自主择业的高校就业制度确立，高校的审查职能已失去了实际意义。就业协议书作为用人单位和学生之间就工作意向达成的书面协议，其效力不再取决于高校，而只需取决于用人单位和学生双方的意愿即可。对此，在实践中，如广

---

① 张冬梅：《〈高校毕业生就业协议书〉的法律性质及其完善》，载《中国劳动关系学院学报》，2006 年 4 月。

② 《就业协议何以成了毕业生劳动维权死角》，http://www.233.com/gwy/slzd/20060809/094555731.html。

③ 杜波：《就业协议书与劳动合同辨析》，载《华北电力大学学报（社会科学版）》，2005 年第 1 期。

④ 王丹：《论法律视角下的就业协议书》，载《教育与职业》，2010 年 10 月。

州等地教育行政部门作出新的尝试，"高校毕业生就业协议书"只需用人单位和毕业生双方签订，以前作为第三方的高校将只作为协议的鉴证登记方，不再承担法律责任。①

当然就业协议也绝非废纸一张，尤其是在当前我国就业管理体制下，就业协议制度不仅方便就业率的统计，更为重要的是其与后续的就业派遣报到手续的对接。当前地方人才服务中心等公共就业服务部门往往将就业协议书视为接受档案户口和办理社保手续的必备手续。另外，就业协议虽然不是劳动合同，但学生和用人单位签订协议时往往会有附加条款，附加条款已具有劳动合同的性质，如果违约，就会承担相应法律责任。

（二）就业报到证的法律问题

根据《普通高等学校毕业生就业工作暂行规定》的有关规定，② 当毕业生签订就业协议后，就进入派遣阶段。派遣报到是高校就业工作管理的重要内容，早期派遣毕业生统一使用由国家教委授权地方主管毕业生就业调配部门审核签发，或是在特殊情况下由国家教委直接签发《全国普通高等学校毕业生就业派遣报到证》和《全国毕业研究生就业派遣报到证》，而根据教育部颁发的《关于停止使用〈全国普通高等学校毕业生就业派遣报到证〉和〈全国毕业研究生就业派遣报到证〉启用〈全国普通高等学校本专科毕业生就业报到证〉和〈全国毕业研究生就业报到证〉的通知》（教学〔1999〕20 号），自 2000 年起停止使用就业派遣报到证而代之以就业报到证（以下简称"报到证"）。

报到证之于派遣证的改变，淡化了计划经济国家分配工作体制下大学生的干部身份。但作为毕业生是国家统招生的证明、参加工作时间的初始记载和凭证，报到证仍然存在着诸多重要功能，学校相关部门依据报到证为毕业生办理档案投递、组织关系转移和户籍迁移等手续，就业单位所在地公安部门凭报到证为毕业

---

① 《毕业生就业签协议，广东省高校脱身变鉴证登记方》，http://www.southcn.com/news/gdnews/nanyuedadi/200311280579.htm。

② 其第12条规定，毕业生就业工作程序分为就业指导、收集发布信息、供需见面及双向选择、制定就业计划、进行毕业生资格审查、派遣、调整、接收等阶段派遣程序。

生办理落户手续，就业单位凭报到证为毕业生办理相关工作手续。[①] 报到证同时还是报考公务员、改派等必备材料。与就业协议书相比，报到证比就业协议书适用对象更广，其不仅包括普通高等学校毕业生，还涉及电大、函授等普通专科班的自费生、结业生和一些具有特殊情况的学生。[②] 这部分学生无须签订就业协议即可报到。

对于报到证，当前有观点建议取消，认为其与日益多元化的就业渠道和灵活多样的就业方式已经不相匹配。尤其是在目前高校学历学位管理日益规范和信息公开的情况下，自主创业的情况，完全可以凭借所创办的公司企业资质证明和毕业证书，办理人事代理、社会保险、户档转移等相关手续。而对于机关、企事业单位，毕业生也可以凭毕业证书及公务员录用通知、企事业单位聘用合同 (或就业协议) 办理手续，报到证完全没必要。[③]

对此，本书认为，报到证制度作为我国高校就业工作从计划分配到自主择业制度转变的遗留产物，在现实中确实存在诸多的弊端。但在国家整体劳动人事制度尚未改变的情况，不宜贸然取消。教育行政部门和高校可以本着方便学生的态度，通过简化办理手续，改变形式和内容，更多体现服务功能。

二、高等学校学生就业创业指导和服务中的法律问题

当前，随着自主择业的高校就业制度确立，就业方式和渠道越来越多元，高校学生就业管理职能也在随之弱化，就业创业的服务和指导工作已成为工作的重点。对此，《高等教育法》《普通高等学校毕业生就业工作暂行规定》，国务院及各部门的文件都明确指出要加强就业指导、就业服务和就业援助。这包括建立信息服务平台、组织校园招聘、加强指导课程建设、提供实践实习等各项措施。相对于签订就业协议书、办理就业派遣报到等具有隶属性管理性质的行为而言，高校就业指导和服务对学生不具有强制性，更多具有平权性的服务性质，其纠纷主要集中在高校提供就业信息服务和就业实习实践两个方面。

---

① 百度百科：http://baike.so.com/doc/5368021-5603804.html。
② 《普通高等学校毕业生就业工作暂行规定》第 32 到 38 条规定。
③ 《应取消高校毕业生就业报到证》，载《光明日报》，2010 年 3 月 8 日第 6 版。

（一）高等学校就业信息服务中的法律问题

为学生提供就业信息，搭建信息服务平台，组织校园招聘等供需见面和双向选择会，作为高校学生就业创业工作的重要内容，不仅是国家政策文件的要求，也是《普通高等学校毕业生就业工作暂行规定》中明确规定的高校法定职责。[①]实践中，虚假招聘、突发性安全事故等情况时有发生，使大学生的人身、财产权益受到侵害。

而依据《普通高等学校毕业生就业工作暂行规定》第 25 条、第 26 条的规定："供需见面和双向选择活动要在国家就业方针、政策指导下，有组织、有计划、有步骤地进行，时间应安排在节假日"；"供需见面和双向选择活动，不得以赢利为目的向学生收费，不得影响学校正常的教学秩序和学生的学习"。《教育部关于做好 2016 届全国普通高等学校毕业生就业创业工作的通知》亦规定："要牢固树立安全意识，确保各类校园招聘等活动安全、有序。要坚决反对任何形式的就业歧视，凡校园招聘活动严禁发布含有限定院校、性别、民族等歧视性信息。高校要加强维权教育，切实防范"试用期陷阱"等危害毕业生权益的不法行为。要进一步加强毕业生就业数据信息监督管理工作，完善毕业生实名查询就业状况功能，确保就业数据信息真实、准确"。高校在提供就业指导和服务的同时，应当依法履行审查、安保义务，切实降低大学生的求职风险。但毕竟面对当前网络时代海量的信息和复杂的就业市场，高校在审查就业信息时难免疏漏。如果出现因高校提供就业信息不准确导致学生合法权益受损的情况，目前《就业促进法》《就业服务与就业管理规定》等法律法规只是规定了职业中介机构提供虚假就业信息的法律责任，并没有明确高校的法律责任。

对此，本书认为，高校为毕业生提供就业信息和举办校园招聘等行为，其性质类似公共就业服务部门提供公共服务行为，其负有法定的审查信息真实和安保的义务。在审查义务上，由于高校并非相关行政管理部门，其所承担的审查义务

[①]　《普通高等学校毕业生就业工作暂行规定》第 23 条规定："有条件的高等学校要举办或校际联办毕业生供需见面和双向选择活动。高等学校在毕业生供需见面和双向选择活动中起主导作用"。

也具有相对性，即对就业信息进行形式审查，不负有实质调查的义务。如高校因主观过错未尽审查义务，则应对虚假就业信息造成学生合法权益的损害承担连带责任。而对于安保义务，高校作为供需见面及双向选择活动的组织者，对活动的顺利举行负有安全保障义务。根据《侵权责任法》的规定，[①] 高校违反安全注意义务，对自己作为、不作为，以及对校外第三人作为或不作为导致在校园招聘活动中发生侵权行为的，应当承担相应的民事法律责任。

（二）高等学校就业实习、实训、实践中的法律问题

就业实习、实训、实践是提升学生就业创业能力的重要途径。对此，《教育部关于做好 2016 届全国普通高等学校毕业生就业创业工作的通知》（教学〔2015〕12 号）中就明确指出，推动高校学生参加形式多样的实习实训、社会实践和创新创业活动。

但目前我国大学生实习、实训、实践的立法尚处于空白，现行教育法律尚未对高校实习、实训、实践的管理作出具体规定，劳动法也未将大学生进行实习、实训、实践纳入保护的范围，这就导致了学校、学生及其实习、实训、实践单位各自法律地位、权利义务不清晰，缺乏明确的法律规定。而一旦发生纠纷，尤其是发生学生人身伤害事件，只能依据《侵权责任法》《学生伤害事故处理办法》等相关法律法规来处理，但学生的财产和人身合法权益无法得到有力保障，而高校、实习实践单位责任分担也很难明确。纠纷解决费时费力，导致了高校和单位开展实习、实训、实践活动心存顾虑，学生参加实习、实训、实践积极性不高。

对此，本书认为，健全高校实习、实训、实践的制度建设是解决上述问题根本之策。从高校层面，由学校组织的实习、实训、实践活动，可以依据有关法律法规，制定本校管理规定，规范学校管理行为，以协议的形式明确学生、单位等

---

① 《中华人民共和国侵权责任法》第38条规定："宾馆、商场、银行、车站、娱乐场所等公共场所的管理人或者群众性活动的组织者，未尽到安全保障义务，造成他人损害的，应当承担侵权责任。因第三人的行为造成他人损害的，由第三人承担侵权责任；管理人或者活动组织者未尽到安全保障义务的，承担相应的补充责任。"

参与各方的权利义务关系，对可能引发争议的劳动报酬、劳动安全、工作时间以及争议解决等关键事项进行事先约定。而对于学生自行联系的活动，学校应当加强教育，尽到提前告知义务，并在学生遇到无法处理的事务时给予法律援助等帮扶。而从国家政府层面，则应当完善法律法规建设，如通过修订劳动法等相关法律法规，明确大学生在实习、实训、实践中作为"准劳动者"的权利，将劳动待遇、劳动保护、劳动争议等纳入法律解决范围。同时应当全面推行高校实习、实训、实践的风险防范机制，高校和学生在实习、实训、实践中，应当参加人身意外伤害保险等强制性保险。一旦出现意外，学生可根据享有的基本医疗保险以及人身意外伤害保险获得赔偿和救助。①

（三）高等学校创新创业教育中的法律问题

随着"大众创业、万众创新"上升为国家战略，国家高度重视大学生自主创业工作，对大学生创业给予大量政策支持。对此，高校也负有创新创业教育和支持学生自主创业等重要职责。如高校要面向全体学生设置纳入学分管理的创新创业课程，加强创业创新导师队伍建设，举办创新创业大赛，设立创新奖学金，提供创业培训和服务、做好创新创业学分转换、实施弹性学制、保留学籍休学创新创业等措施。同时高校还要加大创新创业场地建设和资金投入，建设和利用好大学科技园、大学生创业园、创业孵化基地、大学生校外实践教育基地等创新创业平台。而高校创业园作为新生事物，在尚无明确法律法规的情况下，如何依法管理创业园，处理高校和学生创业实体之间法律关系是个全新问题。

目前，我国的高校创业园主要分为全真型创业园与仿真型创业园。全真型创业园是指高校按照法律法规、国家政策的规定，以创业实体的市场化为最终目标，为创业实体的初始创设、工商税务登记、资金融通、市场开拓、产品销售等提供指导和服务，搭建具有开放性、市场化特征的创业平台。而参与全真型创业园的创业实体一般是指按照法律法规、国家政策的规定，依法在工商部门登记并取得

---

① 魏亚雪，刁厚勤等：《高校实践教学法律问题探析》，载《山东行政学院·山东省经济管理干部学院学报》，2010 年 6 月。

营业执照的公司、①合伙企业、个体工商户等民商事主体。此类创业实体的法律属性明确，具有独立的法律人格，拥有完全的民事权利能力与民事行为能力，对自身的运营和发展拥有完整的决定权，并依法承担相应的法律责任。在全真型创业园中，高校更多履行的是服务职能，包括政策对接、场地租赁、资金融通、文化建设等。

仿真型创业园是通过模拟初创企业的创业环境，使大学生创业者在模拟的环境中了解创业过程和创业风险，提高创新创业能力的创业平台。仿真型创业园能够有效减小大学生创业者的创业风险，降低创业成本。而仿真型创业园的参与实体则是高校以模拟的方式，创建类似于公司、合伙企业等民商事主体。仿真型创业园的最大特征在于"模拟性"，即高校通过模拟的程序、模拟的结构搭建一个创新创业平台。各创业实体无须经过工商、税务登记，无须领取营业执照，即可以模拟的身份进入。创建仿真型创业园和创业实体是创新创业教育的一种有益尝试，目的在于增加大学生创业者的创业体验。高校常常以举行创业大赛、申报创业项目的方式将在校大学生吸引到创业活动中。因仿真型创业实体的"模拟性"，其不具有独立的法律人格，无法独立承担相应的法律责任，其在创业园的法律地位并不明确，也给高校的管理带来了困难。本书认为，如考虑到模拟创业实体的资金来源以及活动范围，在现有法律法规框架下，高校可以借鉴勤工助学管理制度，以协议形式明确学校和各模拟创业实体之间的权利义务关系，重点要明确其"经营范围、项目和方式"，必须遵守法律法规，不得违反学校有关规定。如果模拟创业实体在运行中出现法律纠纷，则由相关责任人承担相应法律责任；当然高校如未尽到管理义务，则应当承担连带责任。

---

① 2015 年由国务院办公厅颁布的《国务院办公厅关于加快推进"三证合一"登记制度改革的意见》中规定，将全面推进"三证合一"制度改革，"三证合一"登记制度是指将企业登记时一次申请，分别由工商行政管理部门核发工商营业执照、质量技术监督部门核发组织机构代码证、税务部门核发税务登记证，改为一次申请、由工商行政管理部门核发一个营业执照的登记制度。

第三节　高等学校学生就业创业工作法治化路径探索

就业问题是社会当前高度关注的热点，党和国家高度重视。做好大学生就业创业工作，直接体现了高校学生管理水平和人才培养质量高低。对此，进一步健全法律法规，转变高校职能，完善配套制度为大学生就业创业提供坚实法治保障就成为必然。

一、健全高等学校学生就业创业工作法律法规体系

当前，我国高校学生就业创业工作法律法规建设相对滞后。目前涉及大学生就业的法律法规数量并不少，除《宪法》《劳动法》《劳动合同法》《就业促进法》《高等教育法》《普通高等学校毕业生就业工作暂行规定》等法律法规、部门规章外，还有很多地方性法规和规范性文件中都或多或少涉及。但在内容上，《高等教育法》仅有一款原则性的条文规定。《就业促进法》虽然对促进全社会就业、规范就业起到了较好的效果，但其规定较为抽象，尤其缺少对高校学生就业创业工作的明文规定。《普通高等学校毕业生就业工作暂行规定》是高校开展就业创业工作的直接依据，其立法层次较低，仅为部门规章。而且近 20 年没有修订，其内容已经明显滞后。在没有一部专门指导高校学生就业创业和保障高校学生就业创业相关权益的法律法规情况下，高校开展就业创业工作多依据政府以及相关部门颁发的政策性文件和参照其他相关法律法规，缺乏长期性和稳定性。各地各高校虽然根据自身情况制定、出台了相关办法等，但这些制度往往是于法无据，而且由于就业政策以及就业形势的不断变化，很难适应新情况和新问题，在实践中很容易诱发矛盾和纠纷。

对此，要鼓励就业、促进就业，就必须在现行法律、法规、规章、实践的基础上，进一步完善促进大学生就业创业的法律法规体系。以具有针对性和操作性的法律法规来规范高校学生就业创业工作，明确政府及各部门、高校、用人单位、学生之间的法律的关系，改变当前高校学生就业创业工作以政策为导向，无法可依，有法难依的尴尬状态。本书建议，在立法层面，可以出台《大学生就业创业

促进工作条例》，以国务院行政法规的形式代替明显落后时代的《普通高等学校毕业生就业工作暂行规定》，以法律的形式明确大学生就业创业的权益保障、优惠政策和保障政策，明确高校学生就业创业工作的公共服务性质，规范高校学生就业创业工作的程序。而在条件成熟后，可以进一步将条例上升为法律，出台《大学生就业创业促进法》。在此基础上，教育行政等部门、地方、高校根据法律法规的授权制定出台相应制度办法，具体开展就业创业工作。①

二、实现高等学校学生就业创业工作从管理到服务的职能转变

随着高等教育的深入改革，自主择业的高校就业制度的确立，高校学生就业创业工作职能也在不断发生变化。在计划经济指令分配制度下，国家统一分配工作，高校的就业管理职能突出，且具有较大的管理权限，如制定上报就业计划，分配派遣毕业生等。而就业指导往往等同于思想教育，就业服务基本缺位。而在市场经济自主择业的制度下，随着学生自主就业、市场调节就业、政府促进就业和鼓励创业创新的就业机制的建立与完善，学生逐渐成为就业的主体，市场成为就业的主要调节因素，政府退出直接调控大学生就业，而以引导手段为主影响大学生就业，②高校的管理职能则弱化，服务和指导的职能则日益凸显，而这就意味着高校学生就业创业工作就要适应这种转变，实现由"单一型"向"多功能"职能转变。③

为此，高校在就业创业工作中要贯彻以学生为本的思想，本着服务毕业生和用人单位的宗旨，贴近市场需求，简化工作流程，强化指导和服务功能，做到热情、周到、全面、务实，最大限度地减少办事程序，方便学生就业和用人单位选材。④当然强化指导和服务职能并不意味完全放弃和忽视管理。大学生是国家宝贵的人

---

① 参见《加强促进大学生就业创业的法制化制度化保障》，http://chuangye.yjbys.com/zhengce/ 535916.html。

② 吴克禄，康凤，莫海兵：《建设服务型、多功能的大学生就业指导中心》，载《北京教育（高教版）》，2004 年第 5 期。

③ 莫海兵：《关于高校就业指导中心职能定位的深层思考》，载《大学生就业》，2006 年第 20 期。

④ 颜涛，杨溢：《初探高校毕业生就业指导中心职能的转变》，载《成都中医药大学学报（教育科学版）》，2008 年 9 月。

力资源，党和政府高度重视大学生就业工作。而落实国家大学生就业创业政策就需要高校的管理工作。当然这种管理并非依靠限制落户、限制改派等行政手段来实现。而更多是通过指导、服务来影响学生、教育学生、改变学生，从而引导学生就业。[①]

三、完善配套制度建设保障高等学校学生就业创业工作开展

高校学生就业创业工作是一项系统工程，其需要政府、社会公众的广泛参与。近年来，我国政府及相关部门出台了一系列重大政策和实施诸多措施，对促进大学生创业发挥了积极作用，但由于缺乏顶层设计的制度保障和法治规范，导致了相关政策具体落实难度较大，效果不好。突出体现在法律、法规、政策之间的不衔接、不配套，各项制度之间存在冲突。如已在实践中出现问题并受到批评的就业协议和报到派遣制度因其和国家的户籍制度、人事制度有着必然的联系，很难做重大修改。再如在大学生就业权益保障方面，《劳动法》等相关法律法规很难适用于在校学生。而与此同时，大学生在就业创业过程中还面临着就业歧视和欺诈等诸多困难，高校在开展就业创业工作时也不得不面对资金、人员缺乏，人才培养与社会需求脱节等现实问题。

对此，以多方联动完善配套制度建设，就成为健全和促进高校学生就业创业体制机制的重要保障。在明确政府、高校、用人单位、社会就业服务部门及毕业生的责、权、利的基础上，打破就业壁垒，消除制度障碍，完善大学生创业财税法律制度，就业创业指导、就业创业教育等制度建设，规范就业创业服务公共机构工作，推进大学生就业创业的社会保障法律制度建设等其他配套法律制度建设，以完备的制度，严密的监督和有力的执行保障大学生的权益，推动高校学生就业创业工作高效、规范发展。

---

① 祁晓英：《推进三转变，充分发挥高校就业管理部门的职能作用》，载《科教文汇》，2005 年 8 月。

第十一章　高等学校学生后勤服务与管理法治化研究

高校后勤是高校育人工作的重要组成部分，其为高校教职工及学生的工作、研究和学习提供物质、生活保障类服务，以确保高校的教学和科研活动顺利开展。随着高等教育体制改革的深入，高校后勤也面临着教育公益性和市场化改革的冲突，并引发了实践中的诸多问题。以法治化途径解决高校后勤中深层次的问题，对于维护高校稳定，更好地服务、保障、支持高等教育发展具有重要意义。

第一节　高等学校学生后勤服务与管理法治化概述

师生为本，服务至上。[①] 高校育人的根本任务决定了高校后勤相对于其他单位组织的后勤部门具有特殊性，即在实现高质量服务与规范化管理职能过程中，担负着为师生创造良好的生活学习环境、提供物质服务保障、开展有益活动、引领校园风尚等管理服务的育人职能。高校后勤的法治化不仅能够为后勤工作提供制度保障，对其育人功能也有引领、规范和推动作用。

一、高等学校后勤基本概念和制度变迁

后勤一词本源于军事概念，为部队专用名词，含有"后方"与"勤务"之意，即在后方为部队提供作战训练物资与生活保障服务的组织机构。20 世纪 80 年代

---

① 中国政法大学后勤服务理念。

中期，这一概念逐渐延伸至其他单位的物资与生活服务保障领域之中，从而出现了"高校后勤""事业单位后勤""机关后勤"等概念。高校后勤，顾名思义，即为高校教职工和学生提供教学、科研、学习和生活之物资与服务保障的主体，包括高校餐饮服务管理机构、高校学生公寓服务管理机构、高校医疗保健服务管理机构、高校物业服务管理机构以及高校交通服务管理机构等。

高校后勤是高等教育的重要组成部分，相对于其他后勤组织，有着特殊性。首先，高校后勤的目的是服从和服务育人这一根本任务，为培养人才提供物质条件和保障。高等教育的公益性决定了高校后勤的教育属性。在实践中，高校后勤是高校办学必不可少的一个部分，其公益性色彩非常浓厚。其服务内容、工作周期以及发展目标都是和高校整体的发展相适应，服务于师生，服务于教学科研的学校中心工作[①]。而这从国家给予高校后勤扶持政策中可以得到体现，如针对近年来物价水平持续上涨，国家对高校学生食堂采取补贴和税收优惠政策。其次，相对于教学科研工作，高校后勤本身还具有经济属性，其向师生提供的饮食、住宿、交通等各类服务，并非免费的"福利型服务"，也需要尊重价值规律，进行成本核算。因此，高校后勤具有教育公益性和市场经济性的双重性质。

相对于国外高校尤其是西方发达国家高校后勤的市场化运作，我国高校后勤长期以来形成了一个庞大的、隶属于高校行政管理的系统。其运营完全由政府财政投入来保障，每个高校都设立了全面的后勤体系来为师生提供服务。但这种封闭式、福利型和拨款式的"由学校来办社会"的运营模式效益差、摊子大、负担重。其随着社会经济的发展越来越不适应高等教育的发展。为此，1985年颁布的《中共中央关于教育体制改革的决定》明确指出高校后勤改革的方向，即实行社会化。2000年教育部、国家计委等六部门在《关于进一步加快高等学校后勤社会化改革意见》（国办发〔2000〕1号）中提出了具体的要求，要逐步将后勤从学校行政系统中分离出来，组建自主经营、独立核算、自负盈亏的学校后勤服务实体，并组建高校后勤服务集团，以实现高校后勤的社会化。

---

① 侯建设：《高校后勤精细化管理》，西安交通大学出版社，2009年版，第4页。

在社会化改革的进程中，各高校后勤由于不同的前期基础和发展条件，在社会化改革与发展中因校制宜，出现了以下几种类型的运营模式：第一种是"小机关，无实体"模式。采用这种模式的高校在学校仅设立后勤管理部门作为"小机关"，以高校后勤市场资源吸引社会力量参与后勤的管理、服务，由市场竞争机制来保证后勤管理服务的质量。第二种是"无机关，大实体"模式。采用这种模式的高校并不设立后勤管理部门，只设立后勤集团，并在集团内设立多个实体。后勤与学校之间并无甲方、乙方之分，因这种模式，学校对后勤实体的监督管理较少，采用此种后勤运行模式的高校在我国并不多见。第三种是"小机关，大实体"模式。在这类模式中，高校设立后勤管理部门，而后勤的管理和服务通过成立后勤集团来进行。这种运营模式实践中又可分为两类：第一类为独立法人模式。在这种模式下，后勤与学校完全分离，后勤成为独立法人实体，与学校是平等的契约关系。第二类是跨校集团化服务模式。典型的是大学高教园区建设时，由一家实力较强的公司集团建设多所高校的后勤设施。第四种是"小机关，多实体"模式。高校设置后勤管理部门，将后勤服务交由多个经营方向不同的实体提供，各实体作为独立的乙方与学校签订合同，实行独立核算，自主经营，自负盈亏，自我发展。

从以上高校后勤运营模式来看，目前大部分高校后勤都已经实现了与学校不同程度的分离，实现了不同程度上的社会化。但是社会化却在一定程度引发教育公益性和市场经济性的冲突对立，出现了追求利益最大化，重视经济效益和忽视社会效应的情况。虽然已经不可能回到后勤不计成本完成教育职能的时代，但是也不能将社会化作为高校后勤逃避社会责任的借口。[①] 因此，要实现高校后勤长期可持续发展，既要在后勤运营中体现公益性，注重其教育功能；还应尊重市场规律，将高校后勤纳入社会主义市场经济之中，实现教育公益性和市场性的平衡。

---

① 赵卫东：《高校后勤社会化改革研究：以甘肃省高等学校为例》，甘肃教育出版社，2008年版，第25页。

二、高等学校后勤制度法治化和法律规定

当前随着依法治国，建立社会主义法治国家成为基本治国方略，高等教育正在经历着深刻的变革，而高校后勤也面临着巨大挑战。在法治国家、法治政府和法治高校建设的大背景之下，高校后勤在管理与服务师生的过程中，应遵循法治精神，以国家法律法规为根据，制定并严格遵守一系列管理服务规章制度，将之作为工作的准绳，增强工作的规范性，实现法治化成为必然选择。对此，法治化一方面要求后勤各实体，按照法律对现代企业建设运行机制的要求，建立各类规章制度，实现依法办事；另一方面亦要求学校或作为学校代表的后勤管理部门，协同高校后勤实体在后勤服务与管理中按照法律法规要求，结合学校具体情况，设立管理规范，依法进行管理和服务。后者正是本章高校学生管理法治化研究的对象。

本章高校后勤服务与管理法治化研究对象，主要涉及高校学生管理领域中的学生在校住宿的服务管理，学生医疗保健的服务管理，高校餐饮的服务管理，以及交通和物业方面的服务管理四个方面。而由于高校后勤涉及面广，基本覆盖了学生校园生活的方方面面，目前尚未有专门系统的高校后勤法律法规，各类规定只是散见于各类法律法规及规范性文件之中。

（一）住宿服务管理中的法律规定

一般来说，高等学校学生住宿专用的房屋及附属设施、设备和场地就是高校学生公寓。目前，我国高校大多采用集中住宿，由学校后勤部门统一向学生提供住宿。学生公寓管理相关规定散见于《高等教育法》《突发公共卫生事件应急条例》《普通高等学校学生管理规定》《高等学校消防安全管理规定》等法律法规和部门规章中。而为了加强学校对学生公寓的管理，教育部还先后出台了专门针对高校学生住宿管理的规范性文件，主要包括《教育部关于进一步加强高等学校学生公寓管理的若干意见》（教发〔2002〕6号）、《教育部关于切实加强高校学生住宿管理的通知》（教社政〔2004〕6号）、《教育部办公厅关于进一步加强高校学生住宿管理的通知》（教社政厅〔2005〕4号）、《教育部办公厅关于进一

步做好高校学生住宿管理的通知》（教思政厅〔2007〕4号）等。以上这些法律、法规、规章和规范性文件是高校住宿服务管理的法律基础，从以下方面明确了高校住宿服务管理的相关要求。

（1）订立合同，明确责任。落实国家对学生公寓优惠政策，高校、学生、业主以及物业管理之间应订立合同明确各方权责，并严格执行合同保证学生公寓正常运行。高校学生管理部门负责学生日常行为管理和思想政治教育，后勤管理部门负责公寓相关的物业管理。

（2）加强管理，完善机制。完善公寓管理，落实收费、日常管理、安全保卫等制度。高校学生公寓收费应该严格执行中央和省级人民政府制定的收费标准，严防违规乱收费或多收费；日常管理应该按照班级安排宿舍，不得有经济上的歧视；后勤管理部门与学校保卫部门配合，完善安全设施，建立信息的收集、处理、报送机制和紧急状况应急处理机制，配合公安机关做好学生公寓周边的治安管理工作，加强学生住宿的公共卫生管理，完善突发公共卫生事件的处理机制。

（3）学生参与，民主监督。设立监督机制，实行有效监督。高校可结合学校实际组织学生代表组成学生民主监督机构，参与公寓管理服务，监督制度执行情况，反映学生诉求。

（4）文化建设，公寓育人。强化公寓育人功能，高校发挥公寓作为学校重要思想政治教育和素质教育阵地的作用，学生管理部门做好学生公寓中的育人工作，引导学生开展健康的校园文化活动，充分利用各种载体做好学生公寓安全教育，促进学生公寓社会主义精神文明建设。

以上是法律法规对高校住宿管理服务工作的要求。各高校一般会结合实际情况，根据以上法律法规和各地区学生公寓标准化建设要求，制定本校的学生公寓管理细则，作为学生公寓管理的直接依据。另外高校为学生提供住宿管理和服务的过程中，如发生人身、财产纠纷也可以适用我国《民法通则》《物权法》《侵权责任法》等民事法律。

（二）餐饮服务管理中的法律规定

高校餐饮服务一般通过设于学校的食堂，为高校师生在校就餐提供服务，是高校后勤管理的重要部门，高校师生在校的餐饮质量及食品安全均维系于餐饮服务管理部门。

对此，高校餐饮服务应当遵守我国法律、行政法规和部门规章关于食品安全和卫生的相关规定。这包括《食品安全法》关于食品生产、加工、销售、提供餐饮服务以及食品的贮存等规定，《突发公共卫生事件应急条例》中关于重大食物中毒事件应急处理的规定，另外还有《餐饮业经营管理办法》《国家食品安全事故应急预案》《餐饮服务食品安全操作规范》（国食药监食〔2011〕395 号）、《餐饮服务食品安全监督管理办法》等法律法规。除此之外，高校餐饮还应当遵守国务院、教育部、卫生部等出台的专门性规章和规范性文件，如《关于进一步加强高等学校学生食堂工作的意见》（教发〔2011〕7 号）、《学校食堂与学生集体用餐卫生管理规定》《学校食物中毒事故行政责任追究暂行规定》（卫监督发〔2005〕431 号）、《学校食堂从业人员上岗卫生知识培训基本要求》（教体艺厅〔2006〕7 号）、《教育部办公厅关于进一步加强高等学校清真食堂工作的通知》（教发函〔2010〕4 号）、《教育部关于在各级各类学校厉行节约反对食品浪费的实施意见》（教发〔2014〕5 号）以及相关卫生标准等。以上作为高校开展餐饮管理服务活动的法律依据，对高校餐饮工作人员管理、卫生标准设定、食堂成本公开与补贴和餐饮服务育人等方面提出了要求。

（1）关于工作人员的管理规定。学校应按有关要求建立健全餐饮工作人员上岗培训制度，定期接受监督检查，建立工作人员的健康档案，依法将有碍食品安全的人员调整到其他工作岗位。

（2）关于饮食卫生标准的管理规定。学校应当按食品安全标准采购食材，确认供应单位的资质以及保证供餐的新鲜和卫生。食品生产环节应严格遵守《餐饮服务食品安全操作规范》（国食药监食〔2011〕395 号）的规定确保饮食安全。餐饮用具、餐饮环境也应严格按照相关卫生标准使用和管理。

（3）关于成本公开和补贴管理的规定。各高校应该按照科学合理，公开透明，有关方面共同参与的原则，建立并完善学生食堂成本调查和定期公开制度；在物价上涨的形势下，也应通过价格平抑基金等措施保证食堂价格相对平稳。

（4）关于清真食堂管理的规定。学校应设立清真食堂或清真窗口以及清真专门就餐区，加强清真食品准入管理以及工作人员的基本知识培训和管理。

（5）关于育人功能的规定。高校餐饮应立足于服务的特殊性，开展厉行节约、反对食品浪费的教育。食堂还应该针对不同需求灵活供应食物，从消费源头上减少食品的浪费。

（6）关于食品安全责任的规定。高校应按《食品安全法》的要求，以预防为主，全程监控，社会共治，并建立科学严格的监督管理制度。如出现事故，则根据《学校食物中毒事故行政责任追究暂行规定》（卫监督发〔2005〕431号）追究有关责任人的行政责任，构成犯罪的，则根据《刑法》追究其刑事责任。

为使国家层面的法律法规和规章制度转化为能够在校内可以具体操作的规章制度，高校会根据以上法规、规章，结合高校的实际情况，制定餐饮管理的具体制度，严格遵守和执行食品安全管理的规定，并对其实施情况进行监督。

（三）医疗保健服务管理中的法律规定

高校医疗保健机构是指经所在地卫生行政部门审批，设立于高校内，主要为师生员工提供医疗保健服务的机构。其主要任务是监测学校人群的健康状况，开展学校健康教育，负责学校常见病和传染病的防治，对影响学校人群健康的有害因素实施医务监督。

当前与高校医疗保健机构密切相关的法律法规和规章包括《侵权责任法》《传染病防治法》《医疗事故处理条例》《学校卫生工作条例》《全国医院工作条例》《医疗机构管理条例》《高等学校医疗保健机构工作规程》等。这些法律、法规和规章在高校医疗保健机构职责、管理体制、医疗事故处理、责任认定等方面都作出了规定：

（1）提供新生体检等定期健康检查，建立学生健康管理制度，制作学生体质健康卡，纳入学生档案。

（2）根据《传染病防治法》的规定，做好传染性疾病预防管理工作，开展各类技能培训，做好疫情报告、控制和防治工作，保证校园卫生环境。

（3）按照医疗流程提供必要医疗救治，及时做好转诊等工作，保障师生身体健康。

（4）开展健康卫生教育，协助高校做好日常健康知识和传染病预防知识的宣传教育，开设大学生健康教育课程或讲座，提高师生健康意识。

（四）交通物业服务管理中的法律规定

除学生住宿、师生餐饮和医疗服务之外，校园的教室、办公楼的公共场所物业管理和校车的管理也是高校后勤的组成部分。

在高校后勤物业管理方面，后勤实体应该按照我国《物业管理条例》以及各个省市颁布的高校标准化物业标准中的规定进行，做到管理制度健全，配合做好各类安全管理服务，为师生提供清洁优美的校园学习环境和生活环境，并根据各地教育行政部门要求定期进行申报，接受评估。

在为师生提供交通服务的校车管理上，由于高校情况不同，校车服务定位也有差异。有的为解决多校区教职工上下班的交通问题；而有的则是解决校内教职工和学生日常校园内交通问题。我国并未有法律法规专门规定高校校车的运营管理，一般适用我国《道路交通安全法》等相关法律法规，在乘坐校车的过程中因校车方责任造成学生人身财产损害的，损害赔偿适用我国《刑法》中与交通肇事相关的规定以及《侵权责任法》中相关规定。

第二节　高等学校学生后勤服务与管理法律问题研究

随着高校后勤服务与管理社会化改革的深化，其运行体制和利益格局的调整不可避免地对高校的学生管理和学生日常生活带来了影响，如食堂涨价、宿舍检查等问题。随着学生的法治和权利意识的高涨，这些关乎学生切身利益的问题在制度规范和沟通渠道缺失的情况下，很容易诱发不满，导致纠纷的产生。这就需要从法治角度对事件的发生进行有效预防，在法律框架内正确解决处理，建构高校后勤和学生之间的和谐关系。

一、学生住宿管理中的法律问题

在高校对学生宿舍日常管理服务中，最常见的问题当属学校是否有权不经学生允许进入学生宿舍进行检查，学校是否有权没收学生宿舍的违禁电器。这些问题的法律焦点在于学生宿舍是否为私人住宅，学校的检查是否侵犯了学生的住宅权，学校没收违禁电器是否侵犯了学生的财产权。而解决问题的关键在于明确学生在宿舍所享有的权利以及学校对学生宿舍管理权的界限。

对此，有观点认为，学生缴费入住宿舍，高校提供服务，学生和高校之间是平等主体之间租赁合同关系。宿舍作为专供在校大学生生活休息的封闭居住空间，可以被视为法律上的住宅。根据我国《宪法》第39条规定："中华人民共和国住宅不受侵犯，禁止非法搜查或者非法侵入公民的住宅。"《刑法》第245条规定："非法搜查他人身体、住宅，或者非法侵入他人住宅的，处三年以下有期徒刑或拘役。司法工作人员滥用职权，犯前款罪的，从重处罚。"《民法通则》第75条规定："公民的个人财产，包括公民的合法收入、房屋……受法律保护。"学生对于宿舍享有住宅权，即居住和正常使用不受侵犯，高校无权实施以上管理行为，尤其是没收违禁电器行为已经侵犯公民的财产权。

本书认为，高校和学生之前绝非简单民法意义上的租赁合同关系。根据《普通高等学校学生管理规定》第49条的规定，学校应当建立健全学生住宿管理制度。学生应当遵守学校关于学生住宿管理的规定。据此，在学生公寓管理中，学生的权利和义务是由其和高校签订的住宿合同所约定的。高校学生宿舍是高校专门为在校生提供的生活和休息空间，学生对宿舍享有使用权就要按时向学校缴纳住宿费并遵守相关义务。高校作为公寓管理部门，根据法律规定和合同约定，对学生宿舍进行管理，包括消防安全管理、公共秩序安全管理、公共卫生安全管理、日常生活管理、生活设备维修等方面内容，如安排宿舍熄灯时间，制定宿舍卫生条例，合法合理安排、调整、清退宿舍等。这种管理权的行使是为维护校园秩序，确保学生的生命健康和安全。高校行使上述管理权时，实际上与学生之间形成了行政管理的法律关系，它具有以下特点：一是单方性，即高校行使法律法规和规章所授予的行政职权，依法作出的行为，是单方行为，无须与学生达成合意。二是专属性和不可处分性，行使行政职权的权力不能够任意转让给其他主体，也不能放弃或赠予。三是强制性，虽然没有行政机关的行政职权强制性那么明显，但依然存在。

基于此，本书认为，学生入住宿舍后，其依据合同约定本身享有宿舍住宅权和财产权，但受到高校管理权的限制。而高校实施宿舍检查和禁止学生宿舍使用违禁电器都是高校管理权的体现。当然这种对学生的宿舍住宅权和财产权限制必须符合法律规定，按照法律法规的要求履行管理权。如高校在行使宿舍检查等限制学生宿舍住宅权等管理行为时，应当根据法律法规和学校规章制度的明文规定，并应遵循正当理由和合法程序原则。正当理由是指高校对学生宿舍的住宅权进行管理时，必须有以下正当理由之一，一是取得了学生的同意；二是法律法规或学校规章制度明文规定，例如明文规定的定期宿舍安全检查；三是宿舍中存在必须立即采取防范措施或阻却行为的紧急情况，此时可以不经学生允许进入宿舍，如有学生在宿舍服毒的情况下，宿舍管理人员、学生工作人员可以直接进入学生宿舍阻止或施救；合法程序指的则是学校管理人员在进入学生宿舍检查时应满足学生的知情权，并保障其抗辩权，且方式、步骤、规程、时限也应符合学校规章制度的规定。

高校宿舍管理人员行使禁止学生使用违禁电器等限制学生财产权等管理行为时，必须遵循《高等学校消防安全管理规定》等相关职责要求。学生宿舍作为法定的学校消防安全重点部位，按照规定学校每月应进行至少一次的防火检查。在检查过程中，学校后勤宿舍管理部门应当通过批评、教育、禁止使用违禁电器的方式对学生宿舍行使安全管理权，限制学生对违禁电器的使用权，但是被禁止使用的违禁电器的所有权仍属于学生，后勤宿舍管理部门只是代为保管，以保证学生不会因在宿舍使用该违禁电器而造成火灾或火灾隐患。在学生因毕业或放假离开学校而不存在此类隐患时，宿舍管理部门应将违禁电器退还给学生，否则将侵犯学生的财产权。

二、高校后勤餐饮服务中的法律问题

"民以食为天，食以安为先"，近年来高校后勤管理中，因餐饮服务引发的各类纠纷比较突出。学生因食堂大幅度涨价投诉、罢课，甚至违法违纪打砸食堂的事件，在校生食物中毒的事件都时有发生，这给校园和社会的和谐带来了严峻的挑战，给学生造成的影响也不容小觑，尤其在食物中毒事件中，学生的生命健康更是受到了威胁。

（一）高校餐饮服务价格调整中的法律问题

高校食堂因其服务对象的特殊性，具有鲜明的公益性。高校食堂不得以营利为目的进行经营运作，食品的供应价格要低于市场价格。根据教育部颁布的《关于深化高校后勤社会化改革的若干意见》（征求意见稿），教育部五部委联发的《关于进一步加强高等学校学生食堂工作的意见》（教发〔2011〕7号），发改委《关于学校水电气价格有关问题的通知》（发改价格〔2007〕2463号）等规定，高校食堂享有各种优惠政策，这包括：①学生食堂经营实体零花费政策。学校食堂的维修、改造、配套服务设施和运行费用都由学校承担，免收管理费用；②税收方面的优惠政策。高校后勤为师生食堂提供的食材和餐具都免征增值税，提供餐饮服务所获得的收入免征营业税；③水电气平价政策。高校学生食堂的用水用电和用气均统一执行居民类价格标准；④建立与物价上涨挂钩的价格联动机制。政府部门采取多种特殊政策，加大资金的投入力度，帮助学校解决因物价上涨等因素给高校食堂造成的困难，并对家庭经济困难的学生进行临时补贴，高校设立学生食堂饭菜价格平抑基金，对学生食堂基本伙食进行补贴，抑制食堂饭菜价格过快上涨。

高校食堂在运营过程中，应该遵守以上规定，控制运营成本，实现公益性。但我们也看到，虽然有以上优惠政策，后勤社会化改革的大趋势仍为食堂的公益性带来了较大挑战。尤其是在当前高校办学主体多元的情况下，在政府资金有限的情况下，一些高校尤其是民办高校在资金投入不足的情况下，为维持正常运营，将食堂推向市场，导致了食堂涨价。同时还由于沟通渠道不畅，食堂成本不透明等多方因素进而引发学生抗议。

本书认为，高校后勤提供餐饮服务，必须将公益性放在经济性之前。这就要求，高校食堂在经营目标上要坚持让利于师生、服务于师生，后勤不能将食堂当作创收的单位，不能以盈利为目的；在经营模式上坚持保证一定数量的公办食堂，让师生在平价餐饮服务中有一定的选择空间；在经营方式上实现定点供应，例如，与大型农业生产企业签订长期合作协议，以保证食材价格相对平稳和食品安全；还应当建立完善学生食堂成本调查和定期公开制度，规范定价和调价的程序以及成本核算办法，通过主动公开和沟通，取得学生的理解与信任，减少因食堂涨价引发的学生不满。而以上途径可以通过制定相关的高校餐饮管理规章制度将之进行固化，以实现在保持食堂公益性的过程中有可以遵循的规章制度。

（二）高校食品安全事故中的法律问题

高校食堂是典型的集中供餐场所，且就餐群体特殊，一旦发生食品安全事故，不仅对学校、学生造成重大影响，还会造成严重的社会影响。因此，对于高校后勤乃至对高校而言，食品安全都是重中之重。高校如出现食品安全事故，应遵循我国《食品安全法》和《学校食物中毒事故行政责任追究暂行规定》（卫监督发〔2005〕431号）中的规定，后者确定了学校的主要负责人为学校食品卫生管理的第一责任人，根据中毒人数和中毒症状的严重程度将食物中毒事故划分为三个等级，并规定了应当追究学校有关责任人行政责任的九种情形，根据事故严重程度和等级向相关责任人追究行政责任。对已经触犯我国《刑法》的，还应根据《刑法》及其相关司法解释追究其刑事责任。对于因高校食堂食品安全事故造成的人身财产损失，师生可以根据《食品安全法》第148条规定，向经营方要求赔偿损失。在公办食堂中，经营方为学校；在对外承包的食堂中，经营方为食堂承包经营者。

三、高校医疗保健服务中的法律问题

医疗纠纷是当前医患关系中一个很棘手的问题，近年来呈上升趋势，其社会关注度高，处理难度很大。高校校医院作为为在校师生提供日常医疗保健服务机构，相对社会的医疗机构而言，其服务对象具有特定性，其服务内容也有限定性，但同样有可能出现医疗纠纷，进而引发一系列的法律后果。

一般来说，医疗纠纷根据患方向医疗机构或卫生主管部门的投诉原因，可分三种类型：①对医方服务态度的投诉引起的医疗纠纷。②对医方收取费用存疑引起的纠纷。③对医方医疗质量的投诉引起的纠纷。相对而言，前两者可以通过加强管理、双方协商等手段解决，第三种情况则是对高校和师生影响最为严重的，如学生因接种疫苗后致残，或是因校医院业务水平导致学生耽误治疗等情况，这类纠纷轻者影响学生一段时间内的正常学习生活，重者可能影响学生的一生。而对于高校，解决此类事件耗时耗力，一定程度上影响正常的学校秩序。

从实践上看，处理高校医疗纠纷核心法律问题在于责任主体的确定以及法定程序的适用。本书认为，高校医疗纠纷的责任主体应当根据高校医疗机构的性质来确定。当前高校医疗保健机构已经呈现出多元化运营模式的发展趋势，有的校医院仍然作为高校后勤的组成部分，是高校的职能部门；而有的则在逐步提高综合医疗水平的基础上承担起社区卫生服务功能，并从高校组织体系转入社会公共卫生体系。对此，根据《高等学校医疗保健机构工作规程》和《全国医院工作条例》的规定，在高校后勤领导管理下的高校医疗保健机构接受主管校长的直接领导，或由主管校长委托总务部门领导，在业务上则接受当地卫生行政部门监督指导，不具有独立法人资格，出现医疗纠纷其责任主体应为高校；而已经取得独立法人资格，被纳入社会公共卫生体系的高校医疗保健机构则与其他普通医疗机构一样，实行院长负责制，其责任主体为医院本身。

在法定程序适用上，需要根据医疗纠纷的性质来认定。一般来看，医疗纠纷包括了医疗事故以及仅带来轻微损害甚至未带来损害的一般医疗纠纷。对于医疗事故的认定和处理，我国《医疗事故处理条例》有着明确的规定，医疗事故指的

是医疗机构及其医务人员在医疗活动中违反医疗卫生管理法律、行政法规、部门规章和诊疗护理规范、常规，过失造成患者人身损害的事故。根据相关法律规定，对高校医疗保健机构中发生的医疗事故争议，当事人可以在知道或应当知道身体健康受损之日起的一年内，书面向卫生行政部门申请处理，但是当事人如果既向卫生行政部门提出处理申请，又向人民法院提起诉讼的，则卫生部门不予受理，已经受理的应当终止处理。而在发生医疗事故的赔偿等民事责任争议的情况下，除了医患双方协商解决，还可以向卫生行政部门提出调解申请，也可以直接向法院提起民事诉讼。对于一般医疗纠纷，如果出现侵权损害，符合侵权责任的构成要件，① 可以适用《侵权责任法》的相关规定，或协商，或调解，或起诉。

不过值得注意的是，在处理医疗事故时，应当注意其和医疗意外的区别。对此，《医疗事故处理条例》第 33 条第 2 款规定，将同样容易引起医疗纠纷的医疗意外排除在了医疗事故之外，即"在医疗活动中由于患者病情异常或者患者体质特殊而发生医疗意外的"，不属于医疗事故。而在实践中，高校出现较为典型的就是因接种疫苗异常反应导致人身伤害的情况，尽管发生概率很小，但后果很严重，往往会给当事人和家庭带来极大痛苦。

而根据 2005 年国务院颁布实施的《疫苗流通和预防接种管理条例》规定，异常反应是指合格的疫苗在实施规范接种过程中或者实施规范接种后造成受种者机体组织器官、功能损害，相关各方均无过错的药品不良反应。因预防接种异常反应造成受种者死亡、严重残疾或者器官组织损伤的，应当给了一次性经济补偿。具体补偿办法由省级政府制定。对此，部分省份制定了明确的补偿办法或者规定。

---

① 医疗侵权责任应该具有以下构成要件：（1）机构及其医务人员实施了诊疗行为；（2）患者有真实确定的损害结果；（3）机构和医务人员的诊疗行为与患者损害结果之间有因果关系；（4）机构及医务人员存在过错，具体而言，过错包括以下几方面：医务人员在诊疗过程中未履行对患者病情、医疗措施、医疗风险的告知义务，医疗保健机构与医务人员在诊疗活动中未尽到与当时医疗水平相应的诊疗义务，医疗机构拒不提供相关病历资料的推定医疗机构存在过错，医疗机构和医务人员未履行对患者隐私的保密义务。但是，在诊疗过程中，若存在患者及其近亲属不配合医疗机构进行符合诊疗规范的诊疗，或医务人员已尽合理诊疗义务，以及因医疗水平所限难以诊疗而造成患者损害的情况，只要高校医疗机构和医务人员都不存在过错的，医疗机构不承担损害赔偿责任。

而《疫苗流通和预防接种管理条例》亦规定了六种不良反应情况不被视为异常反应，不纳入国家补偿范畴。这六种情况分别为：一般反应、疫苗质量问题、接种单位责任损害、偶合发病、禁忌症、心因性反应。以上六种情况如果是因为医护人员违反法规条例造成，并给患者造成人身损害或更严重的后果，则根据《医疗事故处理条例》由医疗机构对患者进行赔偿。[①]据此，高校医疗机构根据国家规定实施的疫苗接种导致异常反应后，如果其操作规程符合法律法规，并无过错，高校以及高校医疗机构不承担法律责任。而经对患者病情和身体情况的鉴定后，应当由卫生部门按国家有关规定给予患者以经济补偿；如患者有异议，也可以通过诉讼途径解决。

第三节　高等学校学生后勤服务与管理的法治化路径探索

长期以来，我国高校后勤处于垄断经营地位，高校后勤具有强烈的行政管理色彩。而根据国家后勤社会化改革的原则和高等教育改革发展规划对后勤保障的要求，推进后勤的法治化，作为高校贯彻落实党的十八届四中全会精神的具体体现，成为破解高校后勤面临诸多问题，提升后勤保障能力的必然要求。

一、完善规章制度，实现高等学校后勤依法管理和服务

当前高校后勤服务与管理遇到的诸多矛盾纠纷，一方面是源于当前高校后勤提供生活设施和服务水平不能满足高等教育快速发展和学生日益增长的需求结构性矛盾，而另一方面则是与高校后勤服务与管理主体之间权责不明，权利义务不清有很大关系。[②]因此，在进一步推进高校后勤发展、满足高等教育发展和师生需求基础上，完善规章制度，明确权责义务，实现从依靠行政管理到法治约束管理就成为必然。

由于高校后勤管理与服务涉及领域广，目前尚未有，也很难形成专门系统的

---

① 参见《疫苗异常反应国家怎么补偿？这六种情况不在补偿范畴》，http://news.k618.cn/dj/201603/t20160324_6989975.html。

② 郭为禄：《高等教育法制的结构与变迁》，南京大学出版社，2008 年版，第 244 页。

高校后勤法律规范体系，给高校后勤依法实施管理与服务带来了难度。而且高校后勤社会化改革依然处在进行之中，很多做法和措施都在摸索之中，因此也很难形成统一的高校后勤管理服务的法律规范。对此，高校可依据现有法律法规，在权限范围内，制定和实施一系列行之有效的制度和规程，明确高校后勤管理与服务各主体之间的权利义务关系，同时定期梳理、修订既有规章制度，确保其符合法律规定和学校实际情况。如以大学章程的形式明确后勤管理机制和管理机构的设置，进一步理顺高校后勤管理的法律关系和性质；以各类详尽的制度办法等规范宿舍管理、食堂管理、物业管理等，进一步明确高校、学生、后勤实体等各主体的权责关系等。在高校餐饮服务方面，高校应根据国家法律法规规定，结合自身实际，对食品安全卫生、人员体检培训、食堂的餐饮环境、财政基金补贴、高校食堂运营模式、窗口准入标准、食品价格公示等进行更为细致的规定；制定学生参与后勤管理制度、食堂就餐的师生行为准则，发挥高校食堂的育人功能。

当然，由于高校后勤具有教育公益性质，其很多服务具有管理性质，学校在制定相关办法时应当考虑管理权力和学生权利之间的平衡，尤其在行使涉及限制学生权利的管理权时，应在最大程度上减少学生受损程度。如高校在制定宿舍管理办法时，应清楚列出后勤部门宿舍管理权行使的范围和其宿舍管理中的义务，同时还要详细告知学生的权利与义务。学校进一步规范宿舍检查的程序性规定，例如检查男女生宿舍人员性别要求、人数要求、时间要求，检查重点应当是宿舍公共空间，在没有正当理由情况下不得搜查学生私人空间。而禁止使用违禁电器时，应当明确告知违禁电器的种类和功率、违禁电器的代为保管登记和取回程序等。另外还要保留学生抗辩权、申诉权、听证权及建议权，通过设置学生参与、申诉等制度引导学生通过合法手段维护自身权益。只有制定了详尽的后勤管理规定，才能在管理时有法可依，避免出现模糊地带，引发矛盾和纠纷。

二、完善监督问责和民主参与机制，确保高等学校后勤合理安全有效运行

监督和问责机制是确保高校后勤安全、有效运行的基础，也是提升后勤管理和服务水平的重要途径。高校后勤的服务对象特殊性和其本身的双重性质，决定了高校后勤必须健全监督问责体系机制，才能确保高校后勤健康发展。

对此，高校应当进一步完善校内后勤监督问责体制，在明确高校、后勤管理部门、各实体之间的权责关系基础上，建立学校、部门、各实体多层级的监督问责体制，通过平时检查和专项检查相结合，落实安全责任，实现对后勤事务全程监督，确保后勤事务有反馈、有评估、有问责，确保后勤目标的实现，增强师生的满意度。①同时，高校后勤应当主动接受来自政府、行业、师生的多重监督，积极推动和落实信息公开制度。不仅要求确立信息公开责任人，还应将信息公开的具体内容也详细列入相关规定当中，并明确违反该制度所应承担的责任。

民主参与机制是预防、化解矛盾纠纷的重要手段。通过建立学生与后勤服务相关的利益诉求表达机制，确保学生的利益诉求能够顺利到达后勤管理部门，避免矛盾的积累。一方面可以通过网络、问卷调查、座谈等多种表达渠道定期听取学生日常意见，而另一方面在作出与学生利益密切相关的决议时举办学生听证会，邀请学生参与后勤工作会议或校务会议，听取和采纳学生意见等。对学生的来电、来信或通过其他渠道反映的问题和建议要随时登记，全程跟踪，及时反馈，以保证问题能够切实得到解决，避免矛盾的长期积累。

三、提升全员法律意识，大力弘扬法治精神

法律意识是人们对法律现象的观点、感觉、态度、信念和思想的总称，法律意识的培养有助于人认识和评价法律现象，调整指导其行为。由于历史、文化等原因，我国高校后勤中长期以来存在着人员素质良莠不齐、法律意识不强，法治精神缺失的现象，导致了高校后勤违规违法行为屡有发生，进而引发纠纷和矛盾。对此，在后勤服务管理的过程中，提升参与主体法律意识，不仅能够使各类法律法规和各级规章所规定的制度得以遵守，从而保证后勤服务管理的安全与秩序，还能够在一定程度上预防恶性事件的发生，维护校园的和谐稳定。

加强后勤人员法律知识的培训和法律意识的提升。学校应定期对后勤管理人

---

① 丁恒道：《五点网络：高校后勤保障体系的构建研究》，云南大学出版社，2009年版，第209页。

员、服务人员进行法律知识培训，通过学习相关法律法规和各类规章制度，让后勤管理人员和服务人员了解自己的工作职责，明白违反规定和不履行工作职责应承担的责任；而在新的相关法律法规或规章颁布之时，及时组织相关部门人员深入学习；可以将相关标准、操作规范和行为准则以制度上墙等各种形式融入后勤日常工作环境，规范指导工作人员行为；可以通过多种方式加大法治宣传力度，如开展后勤法律法规知识竞赛等文化活动，营造法治化的良好氛围。

多举措加强法治宣传培养学生法治意识。针对当前学生权利意识浓厚的情况，学校要通过多种方式加强法治宣传，让学生树立权利和义务相统一的权责意识和法治观念。学校可以通过新生入学教育、日常行为规范等方式开展法治教育。学校为在校学生印发人手一本的法律法规手册，详尽告知学校各部门的权力、责任，学生权利和义务。学校可以与学生签订安全事故责任承诺书，确保学生了解并熟悉相关法律规定，避免因不了解相关规定而酿成安全事故，造成人身财产损失。学校应为学生利益表达设置合理有效的途径，引导学生通过正当途径维护其合法权益。而且学校应当有意识地将法治教育融入学生思想政治教育和日常行为管理中，融入校园文化活动中，潜移默化地培养学生的法治精神和法治能力。

第十二章 高等学校学生民主参与法治化研究

联合国《二十一世纪高等教育：展望与行动世界宣言》指出："国家和高等院校的决策者应将学生视为高等教育改革的主要的和负责的参与者。这应包括学生参与有关高等教育问题的讨论，参与评估，参与课程和教学方法的改革，并在现行体制范围内，参与制定政策和院校的管理工作。"①随着我国高等教育改革的深入，高校学生民主参与成为高校建立现代大学制度，推进依法治校，实现学生管理法治化的重要内容。

第一节 高等学校学生民主参与法治化概述

高校学生民主参与制度作为学生利益诉求表达的重要机制，具有丰富内涵，对培养学生公民素质、维护学生合法权益以及推进和谐校园建设都具有重要的意义。学生民主参与旨在通过学生代表大会以及听证会、征求意见会、列席校务管理会议以及学生社团等形式，引导学生积极参与学校管理，为学生畅通表达诉求的渠道，在学校的决策和管理中听取学生的意见和建议，以维护学生的合法权益，提升学校管理的科学化、民主化和法治化水平。

一、高等学校学生民主参与的界定

对国家事务关心和参与，提出意见和建议，是每一个公民的权利，在大学

---

① 参见卢晓中：《当代世界高等教育理念及对中国的影响》，上海教育出版社，2001年版，第183页。

校园中，学生作为校园的主体之一，也同样对高校的事务管理享有相应的参与权利。

（一）高等学校学生民主参与制度的内涵

我国《高等教育法》第 11 条和第 53 条分别规定："高等学校应当面向社会，依法自主办学，实行民主管理""高等学校学生的合法权益受法律保护"；《普通高等学校学生管理规定》第 41 条规定："学校应当建立和完善学生参与民主管理的组织形式，支持和保障学生依法参与学校民主管理。"以上规定明确了学生参与高校民主管理的权利，为高校学生民主参与提供了制度依据。

根据上述规定，高校学生民主参与可以理解为：学校在制定规章制度、进行校园建设、规划学校发展以及涉及学生利益的学校管理活动中，贯彻以人为本的原则，充分尊重大学生受教育权，广泛征求和听取学生的意见，引导学生正确行使民主参与的权利，积极参与校园管理活动，对校园管理发挥有效作用，进而增强学生的主体意识，不断提高学校管理水平，实现决策的民主化、法治化和科学化。

在高校管理工作中，学生民主参与的范围依管理工作性质可分为两类，一类是决策参与，即学生参与高校相关制度和决策的制定。主要指高校在制定规范性文件的过程中听取学生的意见，在涉及学生重大权益的关于学生违纪处分的办法、奖学金评定办法、学生申诉及听证规则制定时，应广泛征求学生意见，必要时还应组织听证；另一类是过程参与，即学生参与具体事务的管理活动。如参与奖助学金评定、助学贷款的申请和审批等与学生日常管理有关事宜，参与学校后勤服务与管理工作及学生生活园区的管理工作，参与教学及服务质量的监督等，此类参与可以通过书面、口头或在网络上提出意见等方式进行。[①]高校学生民主参与的内涵主要包括以下三个方面：一是大学生以主体意识和主体身份参与高校管

---

① 参见罗智敏：《论大学生参与权与高校的民主管理》，载冯世勇：《学生工作创新管理研究》，高等教育出版社，2012 年版，第 581 页。

理；二是学生从正式组织中分享一部分管理权，同时要承担一部分责任；[①] 三是参与的目的是加强自我管理，提高学校管理的民主化和科学化，依法维护学生合法权益。

（二）高等学校学生民主参与的法律制度

当前我国与教育相关的法律法规对高校学生民主参与进行了规范，从《宪法》赋予公民的参与权和建议权，到《教育法》《高等教育法》，再到教育部的规章以及高校的章程及规章制度中均有涉及，这充分表明了高校学生民主参与的重要性，同时也说明了高校学生民主参与应该循着规范化的方向发展。

1. 高等学校学生民主参与的宪法依据

《宪法》第 2 条规定："中华人民共和国的一切权力属于人民。人民行使国家权力的机关是全国人民代表大会和地方各级人民代表大会。人民依照法律规定，通过各种途径和形式，管理国家事务，管理经济和文化事业，管理社会事务。"随着社会主义民主法治建设不断推进，我国人民行使当家做主权利的形式和途径也越来越丰富，而这些形式和途径，正是对公民参与权的最基本保障。同时从大学生本身来看，大学生的价值观也呈现多元化的倾向，他们主体意识不断提高，并且更注重自我价值的实现。[②] 因此，对于大学生来说，也应当通过各种途径和形式，参与到高校各项事务的管理之中。

《宪法》第 41 条规定："中华人民共和国公民对于任何国家机关和国家工作人员，有提出批评和建议的权利……"虽然高校并非严格意义的国家机关，但是高校在授予学位等事宜上是根据法律的授权，代表国家在行使权力，同时高校也是代表国家履行教育的职责，保障学生受教育权的实现。可见，高校学生对高校也具有批评建议权。因此，高校非常有必要建立学生的民主参与机制，广泛听取学生的意见和建议。

---

① 庄乾杰：《大学生参与高校民主管理的现状研究》，南昌大学 2012 年硕士学位论文。
② 颜三忠，洪萍：《试论高校学生会利益协调功能的完善》，《江西教育学院学报（社会科学版）》，2011 年 2 月。

2. 高等学校学生民主参与的法律依据

《高等教育法》第11条规定："高等学校应当面向社会，依法自主办学，实行民主管理。"该条文虽然只是原则性的总体要求，并没有对参与途径、参与范围等问题做具体规定，但为强化高校民主管理，特别是为高校学生民主参与提供了法律依据。

《普通高等学校学生管理规定》第41条规定："学校应当建立和完善学生参与民主管理的组织形式，支持和保障学生依法参与学校民主管理。"这为高校如何保障学生民主参与提出了要求，高校应持支持态度，应该建立和完善学生民主参与的相关组织形式。

3. 高等学校章程及相关管理规定

《高等学校章程制定暂行办法》第12条规定："章程应当明确规定教职工代表大会、学生代表大会的地位作用、职责权限、组成与负责人产生规则，以及议事程序等，维护师生员工通过教职工代表大会、学生代表大会参与学校相关事项的民主决策、实施监督的权利。"该款规定了学校应以制度形式，特别是以章程来保障学生民主参与。

以《中国政法大学章程》为例，其中第52条规定："学校建立健全学生权利保护机制，维护学生合法权益。通过健全完善听证座谈、新闻发布等相关制度，积极鼓励和引导学生参与学校管理，以民主的方式给学生对学校提出合理化建议提供条件和便利。学生代表大会是学生的维权机构，闭会期间由其常设机构代表学生参加学校民主管理，保障学生利益。学校设立学生申诉处理机构，处理学生申诉。"这就从学校章程角度详细规定了学生民主参与学校事务管理的权利和程序。

二、高等学校学生民主参与的价值

参与式民主理论认为，民主不仅是一种宏观政治制度安排，也是一种微观生活方式，民主的实践分为宏观的政治层面和微观的生活层面。[①] 大学生在宏观层

---

① ［美］杰弗里·希尔墨:《参与式民主理论的现状（上）》，毛兴贵译，载《国外理论动态》，2011年第3期，第29-37页。

面参与民主政治的基础条件是微观层面上的广泛参与，他们对微观层面上所涉及的事项既熟悉又关注，因而大学生群体实现参与式民主是可行的。学生民主参与高校管理工作，不仅给予大学生表达自己权益的机会，更维系了高校学生管理部门与大学生之间持续沟通与信任的关系。[①]特别是有利于帮助大学生树立正确的世界观、人生观和价值观，对于培养大学生的公民素质，促进其全面发展具有重要意义。

（一）提高学校管理的科学性、民主性和合法性

大学生的民主参与，可以扩大高校作出涉及学生利益决策时的信息来源，使决策更加趋于科学性与合理性。通过学生民主参与，高校创造条件让大学生积极参加各项涉及学生利益的决策的制定，听取大学生的各种意见，与大学生平等地进行沟通和交流，寻求高校决策的更广泛的同意，就会得到更广泛的大学生的支持，从而使该决策更容易执行。[②]因此，高校学生民主参与使高校的决策建立在民主基础上，避免高校决策的单方性与武断性，实现了信息的充分沟通和协商，从而提高学校决策的科学性、民主性与合法性。

（二）培养学生公民素质

学生在参与学校民主管理的过程中，如果敢于和善于表达自身的利益诉求，这表明学生在民主管理中已经不再是被动地接受管理，而是有了独立的思维判断能力，这正是现代社会公民素质的基本要求。公民素质是大学生政治人格完善之重要组成部分。通过学生民主参与，帮助大学生从主观上认同自己的主体身份，培养公民素质，在享受权利的同时履行义务，从根本上充分发挥大学生的参与和合作精神，并通过积极参与学校公共事务，进而实现学生的自我管理、自我教育和自我服务。由此可见，高校学生民主参与对培养大学生的公民素质具有重要的价值。

---

① 刘长平：《大学生民主参与高校学生管理探析》，载《高等农业教育》，2013年11月。
② 罗智敏：《论大学生参与权与高校的民主管理》，转引自冯世勇：《学生工作创新管理研究》，高等教育出版社，2012年版，第583页。

（三）促进和谐校园的建设

在高校教育改革的发展进程中，高校的利益主体已经发生了重大变化，"政府逐渐从一个'划桨者'变成了'掌舵人'，高校也从单一的利益相关者逐渐演变成政府、教职工群体、高校行政人员、学生群体和社会合作办学者等多元化利益主体并存的局面"。①大学生对涉及自己切身利益的事项都非常关心，②因此，在多元的高校中如何平衡多元利益是实现高校科学合理治校、构建和谐校园所必须解决的问题。

和谐校园以校园为依托，强调各种要素全面自由协调发展，进而达到对各种教育因素整体优化的效果，最终实现学校、教师和学生三者协同发展。沟通、交流和理解是和谐的前提，学校通过学生民主参与机制，让学生充分表达自身的利益诉求，在管理中充分听取和尊重学生的意见和建议，在沟通和交流的基础上实现相互的理解，最终实现校园和谐。

第二节　高等学校学生民主参与法律问题研究

目前，学生民主参与学校管理的情况与理想状态还有差距。部分高校管理人员观念滞后，学生不理智的利益表达方式，常常使得本应该融洽相处的校生双方有对立趋势。目前高校学生民主参与制度从总体上来讲存在着制度不完善，参与过程机制的随意化倾向，保障救济机制的不完善，以及学生参与积极性和参与能力有待提升的问题。具体来看，学生代表大会、决策听证会、征求意见会、列席校务管理会以及通过学生组织参与等常见的高校民主参与形式，都存在需要改进和提升的地方。

① 李春：《我国高等教育体制中的利益主体变革》，载《现代交际》，2012年第2期。

② 从2008年到2010年两年来，中国人民大学成立的提案落实委员会共收到学生代表提案295份，从宿舍楼、学院等途径收集学生日常提案541份，下发"学生提案反馈说明"373份。提案内容涵盖学校发展建设、校园生活服务、教学管理规划、学生组织发展等校园学习生活的各个方面。参见谢丽莎，唐轶，黄丹羽：《多项渠道沟通 高校流行学生参与式管理学校》，载《中国青年报》，2010年10月19日，http://zqb.cyol.com/content/2010-10/19/content_3427981.htm。

一、高等学校学生民主参与存在的主要问题

从总体上看，高校学生民主参与的效果并不理想，导致了该制度出现形式化和虚置化倾向。究其原因，从学校和制度设计的角度来看，制度不完善、参与的过程机制以及参与保障救济机制都还存在不足；从学生的角度来看，学生参与的主体功能发挥还不足。

（一）学生民主参与制度的不完善

《普通高等学校学生管理规定》明确要求高校要建立和完善高校学生民主参与的组织形式，这在很大程度上是要完善学生民主参与管理的法律规范，也表明我国高校学生参与管理向法治化转变。[①]高校获得了教育部规章的授权，可以自行制定规定。但该规定仅提出了总体要求，在参与内容、实施途径、参与范围等方面尚无详细规范，对高校在制定学生民主参与相关制度时缺乏具体的指导，导致各高校章程等规章制度多照搬照抄，未能进一步细化和明确，缺乏具体的实施细则。

（二）学生民主参与过程机制的随意化倾向

目前，高校民主管理中，学生民主参与管理的主要渠道包括：校院学生会类学生自治组织、学生社团、座谈会、听证会、列席校务管理会等。参与渠道看似很多，但是由于缺乏对参与内容、参与渠道、参与原则、参与程度以及参与层次等的制度规范，在实际操作的过程中导致了执行的随意化，未能实现事项与参与形式以及参与程序相适应，即未能实现民主参与过程机制的规范化。

此外，随着网络技术兴起而产生的新型网络平台参与管理方式，多以个体参与为主，学生参与的关注点集中于涉及自身利益的事务。而且因网络言论的开放性等特点，这往往只能代表部分甚至个别学生意见，无法全面反映学生意见。实际上，学生民主参与的内容、程度非常有限，所以，学校不仅在教学工作、学生管理工作以及后勤服务工作等与学生学习生活密切相关的方

---

① 《普通高等学校学生管理规定》第四十一条：学校应当建立和完善学生参与民主管理的组织形式，支持和保障学生依法参与学校民主管理。

面引导学生积极参与，而且只要与学生相关的，涉及学生利益的，涉及学校发展规划等重大决策的事项，都应鼓励引导学生参与，在决策时能真正考虑学生的意见和建议。

（三）学生民主参与的保障救济机制有待完善

据调研，目前高校学生民主参与效果并未达到理想的状态，有的学生认为像学生社团和学生会这样的学生组织，在学生参与管理方面发挥的作用一般。比如就学生普遍关心的食堂的饭菜质量问题，学生通过食堂监督员或者学生代表大会等渠道提出意见，但这些意见很难被采纳，即使表面上反馈已经采纳了，但实际上很难真正改进饭菜的质量。此外，对学生列席校务会或者担任校长助理、处长助理等形式进行民主参与，许多学生也认为形式大于实质，很多时候就是一种摆设。我们组织的一次学生民主参与的调查显示，有 26.8% 的受访学生表示"征求过意见，但只是走走过场"，13.4% 的受访学生表示"没征求过，都是学校说了算"，仅有 15.2% 的学生选择了"直接影响学校决策"。参与保障机制的不完善，特别是缺乏有效的激励和监督，导致了民主参与效果的不佳。

在目前高校申诉和诉讼案例中，高校学生民主参与案例少之又少。这一方面是学生民主参与意识不到位的原因，如对公共事项，有的学生认为民主参与涉及多数人的利益，自己参与费时费力，且不一定有效，不如"搭便车"，并没想到去通过申诉、复议或者诉讼途径解决问题；另一方面，也的确存在民主参与保障机制不完善的原因，目前的制度设计中几乎没有类似明确的规定，学生对民主参与存在异议的可以申诉或者提起诉讼。特别是诉讼中，对学生民主参与权救济机制不完善。

学校应充分尊重学生的民主参与意见，以海纳百川、实事求是、科学严谨的态度，对学生合理的建议，应积极采纳，认真落实；因客观原因，需要暂缓采纳或者无法采纳的，应与学生真诚沟通，说明理由。

（四）学生参与积极性和参与能力有待提升

正如前文所述，机制、参与效果等原因，一定程度上挫伤了学生的参与积极性。但是从另一个角度来看，学生参与积极性也与学生的参与意识相关，学生参与意识仍然有待端正和培育。从人的本能来讲，学生整体上都有参与的意向。只是参与实践中，由于每个学生的公共情怀有差异，在一些涉及多数人的利益或者公共的利益时，学生参与积极性有所分化和差异。此外，学生参与意识迫切需要端正，不能把民主参与作为无限获取个人利益的手段。学生参与能力的不足也是一个客观现实，主要是由于民主参与训练较少，特别是有效的深度参与机会更少。同时，学校作为教育责任承担者和执行者，培养学生民主参与能力责无旁贷。但是在学生民主参与制度实践中，学校利益与学生之间的利益表达存在着一定的张力。对此，需要学生坚持不懈地积极参与和不断提高民主参与能力，学校也应为学生民主参与留出足够的空间和余地。

二、高等学校学生民主参与的主要形式及分析

学生参与学校民主决策和科学管理，是学校适应国家高等教育改革，全面推进素质教育，培养高素质、创新型人才的一项重要举措，对促进学校学生管理、教学科研工作及后勤服务迈入科学化、民主化和制度化的进程具有重大的意义。①因此，高校在实践中也积极探索多种形式的学生民主参与，如学生代表大会、决策听证会、征求意见会、列席校务管理会以及学生社团组织的民主参与等。

（一）学生代表大会

为了保证学校与学生之间能及时充分地交流意见，避免出现学生对学校的意见和建议长期不能得到有效表达的情形，有的高校在学校章程中明确规定学校支持定期召开学生代表大会，听取学生代表意见和建议。②高校中普遍通过学生代表大会，运用提案制度，为学生维护自身利益诉求提出意见建议提供渠道。当学生的某些切身利益没有得到实现或者受到侵犯时，符合一定数量标准的学生就会围绕相关问题向学校提出提案，高校通常也会重视学生的提案要求，就有关问题

---

① 教育部学生司：《大学生管理基础知识》，北京师范大学出版社，2001年版，第99页。
② 《中国政法大学章程》第五十二条。

责成相关部门进行整改或落实。显而易见，提案制有助于学生进行诉求和建议表达，维护自身合法权益，也有助于高校提升管理的实效。

正如前文所述，学生代表大会制度从制度设计上来看，是一种比较理想的高校学生民主参与的重要形式，但从实践的角度来看，也还存在一定不足。学生代表大会制度由于每年定期召开，在开会期间通过提案制度反馈学生意见和建议，学校和学生之间能实现良好的互动。但是在闭会期间，虽有学生委员会等常设机构，但其普遍存在平时忙于组织开展学生活动的情况，而组织学生进行民主参与功能发挥不足，学生的建议和意见不能及时向学校传达。对此，最好的解决方式是在委员会内部专门设立相关的机构，专司组织学生民主参与这一职责。同时，通过召开每周意见征集会等方式，定期搜集学生的意见和建议，及时向学校传达。

（二）决策听证会

听证制度，主要是指在制定规章制度或作出某项处理决定的时候，通过听证的程序向参与听证的人员征求意见，并对相关制度或处理决定就合理性、可行性和必要性等方面开展论证的过程。[①]对于高校而言，在开展学生听证会时，要充分地阐述相关决策事实和理由，让学生了解相关情况，并真正有效地参与到听证中来。

但是听证制度作为舶来品，在我国的制度实践并不长，在高校管理中引进学生听证制度，初衷虽好，但是因为在实际操作中，很多高校没有健全配套保障机制，实施起来往往形式大于内容，成效不大。鉴于此，实施听证制度，必须要以科学和公正作为基础，在高校的学生听证中，高校和师生是不同利益代表，是不同的利益主体，参与民主决策时，要建立在平等的地位之上。为确保上述条件能够实现，在高校建立相应的听证机构及委员会是十分必要的。听证机构及其委员会要具有独立性，不能受制于某一利益群体，因此听证会的成员应该由高校管理部门负责人、教师和学生代表一同构成。实施学生听证制度，关键要把握三点，

---

① 熊宛冰：《权利本位视野下高校学生权利保障机制探析》，载《纺织教育》，2009年第6期。

即代表的代表性，过程的公开性和结果的有效性。

（三）征求意见会

在管理和教学方面，高校制定的相关制度在实际执行中能否实现高效顺利运转，一方面取决于高校本身对这些制度的推进和落实力度，另一方面更取决于学生对制度的认同，以及能否将遵守制度转化为自觉的行动。要实现教学、管理制度的目标，学校在制定相关制度时，就要立足于学生，从学生的根本利益出发，如果制度符合学生的利益，那么学生肯定会将制度内化为自己的行动；如果制度和学生的利益背道而驰，那么学生肯定会对制度形成抵触心理，制度的效果就不甚理想。要保证制度运行的效果，在制度制定和运行过程中，召开征求意见会是一种重要有效的形式。

当前，部分高校管理工作人员由于意识未能与时俱进，还停留在"管"的思想上，认为召开征求意见会没必要或是走过场，事前未能宣传征求意见相关主题，事中将学生的建议当作质疑，压制学生意见表达，事后往往将学生意见置于一旁，依然我行我素。这就影响制度的科学化和民主化，也将直接影响制度的运行。

（四）列席校务管理会议

列席校务管理会议主要包括列席校长办公会、列席后勤例会以及学生工作例会等各相关职能部门例会。从制度实践的角度来看，目前学生列席校务管理会议执行效果不平衡，有的效果好，有的也不尽如人意。主要原因，一是列席的学生代表数量有限，代表选取刻意化，特别在列席校长办公会的代表选取时，相关职能部门总会进行刻意的安排。二是会议主办方与学生会前沟通不足，学生代表未能充分征求学生意见。三是在管理会议上都是学校的领导以及老师，学生往往由于心理畏惧等种种原因，不敢和不能尽情地表达自己的真实建议和想法。调研发现，有的高校做的好，如每月定期召开后勤工作例会，邀请学生列席，饮食、住宿等后勤各中心负责人均参加会议，现场听取学生建议，并对学生建议进行分类处理，能立即落实的立即落实，需要学校论证再落实的，向学生说明时间安排和流程，由于校园面积等客观原因无法采纳的，向学生做好解释说明工作。同时还对学生意见分类处理情况通过网络进行发布，平时工作中，对学生在校园 BBS 或者微信朋友圈发表的意见也及时回复。

因此，通过制度设计进一步规范学生列席校务管理会议制度，保证学生事前知道相关会议议题，充分征求广大学生意见，在会议上能有专门时间充分发表学生的意见和建议，学校在管理中能真正地尊重学生的意见和建议。此外，学校还可以设立定期沟通制度，推动学校领导和学生定期开展沟通活动，比如设立"领导接待日""与校长共进午餐"以及"校长咖啡"等活动，进一步拓展学生参与学校事务管理的渠道，搜集学生意见和建议。同时逐步将这些有效的做法制度化，避免三分钟热情和被形式化。

（五）学生会、学生委员会、社团等学生组织的民主参与

群体性的学生的民主参与，主要指学生通过学生会、社团及其他组织形式行使民主参与的权利。[①] 关于高校学生通过学生会、社团等学生组织进行民主参与在法律上也有明确的规定。《宪法》第 35 条规定："公民具有言论、出版、集会、结社、游行、示威的自由。"宪法赋予了高校学生作为公民享有的结社权。《高等教育法》第 57 条也明确规定："高等学校的学生，可以在校内组织学生团体。学生团体在法律、法规规定的范围内活动，服从学校的领导和管理。"《普通高等学校学生管理规定》进行了细化规定，[②] 这为高校学生通过组建学生会、社团的形式进行民主参与提供了重要的法律依据。并且根据《社会团体登记管理条例》相关规定，高校中组建的社团仅需经高校内部批准即可，无须到民政部门进行登记。[③] 学生通过学生会、社团等学生组织进行民主参与有一整套的

[①] 　郭春发，孙霄兵：《大学章程制定中要认真对待学生参与权》，载《中国高教研究》，2012 年第 11 期。

[②] 　《普通高等学校学生管理规定》第四十四条规定："学生可以在校内组织、参加社会团体。学生成立团体，应当按学校有关规定提出书面申请，报学校批准。学生团体应当在宪法、法律法规和学校管理制度范围内活动，接受学校的领导和管理。"

[③] 　《社会团体登记管理条例》第三条规定："成立社会团体，应当经业务主管部门审查同意并按本条例的规定进行登记。但下列团体不属于本条例规定的登记范围：机关、团体、企事业单位内部经本单位批准成立，在本单位内部活动的团体。"

制度规范。

但从实践的角度来看，学生组织可以分为学生会等学生自治组织和学生社团两大类。关于高校学生会的建设，在组织结构上，基本形成了共识，分为代表会和执行会，执行会就是我们通常意义下的学生会。代表会一般称为学生委员或学生代表会，是执行会的监督机构。执行会由代表会选举产生，执行会通过代表会对全体学生负责，并定期向其述职。在学生代表大会闭会期间，学生会在代表学生依法参与学校管理，维护学生权益方面发挥着重要的作用。学生主要通过学生会或者学生委员会，向各部门转达征集到的学生意见，参与奖助学金评选、后勤管理服务等涉及学生利益的活动等，实现学生的民主参与。目前存在的主要问题是，高校学生会和学生委员会虽然是实现学校与学生交流、沟通的最重要的途径，也是学生参与学校民主管理的可行机构，但是有时校方过多地干预学生会和学生委员会工作，[①]以及参与程序不完善，这导致了学生会和学生委员会是否真正体现学生的愿望是存疑的。因此，我们必须进一步积极探索，并努力完善其机构设置，提高其影响力和代表性，真正发挥学生会和学生委员会代表学生进行民主参与的作用。此外，还应该积极探索，引导学生组建学生宿舍自我管理委员会、学生餐饮监督委员会等类似的学生自治组织，真正地实现学生参与共治。

此外，学生社团主要是由一群有着共同兴趣的学生组建的学生组织。学生社团在发挥学生民主参与的功能方面，主要是通过社团集体的名义向学校相关部门提出合理化的意见和建议。学生社团的民主参与能发挥一定的作用，但由于其关注面和代表性有限，往往只是面对具体问题时，才会通过建议形式进行民主参与；也只能反映一小部分具有共同兴趣学生的建议，并非常规性的参与机制。因此，应该积极探索，完善学生社团的民主参与机制，充分发挥学生社团的民主参与功能。

---

① 《学生会的直接"领导"是学代会不是团委老师》，载《中国青年报》，2010年12月9日，http://zqb.cyol.com/content/2010-12/09/content_3459736.htm。

第三节　高等学校学生民主参与法治化路径探索

针对上述问题，本书从完善制度、建立良法；转变意识，创新形式以及培育学生参与意识，提高学生参与能力等方面提出完善高校学生民主参与的合理化建议。

一、完善制度，建立良法

制度是效果的保障，只有完善了制度，才能期待良好的效果。因此，完善高校学生民主参与制度的首要工作就是建章立制。

（一）完善《普通高等学校学生管理规定》相关内容

目前，我国的教育立法中尚未对学生参与民主管理做详细的规定。在《普通高等学校学生管理规定》中虽然提出了学生可以参与高校管理，但是本书认为，需要通过完善《普通高等学校学生管理规定》相关规定或者单独制定实施细则，进一步细化规范学生参与的内容、参与范围、参与的形式、参与程序以及参与效果的反馈等，为高校制定细则提供制度参考和依据。通过制度的具体化设计，推进高校学生民主参与，保证学生能真正实现民主参与。此外，从法律层面，还应建立和完善高校学生民主参与的救济保障机制，让学生在民主参与权受到侵犯时，可以通过申诉、行政复议或者诉讼等途径依法维护自己的民主参与权。

（二）学校制定专门的学生民主参与相关制度

随着我国社会主义民主法治进程，高校学生民主参与在实践层面也取得了一定的发展。在涉及学生切身利益的重要制度制定或修订，以及一些与学生相关的重大改革方面，学校都会积极地通过召开征求意见会等形式广泛听取学生的意见和建议，以实现决策的民主化和科学化。但在制度层面，目前高校中普遍缺少专门规范学生民主参与的相关制度，多数高校都仅在章程中规定学生可以参与民主管理，对学校工作提出意见和建议；有的进一步细化规定，学校通过听证会、座谈会和新闻发布会等制度，鼓励和支持学生参加学校的民主管理，对学校的工作提出意见或建议。学校支持定期召开学生代表大会，听取学生代表意见和建议。在学代会闭会期间，学校支持学代会常设机构学生委员会和执行机构学生会依法参与学校管理，维护自身权益。[①]此外，高校学生民主参与相关规定多散见于各部门规章制度或者各学生组织章程中，很少有专门的规定进行系统规范。因此，迫切需要制定高校学生民主参与的专门制度，以明确民主参与的事项，学生的参与人数、参与内容、参与方式以及参与结果反馈等，以完善参与过程机制和保障救济机制，真正体现以生为本办学理念，维护学生合法权益。

二、转变意识，创新形式

制度的生命在于实施，管理的意识以及具体的参与方式和程序等实施要素直接决定了高校学生民主参与的成效。因此，我们必须要转变管理意识，树立"以学生为主体"的理念，不断通过网络手段等创新民主参与的形式，引导学生积极参与。

（一）转变管理意识

学生民主参与，是高校落实"以学生为主体"理念的重要体现，即把学生作为高校管理活动的主体，充分发挥学生的主体地位，满足其心理需求。随着我国高等教育的发展，高校纷纷认识到"学生是构成高等教育系统的必要条件，离开了学生，高等教育系统没有存在的理由；而大学生都是身心发展到一定程度、有一定自律能力和批判能力的人。"[②]大学生的民主意识也逐渐加强，开始关注并参与学校的管理活动。因此，我们必须转变传统的管理理念，转变诸如学校和老师是主体，学生是管理的客体和对象，学生必须服从管理等观念。在高校管理中真正倡导和践行"以生为本"的理念，一是让学生参与管理，二是引导学生加强自我管理。通过学生的民主参与，提高学生管理的民主化和科学化，进而提高管理效率，维护学生合法权益，实现高效学生管理的共治和善治。

同时也要树立信息公开意识，做好校园信息公开。信息公开是民主社会的基本特征，因为"民主社会首先是一个充满各类信息的公开社会，因而不相信保密，

---

① 《中国政法大学章程》第五十二条。
② 卢晓中：《当代世界高等教育理念及对中国的影响》，上海教育出版社，2001年版，第183页。

也不信任'暗箱操作'。"① 在高校同样如此，学校应该向学生公开自己所拥有的信息，尤其是涉及大学生权益的一些信息，比如各项学校规章制度，学校制定的各种政策及其掌握的教育行政机关与其他机关作出的涉及大学生权益的各种规范性文件及政策，一些具体管理事项的规则与结果等。只有做到信息公开，才能保障大学生的知情权，信息公开是大学生进行民主参与的前提。

（二）创新参与形式

正如上文所述，目前高校学生民主参与的形式主要包括学生代表大会、决策听证会、征求意见会、列席校务管理会议以及通过学生会、社团等学生组织的民主参与等形式。高校管理中现有的参与途径看似已经呈现了多样化的发展，但是随着网络时代的到来以及以上形式存在一定的不足，不能很好地满足学生民主参与的需求，非常有必要进一步创新民主参与的形式。

（1）微博、微信、校园论坛等网络参与。随着网络信息技术的发展，学生成为"网络一族"，学生几乎无人不网，甚至是无时不网。同时网络具有不受时间、空间限制，不需要面对面就可以交流、虚拟以及匿名等特点。网络信息技术的发展有利于推进高校民主参与。一是因为网络覆盖的广泛性和传播的便捷性，有利于扩大学生民主参与的群体，能让更多的学生直接进行参与。这与真正的民主内涵高度契合，"真正的民主应当是所有公民的直接的、充分参与公共事务的决策的民主，从政策议程的设定到政策的执行，都应该有公民的参与，只有在大众普遍参与的氛围中，才有可能实践民主所欲实现的基本价值如负责、妥协、个体的自由发展、人类的平等等等。"② 二是因为这种虚拟和匿名，以及交流的便捷，让更多的学生敢于参与、乐于参与。可见，我们迫切需要充分利用微信、微博以及校园论坛等网络平台，创新高校学生民主参与的形式。

（2）校园议事厅制度。理事会制度在境外高校设置的较多，但是基于我国的国情，理事会制度在我国高校里设置的并不多，高校可以尝试设立类似的校园

---

① 张千帆，赵娟，黄建军：《比较行政法——体系、制度与过程》，法律出版社，2008 年版，第 476 页。

② ［美］卡罗尔·佩特曼：《参与和民主理论》，上海人民出版社，2006 年版，第 8 页。

议事厅，为学生参与管理拓宽新的参与渠道。①涉及学生切身利益的事项先提请校园议事厅讨论，其会议记录和讨论结果供学校决策参考。

（3）会议咨询制度。会议咨询制度是收集学生利益诉求信息的重要渠道，学校可以在此方面建立制度，定期召开咨询会议。制定此项制度可以推动学校领导定期听取、采纳学生提出的事关学生切身利益的各种意见建议，诸如学生日常管理规章的制定、实施等。在定期举行的咨询会上，学生可以结合自身日常的学习和生活实际，向学校提出管理方面存在的问题，并提出合理化的意见建议，有利于学校和学生之间通过沟通加深彼此的了解，进一步融洽双方之间的关系，在解决问题的同时，也能增进学校的和谐。

三、培育参与意识，提高参与能力

学生作为民主参与的主体，要进行民主参与，学生必须树立正确的参与意识，具备必要的民主参与技能。这两方面的塑造和培养，学校都责无旁贷。

（一）培育学生的参与意识

首先，在大学生群体中，要强化权利和义务统一的观念教育，让大学生知晓没有无义务的权利，引导他们树立在行使权利的同时，也履行自己应该承担的义务的意识。其次，要引导学生运用马克思主义哲学进行思考，客观辩证地分析遇到的问题。这样，他们在进行民主参与时，就能立足实际，自觉地从学校实际出发，不提无谓的、无理的利益诉求。最后，注重培养参与的责任意识，让学生意识到，积极进行民主参与是促进学校建设发展，维护自身合法权益的重要途径。作为学校的一分子，每个学生都有积极参与学校民主管理的责任。培养参与意识的形式，高校课堂是重要的阵地，除此之外，也可以采用教育实践活动和主题班会等形式，围绕学校教育管理，对学生进行有关政策和规章制度宣传，用公开透明的决策管理，培养学生的参与意识。

（二）培养学生的参与能力

大学生不应处于被压制和管教的地位，因为高校各主体一律平等，且大学生

---

① 庄乾杰：《大学生参与高校民主管理的现状研究》，南昌大学 2012 年硕士论文。

已经具有一定的知识水平、认识水平、是非标准和自律意识。他们已经具备一定的自我教育、自我管理和自我服务的能力。好的教育方法不是说服和灌输，而是潜移默化的影响。作为教育者的高校，应该为大学生提供更多的机会和条件。学校可以通过学生会、相关社团以及班团组织活动等引导大学生自觉开展民主参与，培养学生民主参与能力。在传统的学生会、社团以及班团组织之外，学校还可以从另一个角度构建学生自主管理的运行体系——学生自治的校园文明建设委员会、公寓自我管理委员会、大学生维权中心等民主自治组织。通过这些组织，大学生可以自发地策划、组织、开展形式多样的活动，并在每一次活动中总结汲取经验教训。通过每一次活动的开展，让学生们在讨论中表达意见、收集想法、制定对策和规章制度，用自己的组织和规定严格要求自己并约束自己的行为。通过学生自治组织，不断提高学生自我教育、自我管理和自我服务的能力，培养学生民主参与能力。

第十三章　高等学校学生争议解决法治化研究

争议和冲突在人类社会生活中不可避免。正是通过化解争议和矛盾、冲突，人类文明才得以发扬和传承。解决争议的方式多种多样，当今依法治国、依法治校已经凝结成社会的共识。对于解决高校学生之间的争议，按照法治的方式最能让人信服。

第一节　高等学校学生争议解决法治化概述

要研究高校学生争议解决，首先必须清楚界定高校学生争议。高校学生争议是指学生与高校之间关于法律权利义务的争议，其关注的焦点在于利益的分配与获取是否公平公正。这种产生在学生与高校特殊性主体间的法律争议，带有多样性、复杂性和阶段性等特征。

一、高等学校学生争议的内涵以及特点

对于争议的含义，一般而言较宽泛，虽然经常提及，但是缺少一个严格的界定。日本学者归纳了几种不同的类型，比如对争（contention）、争论（dispute）、竞争（competition）和混争（disturbance）。[①] 这些类型其实都可以归为争议或纠纷（conflict）的子类别之中，本书认为所谓的争议，就是指一定社会主体之间的一种利益对抗状态，[②] 或者说特定的主体基于一定的利益冲突而在双方之间产生

---

① 参见何宏耀：《高等院校与学生纠纷问题研究》，厦门大学 2007 年博士学位论文，第 3 页。
② 何兵：《现代社会的纠纷解决》，法律出版社，2003 年版，第 1 页。

的对抗行为。① 而法律争议顾名思义就是利益冲突主体的双方关于法律权利义务的争议。因此，高校学生与高校之间的法律争议的内涵可以理解为"高校学生与高等学校之间因为在权利义务方面规定不明确而导致的各种纠纷和争执"。② 具体而言，可以从以下三个方面进行理解。

第一，主体特定，争议的双方必须是学生和高校。现代社会争议的产生是普遍而多发的，不同的争议解决的方式也不同。学生和高校之间的法律争议的第一个要点就在于其主体的特殊性，它必须是在学生和高校之间产生的争议。高校作为一个独立的法人或民事关系、行政关系的主体，其主要的职能是由高校的机构或教师行使，高校的学生包括专科生、本科生、硕士生和博士生。

第二，内容特定，争议的内容是关于双方的法律权利义务的争议。这种争议不同于我们平时生活中的口角和辩论，而是在认定和履行双方的法定权利义务上产生了不同的意见，并且相持不下。例如，学校要求收取一定费用，而学生们表示抗议，认为没有法律依据；学校对学生进行惩戒，而学生表示不服，想申诉或诉讼等。这些争议都是要围绕着其涉及内容的合法性展开，而不是一种道德或其他社会的争议。

第三，结果可控，争议的结果是国家必须和能够解决的法律争议。现代社会文明的一个突出特征就是减少私人暴力的使用，而增加国家规范和垄断暴力的行使。所以基本上社会的各种争议都是国家能够介入和解决的。对于高校和学生之间的法律争议，国家自然有责任介入和调整，以实现社会关系的第二次法律化。③

而随着社会对教育的普遍重视，我国高等教育推进的不断深入，学生和高校之间的争议反映出当前复杂的社会矛盾和问题，有着深深的社会争议烙印，具有

---

① 季卫东：《法律程序的意义——对中国法制建设的另一种思考》，中国法制出版社，2004年版，第6页。
② 黄明东等：《高校学生与高校之间法律争议解决机制研究》，人民教育出版社，2015年版，第24页。
③ 参见胡玉鸿：《法律争议论》，载《法治论丛》，2002年第5期。

多样性、复杂性和阶段性三个特点。

（一）多样性

学生和高校之间的法律争议的多样性包括争议内容、涉及范围、争议解决手段的多样性。就争议内容来看，正如前文所述，学生和高校之间的法律争议带有社会争议的普遍特征，纠纷和争议的内容多种多样，涉及面非常广。如关于学籍学位的争议，关于惩戒奖励的争议，关于受教育权的争议，关于人身权和财产权的争议等，几乎涵盖了学生在校生活和高校管理的方方面面。就争议的解决手段和途径而言，不再局限于传统的校内申诉和听证，还包括校外的复议以及诉讼等方式。

（二）复杂性

高等教育是一个特殊领域，学生与高校所产生的争议不同于社会一般问题。学生与高校的争议很多时候涉及的是学术评价等专业问题。这种复杂性的产生部分是由多样性引起的，但更重要的原因在于争议涉及内容的深度和广度。一方面，双方的争议不仅仅是关于校内的规章制度之解读，更多的是对国家法律法规的理解和解释；另一方面，争议的问题会涉及专业领域的评判，如学术不端行为的甄别、学位学历证书的颁发等。解决这些争议除了要结合明示的法律条文，还要运用专业领域的学术能力和学术判断标准。

（三）阶段性

阶段性，首先是指高校学生与高校之间的法律争议多发生在高年级阶段。[①]目前社会调查显示，争议多发于即将毕业的学生和学校之间。个中缘由，可能是高年级学生较为熟悉学校的规章制度，且涉及奖学金、毕业等与学生切身利益相关的问题，因即将离校存在难以弥补的问题。其次，阶段性表现为只有学生和学校之间存续法律关系才能产生相应的法律争议。一旦学生毕业，与学校不存在学籍关系，学生和学校就不存在本书所讨论的法律争议。

---

① 黄明东等：《高校学生与高校之间法律争议解决机制研究》，人民教育出版社，2015年版，第27页。

二、高等学校学生法律争议解决机制的历史变迁

高等教育的法治建设是一个从无到有，从缺陷到完善的过程。高校与学生之间的法律争议解决历史变迁深深镶嵌在我国的高等教育的发展历程之中，其可分为制度上的变迁和观念上的变迁两个层面。

（一）制度变迁

从制度上讲，早期高等教育法制并无健全的法律法规。学者郭为禄将我国高等教育的法制变迁分为了两个时期，一个是初步探索阶段，另一个是法制建设的新时期。① 在初步探索阶段，主要指的是改革开放以前，党和国家领导人吸收和借鉴了苏联教育法制建设的经验，从中国的社会经济、政治文化等实际出发，逐步建立相对完整的高等教育法规。但由于历史时代条件的限制，这个时期的高校学生争议解决并没有纳入法制的视野。而经历了"文革"，高等教育的法制果实遭到毁灭性破坏，高校学生争议解决更是无从谈起。

改革开放以来，我国高等教育法制开始复苏，特别是自 1995 年全国人大颁布《教育法》以来，高等教育的建设进入崭新的阶段。此后，相关法律法规陆续颁布，有《高等教育法》《民办教育促进法》《中外合作办学条例》等，我国高等教育走上了法制化轨道。2005 年教育部公布修订的《普通高等学校学生管理规定》，确立了依法治校、维护学生合法权益的新原则，高校和学生之间的法律争议也走上法治化解决模式。

（二）观念变迁

论语有云："听讼，吾尤人也，必也使无讼乎。"自古以来，我国的传统就是消灭诉讼，化解争议，认为诉讼和争议本身就是一件坏事，影响社会稳定，破坏社群人际关系。这种传统观念反映在高校管理之中，体现在注重维护高校的权威，对于法律争议则采取"控""压"和"堵"的方式。我国早期的高校行政色彩浓厚，自主性不够，运行模式基本照搬政府运行模式，强调集权管理、统一管理，行政主导一切，行政权压过学生权益保障，所以高校与学生之间的争议也完

① 参见郭为禄：《高等教育法制的结构与变迁》，南京大学出版社，2008 年版。

全由高校主导解决。

但随着社会主义民主法治建设和高等教育的深化改革的推进，现在高校管理树立了"依法治校""以人为本""一切为学生服务"的理念，并相应制定了大量的法律法规，给予高校管理以制度保障。①在此形势下，学生与高校之间的法律争议也日益走上法治化轨道，不仅有校内申诉制度，还扩及民事、行政诉讼和行政复议，完成了从"行政主导一切"到"依法治校"的观念转变。

三、境外高等学校学生争议解决

高等教育制度是舶来品，西方发达国家的高等教育法治经验值得我们借鉴和学习。本书选取了美国、英国、法国和日本四个具有代表性的国家，分析了他们所积累的丰富经验，以为构建我国高校与学生之间的法律争议解决机制提供参考。

（一）美国高等学校学生争议解决

美国高等教育的首要特征在于法治化程度高，其拥有健全的法律法规，内容涉及学校教育、教育行政、教育奖励和帮助、社会教育等。②其次，其教育理念也经历了一个转换，从早期的"代理父母说"逐步转变，开始重视学校与学生间的平等和学生利益的保护，强调学生的主体地位，淡化家长主义的作风。最后，美国的学生申诉制度和法律咨询制度较为完善，学生和高校之间的争议能够得到有效的解决，学生的权益也能得到及时的救济。几乎每所高校的学生管理条例都规定了学生申诉程序，学校对待学生的申诉要求也非常严格，程序很正式和齐全，每个过程所需的时间都有具体的要求③。另外，美国高校的学生能够得到非常完善的法律咨询服务，能充分与学校进行争辩，这在很大程度上解决了学生因为不懂法律而与学校产生争议的问题。

---

① 关于我国高等教育法制的变迁，参见郭为禄：《高等教育法制的结构与变迁》，南京大学出版社，2008年版，第一章。
② 详见高家伟：《教育行政法》，北京大学出版社，2007年版，第68-69页。
③ 参见游敏惠：《美国高校学生事务管理研究》，西南大学2008年博士学位论文，第110页。

（二）日本高等学校学生争议解决

日本的高等教育很大程度上继受了英美等西方国家的经验，建立了富有自己特色的教育体制。1947 年，日本政府颁布《教育基本法》，树立了"培养完美的人格，尊重个人的价值，培养富有自主精神的国家与社会的建设者"之目的，[1]其高等教育法治特色是教育立法与教育政策并行，然后根据调整对象内容和性质的不同，建构多层次、多效力的教育立法体系，为其国内教育发展和争议解决提供了完善的法律环境。[2] 对于高校和学生之间发生的法律争议，日本也实现了法治化解决模式。其特点在于非常重视内部解决机制，不论是国立大学还是私立大学，学生和学校之间的法律争议解决场域主要在学校管理机构。"如果学生在学位授予、学业等方面发生争议，将由学术院负责受理、审查、取证、听证并处理；如果学生继续上诉的话，则由评议会中的学生事务专业委员会受理、调查、取证、听证并处理。这是学校内的最高决定，通常情况下，学生应该接受，否则只能诉诸校园外的司法系统解决"。[3]

（三）英国高等学校学生争议解决

英国非常重视高等教育法治化，同时也是非常重视学术自由、大学自治的国家。英国在高等教育方面，注重法律管理（以成文法为主、判例法为辅），中央和地方合作调控，倡导大学自治和教育督导制度。[4]

英国大学处理学生与高校之间的法律争议既有外部诉讼机制，亦有内部解决机制。从内部机制来讲，可以分为三个层面和两项制度。[5] 三个层面包括学院层面的解决机制、学部层面的解决机制和学校层面的解决机制，每个层面都可以接受学生投诉，学生也可以逐级表达自身诉求。两项制度主要指历史较长的一些大

① 国家教委情报研究室：《日本教育法规选编》，教育科学出版社，1987 年版，第 1 页。
② 参见石旭斋、李胜利：《高等教育法律关系透析》，吉林大学出版社，2007 年版，第 51-52 页。
③ 参见黄明东等：《高校学生与高校之间法律争议解决机制研究》，人民教育出版社，2015 年版，第 123 页。
④ 参见高家伟：《教育行政法》，北京大学出版社，2007 年版，第 66 页。
⑤ 见黄明东等：《高校学生与高校之间法律争议解决机制研究》，人民教育出版社，2015 年版，第 125-129 页。廉军、陈通：《英国大学内部管理制度的研究与借鉴》，载《辽宁教育研究》，2008 年第 3 期。

学和古典大学设立的监审委员会监督制度和校内法庭制度，监审委员会持有一个中立立场监督学生和学校之间的法律争议解决过程，以保证公平和公正；校内法庭制度在当今主要表现为英国大学的巡视员制度，其为解决学生和学校之间争议、促进高校法治化管理发挥着积极的作用。

（四）法国高等学校学生争议解决

根据学者的研究，法国的高等教育管理模式特征在于采取契约式管理，"契约管理改变了法国集权体制下政府高度干预高等教育的方式，由原来的微观管理、具体管理和行政指令转变为宏观管理、战略管理和协商谈判，既减轻了民主化浪潮下对政府集权的压力，又赋予了大学发展的活力。"[①]

法国高等学校和学生之间的法律争议解决机制的最大特色在于推崇学生和教师的主体地位。法国是一个非常强调自由和个性的国家，他们在争议解决机制中也乐于充分发挥争议各方的自由和个性。如1968年改革后，法国大学内部最大的两个团体就是以大学校长为代表的团体和以教学与研究单位主任为代表的团体，两个团体互不干涉。[②]在教学与大学生活委员会和教学与研究单位中，学生都保有固定的合法席位，因此，"与其他国家相比，法国高等学校的大学生参与解决法律争议的机制中的法制性最为明显"。[③]

第二节　高等学校学生争议解决的校内途径现状及问题

对于解决高校与学生之间的法律争议途径，通常可以分为司法途径和非司法途径，或者是诉讼和非诉讼途径。[④]本书以校内途径和校外途径两个类别进行划分，

---

① 参见马陆亭，陈浩：《法国高等教育契约管理模式探究》，载《新疆师范大学学报》，2016年第2期。

② 李晓，黄建如：《20世纪后半叶法国大学内部管理结构问题研究》，载《大学教育科学》，2007年第1期。

③ 黄明东等：《高校学生与高校之间法律争议解决机制研究》，人民教育出版社，2015年版，第132页。

④ 参见方芳：《论高校与学生的法律关系及纠纷解决机制》，载《当代教育论坛》，2009年第8期（上半月刊）。

校内途径主要有听证和申诉，校外途径包括行政申诉、行政复议、行政诉讼和民事诉讼。

一、校内听证

听证制度源远流长，从历史渊源来讲，它可以追溯到英国的自然公正原则。自然公正原则包括两个方面内容："一是任何人不能成为自己案件的法官；二是任何参与裁判争端或裁判某人行为的个人或机构，不但要听取起诉人一方的说明，而且要听取另一方的陈述，在未听取另一方陈述的情况下，不得对其施行惩罚。"[①]在我国的《行政处罚法》《行政许可法》等法律中也都规定了听证制度。具体到高校中，则指高校在作出关于学生利益的决定时，应当听取学生的申辩和陈述，给予其提供证据的机会。[②]

（一）听证的适用范围

《普通高等学校学生管理规定》第56条规定：学校在对学生作出处分决定之前，应当听取学生或者其代理人的陈述和申辩。这里的处分包括取消入学资格、退学处理或者违规、违纪处分。所以，听证适用于上述处分决定。但是在实践中，具体何种处分能成为听证的对象，各个高校规定的又不尽相同。北京市教育委员会制定的《关于普通高等学校违纪处分若干程序规定》只明确规定了对于开除学籍可以要求听证；西南政法大学也只规定开除学籍可以申请听证；中国政法大学和华东政法大学听证的适用范围则很广，包括警告、记过、留校察看等处分。[③]

（二）听证主体

听证主体一般是指在听证程序中享有权利和承担义务的组织和个人，听证是面向大众的决定制度，因此涉及多方主体和机构，包括组织者、主持人、参加人和其他可以参与的主体。

---

① ［英］戴维·M.沃克：《牛津法律大辞典》，北京社会与科技发展研究所组织翻译，光明日报出版社，1988年版，第69页。

② 周禹：《略论高校学生管理中的听证制度》，载《高等教育研究》，2009年第4期。

③ 乔玉华：《试论高校学生处分听证制度的建立与完善》，载《国家行政学院学报》，2006年第12期。

1. 听证的组织者

听证的第一个主体是组织者，在高校中一般由学生工作部门担任组织者的角色。听证组织者的职能主要有接受当事人或者利害关系人的申请、在规定时限内向当事人和利害关系人发送书面听证通知书、准备相关的文件、选任或者聘任听证主持人以及依据听证内容确定听证会的参会人员等。[①]

2. 听证的主持人

听证主持人，主要负责听证活动的各个环节工作，安排现场秩序和流程，顺利完成听证。主持人的选任，是由听证组织者决定的，他们一般需要具有专业的法律或其他知识背景，能够保持客观和公正，和当事人不存在利害冲突。从听证实践来看，主持人一般是由学校内不担任公职的法学教师担任，这一方面能够保证听证主持人的专业素质，另一方面也有利于降低听证的成本。[②]主持人的权利义务主要集中于决定听证过程中的各项事务，诸如开始或结束、延迟听证，维护听证会的现场秩序，决定回避等。

3. 听证的参加人

除了组织者和主持人以外，听证的另一主体是参加人，他们要么是当事人，要么是利害关系人。具体而言，可能是受学校处分的学生，学生所在班级或年级的代表、受处分行为的证人以及负责处理事项的教师等。对一些特别重大的处分，如开除学籍，可能还需要学生的家长或近亲属参加。参加人的权利义务主要有得到通知、委托代理人、陈述意见、举证、阅览卷宗和听审笔录或证言、进一步申诉以及如实陈述和举证等。

4. 其他参与人

除了上诉三类主体以外，听证有时还需要证人、鉴定人员、翻译人员、调查人员等。他们虽然与听证活动没有利害关系，但是却要担负一定的职责，主要是协助当事人和组织者弄清当时的事情发生过程，以保证听证的客观性。至于其权

---

① 参见贺宏斌，宋昊澄：《高校学生管理中的听证程序》，载《高等教育研究》，2008年第2期。
② 参见贺宏斌，宋昊澄：《高校学生管理中的听证程序》，载《高等教育研究》，2008年第2期。

利义务则基本适用民事诉讼法方面的规定。

（三）听证程序

听证必须遵循一定的程序，这样才能达到公正裁决的目的。从既有的理论和实践来看，主要包括听证前准备、听证会的举行、听证结论的裁定和听证程序的复议审查四个环节。其中最关键的是听证会的举行阶段，一般步骤主要是先由主持人宣布开始，然后学校相关工作人员陈述相关事实和理由，听证申请人陈述、反驳，互相论辩，最后则是双方总结发言，作出听证意见。

（四）存在的问题

校内的听证制度基本是以行政听证制度为模型设立的，主要存在以下问题。其一，听证的范围受限，实践中可能只适用于开除学籍这样的处分，这很不合理。事实上，任何关乎学生重大利益或者影响全校的一些决定、处分都应当适用听证。其二，听证的责任并不明晰，缺乏监督和制约，出现了渎职等情形，没有明确的担责主体。根据上述的程序来看，听证的主持人是由学校组织聘请，最后的结果也是由学校机构裁断，缺少外部力量的监督和制约，很容易流于形式。

二、校内申诉

《普通高等学校学生管理规定》中明确规定，当学生对学校给予的处分有异议时可以行使申诉的权利。申诉权其实是我国宪法规定的一项公民基本权利，这种权利的意义在于可以为其他权利的实施提供有效防御保障，也可以有效制约权力的行使范围。所以从这个意义上讲，申诉权是一项救济权，它既充分尊重了学生作为受教育权的主体，也给高校管理自治划定了合理的界限。[①]

（一）申诉的适用范围

《普通高等学校学生管理规定》第59条规定：学校对学生作出的处分决定书应当包括处分和处分事实、理由及依据，并告知学生可以提出申诉及申诉的期限。这一规定实际上已经划定了学生申诉的主要适用范围，即学校的处分决定。《普通高等学校学生管理规定》第60条规定：学校应当成立学生申诉处理委员会，

---

① 参见湛中乐等：《公立高等学校法律问题研究》，法律出版社，2009年版，第442页。

受理学生对取消入学资格、退学处理或者违规、违纪处分的申诉，这一规定将涉及入学和退学等也纳入申诉范围之内。

根据规定，学校的纪律处分主要有警告、严重警告、记过、留校察看和开除学籍五种。其中又以开除学籍最为严重，只适用于一些非常严重的情形，如违反宪法和四项基本原则的行为、触犯刑事法律构成犯罪的行为、违反治安管理规定性质恶劣的行为以及替考、组织作弊、剽窃、抄袭等情节严重的行为。

（二）申诉主体

关于申诉的主体，应当包括三方：一方是提起申诉的主体，一方是被提起申诉的主体，最后一方是受理申诉的主体。提起申诉的主体自然是学生，而且是受到处分或者权益遭受侵犯的学生。被提起申诉的主体指的是作出处分决定的机构或个人。受理申诉的一般是机构，实践中基本是学生申诉处理委员会，它应当由学校负责人、职能部门负责人、教师代表和学生代表组成。

（三）申诉程序

《普通高等学校学生管理规定》第 61 条规定：学生对处分决定有异议的，在接到学校处分决定书之日起 5 个工作日内，可以向学校学生申诉处理委员会提出书面申诉。当学生申诉委员会接到学生申诉以后，应当对其申诉进行复查，并在 15 个工作日内作出复查结论并告知申诉人。需要改变原处分决定的，还要提交学校重新研究决定。学生如果对复查决定还有异议，则可以在接到学校复查决定书之日起 15 个工作日内向学校所在地省级教育行政部门提出书面申诉，也即行政申诉。

（四）存在的问题

虽然《普通高等学校学生管理规定》对校内申诉的主体、范围和程序等作出了相应的规定，但在实践中仍存在不少问题和缺陷。

第一，受理范围过窄。根据《教育法》第 42 条规定，受教育者享有"对学校、教师侵犯其人身权、财产权等合法权益，提出申诉或者依法提起诉讼的权利"。这一规定也意味着学生可以就人身权、财产权益等受侵犯为由提出申诉，而不仅仅局限于入学、退学和违纪处分等事项。

第二，法律规定过于原则，缺乏具体程序规则，未对校内申诉制度作出实质性的规定。[①]由于对实质性问题规定不够，大量的具体操作就必须由高校自己完成。例如，关于学生申诉委员会的组成比例如何规定，如何保证其独立性。

第三，学生申诉委员会的法律责任并不明晰。《普通高等学校学生管理规定》只是规定了学生申诉的期限，但是如果申诉委员会未对学生的申诉按时答复，对如何进行责任承担，以保证按时答复并没作法律规定。

第三节 高等学校学生争议解决的校外途径现状及问题

学生和高校之间发生法律争议，校内解决途径固然重要，但是如若学生仍旧不满或者高校片面维护自身决定，在这种情形下，提供校外的争议解决途径就显得尤为重要。

一、行政申诉

如前所述，学生如果对校内申诉的结果仍旧不服，则可以在接到学校复查决定书之日起15个工作日内向学校所在地省级教育行政部门提出书面申诉。此时，行政申诉也自然和校内解决争议的途径实现了对接。

（一）行政申诉的法律依据

关于行政申诉的法律依据主要有《教育法》《普通高等学校学生管理规定》《高等学校校园秩序管理若干规定》等。《教育法》第15条规定："国务院教育行政部门主管全国教育工作，统筹规划、协调管理全国的教育事业。县级以上地方各级人民政府教育行政部门主管本行政区域内的教育工作。"这赋予了教育行政部门的管理教育工作的权限。《教育法》第42条规定，受教育者享有"对学校、教师侵犯其人身权、财产权等合法权益，提出申诉或者依法提起诉讼的权利"。

---

① 湛中乐：《高等学校大学生校内申诉制度研究（上）》，载《江苏行政学院学报》，2007年第5期。

这意味着教育行政部门负有接受申诉的职责。

《普通高等学校学生管理规定》第63条规定："学生对复查决定有异议的，在接到学校复查决定书之日起15个工作日内，可以向学校所在地省级教育行政部门提出书面申诉。省级教育行政部门在接到学生书面申诉之日起30个工作日内，应当对申诉人的问题给予处理并答复。"这些规定则进一步确定了行政申诉作为解决高校和学生之间法律争议的校外途径。

（二）行政申诉程序

关于行政申诉的程序，《普通高等学校学生管理规定》只是明确了教育行政部门的工作答复期限，但具体操作流程并未规定。结合各地方规定，以上海市教育委员会为例，大致可以分为以下几个阶段：①（1）学生对学校复查决定有异议的，应当在15个工作日向市教委提出申诉申请，未在规定日期内提出申请的，市教委不再受理申诉。（2）申诉人向市教委提出申诉申请时，应当填写《申诉申请表》，市教委在收到《申诉申请表》后，5个工作日内书面答复申诉申请人是否受理申请。（3）市教委在答复申诉申请人获准受理之日起25个工作日内，进行申诉处理，处理结果以书面形式答复申请人，同时抄送有关学校。（4）市教委处理申诉期间，应当对申诉事项涉及的事实、理由、程序等调查复核，申诉方和学校都应当予以协助配合。

（三）存在的问题

作为申诉制度，行政申诉和校内申诉也面临着相似的问题。第一，受理的申诉范围过窄。如前文所述，只有对校内申诉不满或不服的才可以提起行政申诉，所以其能够接纳的事项与校内申诉所处理的事项都较为狭窄。第二，申诉的渠道并不宽畅，程序也很模糊。《普通高等学校学生管理规定》没有就具体的申诉程序给出可操作的规范。

二、行政复议

若对教育行政部门的决定不服，学生还可以提起行政复议。行政复议是解决

---

① 参见《上海市教委学生申诉流程》，http://www.shmec.gov.cn/web/wsbs/webwork.php?type=3。

高校与学生之间法律争议的一种行政手段，同时也是教育行政系统内部重要的监督和纠错制度，对于监督高校管理、保障学生合法权益、降低争议解决成本和提高争议解决效率大有裨益。

（一）行政复议的法律依据

与行政申诉相比，我国的《教育法》和《普通高等学校学生管理规定》并没有明确规定行政复议。教育部办公厅在 2001 年 9 月 10 日以答复函件的形式作出《教育部办公厅关于对学生不服学校处分决定所涉及的有关问题意见的函》，在该函中，教育部办公厅认为："《教育法》规定学生对于学校的决定不服，可以向有关部门申诉。此条明确将学生申诉制度规定为学生对学校处分不服的法定救济渠道，学生对处分不服，应据此向有关部门申诉。由于行政复议制度自 1990 年《行政复议条例》颁布就已开始实施，因此，我部认为此处的申诉专指'学生申诉'而不包括行政复议。"①

而《行政复议法》中则有学生有权提起行政复议的相应的法律根据。根据《行政复议法》第 6 条规定："有下列情形之一的，公民、法人或者其他组织可以依照本法申请行政复议：（九）申请行政机关履行保护人身权利、财产权利、受教育权利的法定职责，行政机关没有依法履行的。"结合依法治校、保护学生权益的原则，本书认为，学生有权提起行政复议。

（二）行政复议程序

行政复议的程序主要有以下几个步骤：（1）行政复议的申请。学生如果对教育行政部门的决定依旧不满，则可以以书面的形式向上级教育行政部门或者同级的政府提出复议申请。申请书应当填明申请事由和理由等内容。（2）行政复议的受理。一般而言，在接到申请书后，行政机关应当在 5 个工作日内进行审查。10 个工作日内决定是否受理，如果不受理的话应当书面告知申请人缘由和起诉期限。（3）行政复议的审理。决定受理申请后，则应当对申请事项开展审查，包括形式合法性和实质合法性的审查。审查原则上实行书面审查，

---

① 李螯：《学校法律纠纷案例评析》，群众出版社，2003 年版，第 412 页。

必要时也可以组织相关人员现场听取双方意见，开庭审理。（4）行政复议的决定。行政机关应当在收到申请之日两个月内作出决定，决定应以书面的方式送达申请人。并告知申请人如果对复议决定不服，则可以在收到决定书15日内向法院提起诉讼。

（三）存在的问题

关于行政复议存在的问题，一是，法律法规依据不充分。虽然可以从《行政复议法》找出学生可以提起行政复议的依据，但是《教育法》《普通高等学校学生管理规定》对听证、行政申诉等都作出了明确规定，而对行政复议却未进行规定。二是，行政复议的被申请人定位不准确。[1]教育复议制度仅仅将被申请人限定为教育行政机关，而不是高等学校，其范围一般也限于教育行政机关的具体行政行为而不是高校的管理行为。这样的结果是高校对学生的管理行为引起的纠纷只能先通过申诉来处理，而无法直接提请行政复议。三是，欠缺行政复议机关不履行复议职责的外部责任的规定。[2]从《行政复议法》来看，其规定了复议机关渎职的法律内部责任，但是如何从外部纠正其行为，如何保障教育行政机关积极履行其职责，特别是其不作为的情形，法律并未明确规定。

三、行政诉讼

诉讼的途径包括行政诉讼和民事诉讼，二者的区别主要在于受案的范围不同，分别处理不同的争议事项。首先，我们来分析行政诉讼，因为其和前文所提的行政复议具有关联关系。

（一）行政诉讼的法律依据

学生就其与高校之间的法律争议提起行政诉讼的法律依据主要有《行政诉讼法》《教育法》和《普通高等学校学生管理规定》等。《行政诉讼法》第2条规定：公民、法人或者其他组织认为行政机关和行政机关工作人员的行政行为侵犯

---

[1] 马焕灵：《高等学校学生纪律处分纠纷及其处理》，华东师范大学2007年博士学位论文，第47页。

[2] 马焕灵：《高等学校学生纪律处分纠纷及其处理》，华东师范大学2007年博士学位论文，第49页。

其合法权益，有权依照本法向人民法院提起诉讼。《教育法》第42条第四款规定：学生有权"对学校给予的处分不服向有关部门提出申诉，对学校、教师侵犯其人身权、财产权等合法权益，提出申诉或者依法提起诉讼"。《普通高等学校学生管理规定》第5条规定：学生在校期间依法享有下列权利：（五）对学校给予的处分或者处理有异议，向学校、教育行政部门提出申诉；对学校、教职员工侵犯其人身权、财产权等合法权益，提出申诉或者依法提起诉讼。这为学生提起行政诉讼提供了充足的依据。

（二）行政诉讼的受案范围

教育行政诉讼的一个难题就在于确立受理案件的范围，因为这个问题会涉及司法审查权和高校自治权之间的关系，所以范围既不能太大，以避免干涉高校自治；也不能太小，不然达不到对学生权利的司法救济之目的。本书认为，在确定受案范围的问题上总论观点已经明确，对于涉及学生重要权利的事项都应纳入法院审查的范围。因此，下列案件可以纳入教育行政诉讼受案范围：①（1）入学资格案件；（2）退学案件；（3）开除学籍案件；（4）学籍变动案件；（5）学历学位证书案件；（6）有关学生人身权、财产权案件。需要注意的是，这里的人身权、财产权不是平等民事主体间发生的案件，而是指因高校行使行政管理和监督权而与学生就人身权和财产权发生争议的案件。

（三）存在的问题

教育行政诉讼在实践中问题和争议很多，一是确定受案范围的问题，何种争议能够通过行政诉讼进行解决需要进一步明确。二是行政诉讼审查的范围和强度的问题，特别是学位授予相关事项，法院是否仅能对学术评价相关程序问题进行审理。

四、民事诉讼

除了选择行政诉讼以外，学生和高校之间的法律争议还可以提起民事诉讼。民事诉讼不同于行政复议和行政诉讼的地方在于其不是针对高校处分类争议事

---

① 参见湛中乐等：《公立高等学校法律问题研究》，法律出版社，2009年版，第462-463页。

件，而主要是针对学生和高校之间关于人身权、财产权争议的案件。

（一）民事诉讼的法律依据

学生就高校与自身的争议提起民事诉讼的依据有《教育法》《高等教育法》《民事诉讼法》以及《普通高等学校学生管理规定》。《教育法》第31条规定：学校及其他教育机构具备法人条件的，自批准设立或者登记注册之日起取得法人资格。学校及其他教育机构在民事活动中依法享有民事权利，承担民事责任。《高等教育法》第30条第2款规定："高等学校在民事活动中享有民事权利，承担民事责任。"《民事诉讼法》第3条规定："人民法院受理公民之间、法人之间、其他组织之间以及他们相互之间因财产关系和人身关系提起的民事诉讼，适用本法的规定。"另外，《普通高等学校学生管理规定》也明确指出：学生有诉讼的权利。这些都为解决高校与学生之间的争议提供了民事诉讼法律依据。

（二）民事诉讼的受案范围

民事诉讼的案件从损害的权利类型来看，主要是人身权和财产权案件，从损害权利的原因来看，可分为侵权型和违约型。[①] 对于侵权型争议而言，教育部的《学生伤害事故处理办法》和最高人民法院的司法解释都作出了明确规定。如根据《学生伤害事故处理办法》第9条的规定，因为以下情形造成学生伤害事故的，学校应当承担相应的责任，诸如因为学校的场地、设施、学具等不符合安全规定的；学校的安保卫生措施、消防管理设备存在安全隐患的；学校提供的药品、食品、饮用水等不符合国家行业标准的；学校组织学生参加的教学教育活动未采取必要的安全措施的以及学生突发伤害或事故而学校未尽到注意义务的等。对于违约型纠纷而言，主要体现在学校与学生签订合同后，而就是否违反约定产生的纠纷。

（三）存在的问题

教育民事诉讼主要区分高校与学生签订的协议性质，有的是民事协议，有

---

① 参见彭俊：《中国公立高校校生纠纷研究》，华中师范大学2011年博士学位论文。

的是为了实现管理，借鉴协议的形式进行管理，更多的是高校通过与学生签订协议，进一步明晰双方权利义务，规范学生行为。关于后一类协议发生争议无法也不宜通过民事诉讼解决。因此，要对两类协议进行区分。此外关于名誉权和隐私保护问题，学生能否针对学校因为纪律处分的原因提起名誉权诉讼目前尚未有明确定论，如在 6 名学生诉湖南某学院一案中，法院就作出了不予受理的终审裁定。可见在实践层面，在涉及学生处分时，通过民事诉讼依法维护学生的名誉权还有一定障碍。

第四节　高等学校学生争议解决法治化路径探索

高校和学生之间的争议是社会争议的一个缩影，社会争议解决途径正在不断完善。关于学生与高校之间的争议解决途径，也必须不断完善，同时引导学生通过合理的途径有效化解与高校之间的争议，依法维护自己合法权益，促进和谐校园建设。

一、注重制度建设，增强法治意识

制度完善是合理解决高校学生与高校之间法律争议的前提和基础，所以首先应完善学校相关规章制度，同时需要加强宣传教育，增强高校管理人员和学生的法治意识。

（一）完善学校规章制度

依法治校首先就是以规则治校。高校管理的第一步应当是进一步制定和完善学校的各项规章制度，健全各项事项的管理制度，让学校的各项事务都有章可循，而不是依照领导和个人的意志行事。许多时候，高校和学生发生争议，原因就在于学校的制度不完善。学校应当及时清理和编制校内的相关制度文件，做到不冲突、不矛盾和不遗漏。通过不断完善规章制度，让制度发挥其缓解矛盾和冲突的功能，才能最大限度避免纠纷，化解冲突。

（二）加强法治宣传，树立法治意识

高校应当继续加强学校工作人员的法治意识培养，让学校的管理人员熟悉法律法规，一切以规章作为工作起点。一旦与学生发生争议，学校需要找出相应的规章作为依据，并做好记录和保存证据。在平时，应当开展普法宣传或者法治专题培训，让学校管理人员知法、守法和用法。

提升法治意识的另一个主体是高校的学生，学校应当将普及学生的守法意识、提升学生的规则意识作为一项常态工作。我们日常生活或者教育课本经常提及，公民应当知法、懂法、守法和护法。在知法、懂法、守法和护法之间是存在一个明显的逻辑链条或优先顺序的，只有知法，才能懂法；只有懂法才能守法，最后护法。所以，知法和懂法是法治教育和法治建设的首要任务。而对于高校而言，最关键的是让学生知法和懂法，了解学校的规章制度以及国家法律法规。

学校重视加强对学生的法律法规、政策以及校内的规章制度宣传和教育是照顾好学生利益的重要因素。如果学生都能熟悉和了解校内的管理规章制度，许多争议自然就会消解。学校可以通过印发传送相关制度文本、组织学生集体学习、开展案例宣传和提供法律法规咨询等方式扩大教育的效果，[①] 全面提升学生处理法律争议的能力。

二、重视校内监管，减少法律争议

许多法律争议的发生是不可避免的，规章制定再完善也有执行不力的时候，也有应对不了实际突发情形的时候。妥当的方式是提高警惕，重视校内的监管措施，尽量减少和降低法律争议的产生。具体而言，可以从建立预警机制和联动机制两方面入手。

（一）建立预警机制

1998 年世界高等教育会议文件《21 世纪议程》明确指出："高等教育机构

---

① 参见黄明东等：《高校学生与高校之间法律争议解决机制研究》，人民教育出版社，2015 年版，第 251—253 页。

越来越需要有预见性的管理模式；面对日益急剧变动的世界，需要对各项任务进行有预见性的管理；为了确保更好地完成使命和适应形势的变化，需要对财力、物力和人力资源进行有预见性的管理"。高校的日常管理中应当有针对性地对集体或个别的学生做好预防工作，因为"经研究发现，通常情况下，学生和学校之间发生法律争议在时间和目标上有一定的规律性"，① 如处于毕业期的学生、关于奖惩决定的事项等。

关于具体的措施，本书认为，首先，高校应当成立学校预警或危机应对小组，作为管理和预防学生与学校法律争议的领导机构。危机应对小组的成员应当定期召开会议，讨论学校可能产生法律争议的事项以及提出相应的解决措施。② 其次，建立高校学生管理预警信息收集系统，建立健全心理健康教育中心，学业辅导中心和就业创业指导中心等专门负责收集学生各种信息的机构，以便更好地服务和指导学生。再次，要建立学生管理预警的决策和反馈系统，运用网络技术、计算机技术等现代信息工具，全面、准确和深刻把握学生思想、行为的动向，提高高校的管理能力，以便更早、更快地发现问题、解决问题。

（二）建立联动机制

学校的管理是一个整体，常常牵一发而动全身。解决学生和高校之间的法律争议不能仅仅停留在局部的事项上，而应当建立一套联动机制，整合全校的力量解决这些争议。因为有些法律争议的产生不是个别部门的责任，很难将解决争议的职责和义务全部集中到某一个部门，事实上各个部门通力合作、联合行动，能够更好地化解法律争议。

实践中，为了保证联动机制的长效和规范化，可以在高校内部机构上设立"委员会"之类的组织。它可以"由学校主要领导负责协调和管理工作，定期召开会议，讨论和研究校内的各种动态，发现问题及时解决。此外，还要运用各种现代

---

① 参见罗时贵，彭勇：《德沃金的权利情结》，载《传承》，2010 年第 8 期。
② 参见冯文全，吴宏瑶：《高校危机管理预警机制的构建》，载《教育与现代化》，2008 年第 2 期。

化手段，及时提供和汇集各种信息。"①一方面，要保证信息收集全面和准确；另一方面又要对信息作出分析和统合，及时反馈和处理，做到信息一体化、共享化，这样才能实现联动机制的初衷。

三、完善相关制度，合理构建争议解决机制

除了上述的预警和宣传预防机制，还需要重点关注的是完善争议解决机制本身，让高校和学生之间的法律争议得到合理的解决。所以一方面我们要完善既有的争议解决机制，另一方面可以尝试构建新的争议解决机制。

（一）完善听证制度

如前所述，听证制度是解决高校与学生之间法律争议的重要途径。我们要充分认识到听证制度的重要性，更好实现听证的目的或者价值。听证在于保证争议主体之间能够有一个解决争议的平台和程序，在这个平台中各方能够有抒发自身意见的机会，为自己的行为提供合理辩护，最后再根据各方的陈述给出一个解决争议和纠纷的方案。最理想的结果是，这个方案能够被学生合理和信服地接受，这样争议才算真正化解。

完善听证制度，要扩大听证受理事项的范围，目前多数高校只有对开除学籍这样的严重处分才会有听证，但是其实严重影响学生和高校之间基础关系的事项都应当纳入听证范围。完善听证制度，还要加强听证程序的明晰度，加强对听证过程的监督，特别是外部的监督和追责，可以提请相关教育部门作为外部的监督机构，当发现有违反正当程序的行为时及时纠正，防止渎职、程序不公等情形发生。

（二）健全申诉制度

目前的申诉制度分为校内申诉和行政申诉两种。从校内申诉来看，应当调整申诉委员会的人员结构，对委员会的名额、人员组成和比例作出新的规定，防止偏向任何一方。因为如果过多安排校方人员，那么很可能会遭遇到学生对

---

① 参见黄明东等：《高校学生与高校之间法律争议解决机制研究》，人民教育出版社，2015年版，第269页。

申诉委员会公正性的质疑，大大削弱申诉结果的权威性。另外，委员会也要实行任期制度和回避制度，保证申诉的程序合理与正当。应当按照制度的普遍要求来建设委员会，最大限度实现它的解决争议的功能。所以，固定的任职期限，基于相关理由采取回避就显得格外重要。从校外申诉来看，也即从行政申诉来讲，应扩大申诉的受理范围，不仅仅满足于一些处分等事项，还应当包括很多涉及人身、财产争议的事项。对申诉的程序要规定得更清楚和更详细，便于操作和实施。

（三）建立校内调解与和解制度

《论语》讲"无讼"，最好的社会应当是没有诉讼和争议的社会，所以解决争议应当秉持大事化小、小事化了的精神。调解与和解制度就是这样一种解决纠纷的方式，它们的目的就在于尽量在双方私立救济渠道内化解问题。所以建立校内的调解和和解制度非常必要。

调解一般来说需要第三方的参与，也即高校与学生争议双方以外的另一方。对于第三方的选择，应当充分尊重学生的意见，可以选取与高校和学生关系密切的人或机构来担任调解员的角色。这样，学生就具备了参与调解的意愿和动机，也更乐意和更可能接受调解的结果。

相对调解而言，和解只能是双方，完全是在高校与学生双方之间的协商和讨论。它的优点在于非常灵活和便捷，不需要固定的程序和环节。所以它们的效力和范围也有限，其主要适用于一些不太重要的争议事项，也不具备最终的法律效力，很可能被学生事后推翻。所以高校应当灵活发挥它们的积极性，促进化解争议的理想效果。

（四）建立校内庭审制度

高校与学生之间的许多争议，例如颁发学位证书、学业论文审查、学生荣誉鉴定，这些都是非常复杂和非常专业的争议。所以，高校之外的群体或者机构很难具备充足的经验和知识介入到争议当中。这个时候提交校外复议和诉讼并不是最理想的选择，他们也未必做到科学和合理的裁决。因此，建立校内庭审制度就成为一个合理的选择。

校内庭审制度在西方发达国家得到了广泛的实施，也积累了丰富的经验，值得我们借鉴。妥当的做法是，先试点，再做推广和扩散。可以在一些规模比较大、声誉较高的院校建立类似的庭审制度，专门审理校内的各种法律争议案件。校内的法庭可以由著名学者和教授共同组成审判委员会，对一些专业性很高的争议作出裁决，既减少了法院的工作量，又充分尊重了高校的自治权，最大限度地在内部化解争议。

（五）构建教育仲裁制度

仲裁制度作为一项解决普通民事纠纷以及各种专业争议的纠纷解决模式已在世界范围得到了认可和实行，它具有中立性、专业性和民间性等多重特点，非常适合解决教育领域的争议。所以，解决高校与学生之间的法律争议，可以尝试建构教育仲裁制度，探索争议解决的更多可能方式。

构建教育仲裁制度，应当秉持一裁终局的原则，保证仲裁的权威性和严肃性。如果我们允许仲裁之后又可以推翻它，或者再诉讼到法院，那么这就大大减损了仲裁的吸引力，无法发挥其应有的功能。同时，也应当坚持公开透明原则，保证仲裁的公平性。公开、公平、公正永远是解决争议、化解纠纷的最高程序要求。具体到教育仲裁委员会的设立上，应当设有专门和专业的受理委员会，作为领导和管理机构。并设立独立的仲裁庭，受理和裁定仲裁案件，案件的项目和范围可以涵盖高校和学生之间的合同争议、财产争议等，做一些灵活性的探索和把握。

（六）健全行政复议制度

除了完善上述的非国家机构或非行政处理争议之解决方式以外，我们也要把注意力集中在正式的国家制度上。毕竟，国家机构掌握着权力运转的最终端口，拥有着民间无法比拟的资源和人才，要合理运用这些资源和人才帮助高校解决争议。所以，我们要健全行政复议制度，争取在争议提交法院之前就能够得到消化和处理。

健全复议制度，首先要实行复议停止执行的原则，也就是说复议期间，应当停止执行学校的处罚决定。因为如果复议仍旧执行处罚，那么学生就不可能安心等待复议的结果，且一旦影响学生的学业，弥补起来比较困难。其次，实行复议前置原则，对高校依据法律法规授权所做的招生、学籍管理以及授予学位等行为，学生可直接以高校为被申请人提起行政复议。防止教育系统内部的争议解决机制被虚置，充分利用既有的救济手段。①最后一点是进一步明确地方教育行政部门的审查权，迫使他们主动和积极行使自身职责，避免不作为现象发生，否则应当追求其相应的法律责任。

（七）完善民事和行政诉讼制度

就我国现有的行政诉讼制度而言，其对于高校是否作为适格的被告还存有疑问。妥当的方式是，应当明确树立高校作为被告的适格身份，承认高校具有独立的法人地位，能够承担相应的法律责任。此外，也可以适当扩大教育行政诉讼的受案范围，并用立法或司法解释的形式进一步明确教育行政诉讼的受案范围。同时，为开除学籍这样的裁决提供合理救济，一旦发现错误判决，应当即刻恢复学生的学籍。就我国的教育民事诉讼而言，应当将名誉权案件纳入其受理范围内，使得高校和学生之间的名誉争议也得到解决。

四、将学生德育工作与法治化管理紧密结合

法律不是万能的，解决高校与学生之间的法律争议也不能仅仅依靠法治手段，"社会的复杂性和世界的多元性，使得法律作为一种权威性的制度安排，不可能是无所不能的"。②我们强调依法治国，法治是社会治理最重要和最全面的手段，但也要清醒地认识到法治的局限和范围，而不可盲目信仰法治万能、法律万能，忽视其他治理方式的价值和可能。

法治之外，中国传统文化特别强调德育和德治的价值和重要性。只有实现人的美德和人格的完善，才能算作一个健全的人。所以，高校应将"德治"和"法治"紧密结合，使两者相得益彰，互相补充，并行不悖，这样才能实现高校治理

---

① 参见湛中乐等：《公立高等学校法律问题研究》，法律出版社，2009年版，第459页。
② 秦惠民：《构筑化解高校纠纷的完善机制》，载《中国高教研究》，2004年第4期。

的最优状态。

理论上来讲，做好高校管理的德育工作，目的在于提升学生的思想品德修养，以促进解决法律争议，更好地服务学生，顺应现代化发展对于人才的需求。做好学生的德育工作，高校学生管理人员应当坚持做好学生的"引路人"角色，服务于学生的成长成才，健全学生人格，①理性对待争议。

实践中，除了辅导员、班主任发挥学生德育的骨干作用外，应当贯彻"全员育人、全程育人、全方位育人"的要求，全体教职工都应当关心学生的健康成长和全面发展。学校党政干部应当担负起德育工作的重任，负责学生的思想政治教育工作，组织协调各种学习活动。高校开设思想品德修养等课程，提升学生的思想素质。辅导员和班主任要以法治的视野，人文的情怀，对学生开展辅导和教育活动，通过谈心、对话、疏导，让学生真正感受到高校的关怀，化争议于无形之中。

---

① 参见朱孔军：《关于高校德育工作队伍建设理念及机制的几点思考》，载《中国高等教育》，2010 年第 1 期。

参考文献

一、专著

（一）普通图书

［1］应松年 . 行政法学新论［M］. 北京：中国方正出版社，1999.

［2］应松年 . 行政法与行政诉讼法［M］. 北京：法律出版社，2009.

［3］马俊驹，余延满 . 民法总论［M］. 北京：法律出版社，2005.

［4］马抗美 . 新时期大学生成长成才法制环境研究［M］. 北京：中国政法大学出版社，2007.

［5］马怀德 . 行政程序法立法研究：行政程序法草案建议稿及利用说明书［M］. 北京：法律出版社，2005.

［6］梁慧星 . 民法总论［M］. 北京：法律出版社，2001.

［7］魏振瀛 . 民法［M］. 北京：北京大学出版社，2010.

［8］解志勇 . 行政法与行政诉讼法高级教程［M］. 北京：对外经济贸易大学出版社，2009.

［9］劳凯声 . 变革社会中的教育权与受教育权：教育法学基本问题研究［M］. 北京：教育科学出版社，2003.

［10］湛中乐，等 . 公立高等学校法律问题研究［M］. 北京：法律出版社，2009.

［11］湛中乐 . 大学自治自律与他律［M］. 北京：北京大学出版社，2006.

［12］申素平．教育法学——原理、规范与应用［M］．北京：教育科学出版社，2009.

［13］尹晓敏．高等学校学生管理法治化研究［M］．杭州：浙江大学出版社，2008.

［14］丁恒道．五点网络：高校后勤保障体系的构建研究［M］．昆明：云南大学出版社，2009.

［15］樊富珉．自杀及其预防与干预研究［M］．北京：清华大学出版社，2009.

［16］付子堂．法理学高阶［M］．北京：高等教育出版社，2008.

［17］高家伟．教育行政法［M］．北京：北京大学出版社，2007.

［18］高世英．高校法律知识与典型案例分析［M］．北京：北京理工大学出版社，2009.

［19］顾明远，等．学校学生管理运作全书［M］．北京：开明出版社，1995.

［20］郭道晖．法理学精义［M］．长沙：湖南人民出版社，2005.

［21］郭为禄．高等教育法制的结构与变迁［M］．南京：南京大学出版社，2008.

［22］何兵．现代社会的纠纷解决［M］．北京：法律出版社，2003.

［23］侯建设．高校后勤精细化管理［M］．西安：西安交通大学出版社，2009.

［24］黄明东，等．高校学生与高校之间法律争议解决机制研究［M］．北京：人民教育出版社，2015.

［25］季建林，赵静波．心理咨询和心理治疗的伦理学问题［M］．上海：复旦大学出版社，2006.

［26］季卫东．法律程序的意义——对中国法制建设的另一种思考［M］．北京：中国法制出版社，2004.

［27］李景升.大学生危机管理研究［M］.北京：中国文史出版社，2014.

［28］李有华.大学生心理健康教育［M］.北京：中国林业出版社，2000.

［29］蔺桂瑞.北京市高校心理危机预防干预工作［M］.北京：高等教育出版社，2013.

［30］卢涛.应对突发事件能力［M］.北京：人民出版社，2005.

［31］鲁洁，王缝贤.德育新论［M］.南京：江苏教育出版社，1994.

［32］吕艳辉，康琳娜.行政法视野下的高等学校学生管理权［M］.哈尔滨：黑龙江人民出版社，2007.

［33］戚建刚.我国群体性事件应急机制的法律问题研究［M］.北京：法律出版社，2014.

［34］漆小萍.大学生危机事件管理［M］.广州：中山大学出版社，2009.

［35］沈宗灵.法理学［M］.北京：北京大学出版社，2009.

［36］石旭斋，李胜利.高等教育法律关系透析［M］.长春：吉林大学出版社，2007.

［37］石佑启，陈咏梅.行政体制改革及其法治化研究：以科学发展观为指引［M］.广州：广东教育出版社，2013.

［38］苏林琴.行政契约：中国高校与学生新型法律关系研究［M］.北京：教育科学出版社，2011.

［39］孙霄兵.受教育权法理学：一种历史哲学的范式［M］.北京：教育科学出版社，2003.

［40］王康平.高校学费政策的理论和实践［M］.厦门：厦门大学出版社，2001.

［41］吴卫军.大学生实用法律知识读本［M］.成都：电子科技大学出版社，2007.

［42］叶骏，金永发.高等学校学生工作规范与指导［M］.上海：同济大学出版社，1991.

［43］游建军，陈于后，王伟．高校安全稳定法律适用问题研究［M］．成都：巴蜀书社，2009.

［44］张书铭．理性法律监督论纲［M］．北京：中国人民公安大学出版社，2014.

［45］张晓玲，闵浩．大学生法律知识与法律素质教育培养研究［M］．北京：人民日报出版社，2014.

［46］赵红霞．大学危机管理［M］．北京：中国轻工业出版社，2010.

［47］赵卫东．高校后勤社会化改革研究：以甘肃省高等学校为例［M］．兰州：甘肃教育出版社，2008.

［48］周旺生．立法学［M］．北京：法律出版社，2009.

［49］周志宏．教育法与教育改革［M］．台北：台北稻乡出版社，1997.

［50］国家教委情报研究室．日本教育法规选编［M］．北京：教育科学出版社，1987.

（二）学位论文

［1］何宏耀．高等院校与学生纠纷问题研究［D］．厦门：厦门大学，2007.

［2］游敏惠．美国高校学生事务管理研究［D］．重庆：西南大学，2008.

［3］赵小芹．行政法诚实信用原则研究［D］．长春：吉林大学，2008.

二、连续出版物

王利明．民商法研究［J］．2001（2）．北京：法律出版社，2001.

三、连续出版物析出的文献

［1］马怀德．公务法人问题研究［J］．中国法学，2000（4）．

［2］王利明．法治：良法与善治［J］．中国人民大学学报，2015（2）．

［3］梁慧星．诚实信用原则与漏洞补充［J］．法学研究，1994（2）．

［4］湛中乐．高等学校大学生校内申诉制度研究（上）［J］．江苏行政学院学报，2007（5）．

［5］劳凯声．教育体制改革中的高等学校法律地位变迁［J］．北京师范大学

学报（社会科学版），2007（2）.

［6］申素平. 高等学校与学生法律关系的基本理论［J］. 中国高教研究，2007（2）.

［7］申素平. 英国高等学校法律地位研究［J］. 中国高教研究，2010（2）.

［8］秦惠民. 构筑化解高校纠纷的完善机制［J］. 中国高教研究，2004（4）.

［9］周佑勇. 行政法中的法律优先原则研究［J］. 中国法学，2005（3）.

［10］黄学贤. 行政法中的法律保留原则研究［J］. 中国法学，2004（5）.

［11］蔡勇. 从管理走向服务——兼谈高校服务指导体系的构建［J］. 理工高教研究，2004（4）.

［12］蔡国春. 高校学生事务管理概念的界定——中美两国高校学生工作术语之比较［J］. 扬州大学学报（高教研究版），2000，4（2）.

［13］曾祥华. 法律优先与法律保留［J］. 政治与法律，2005（4）.

［14］常青伟. 和谐校园视野下的高校学生利益表达思考［J］. 思想政治教育研究，2007（6）.

［15］陈勇，陈蕾，陈旻. 立德树人：当代大学生思想政治教育的根本任务［J］. 思想理论教育导刊，2013（4）.

［16］杜波. 就业协议书与劳动合同辨析［J］. 华北电力大学学报（社会科学版），2005（1）.

［17］杜文勇. 试论学校与学生的法律关系［J］. 内蒙古师大学报（哲学社会科学版），2001（5）.

［18］冯文全，吴宏瑶. 高校危机管理预警机制的构建［J］. 教育与现代化，2008（2）.

［19］何建华. 行政公开的法律思考［J］. 四川理工学院学报（哲学社会科学版），2006（5）.

［20］贺宏斌，宋昊澄. 高校学生管理中的听证程序［J］. 高等教育研究，2008（2）.

［21］胡玉鸿. 法律争议论［J］. 法治论丛，2002（5）.

［22］黄硕. 论特别权力关系理论在中国高等教育领域的当代价值［J］. 中国教育法制评论（第7辑），2009.

［23］黄威. 学校法人的一般性与特殊性［J］. 教育理论与实践，2002（12）.

［24］金承东. 论行政法律保留原则［J］. 浙江社会科学，2002（1）.

［25］方芳. 论高校与学生的法律关系及纠纷解决机制［J］. 当代教育论坛，2009（8）.

［26］乐国安，王恩界. 当前心理测验的应用问题与伦理规范［J］. 心理科学，2005（6）.

［27］李华. 高等学校与高校学生的法律关系探究［J］. 学校党建与思想教育，2010（31）.

［28］李婧. 我国高校教育纠纷的法律类型及其解决机制探究［J］. 社会科学战线，2008（11）.

［29］李晓，黄建如. 20世纪后半叶法国大学内部管理结构问题研究［J］. 大学教育科学，2007（1）.

［30］梁成意，汤蕾. 诚信作为行政法基本原则之证成［J］. 吉首大学学报（社会科学版），2013（4）.

［31］廖深基. 关于心理咨询侵犯大学生隐私权问题的探讨［J］. 福建教育学院学报，2005（4）.

［32］刘标. 论高校与学生之间的行政法律关系［J］. 苏州大学学报（哲学社会科学版），2008（6）.

［33］刘东梅. 对"依法治校"的再探讨［J］. 河南师范大学学报，1999（3）.

［34］刘华. 法律与伦理的关系新论［J］. 政治与法律，2002（1）.

［35］刘庆，王立勇. 高校法治与特别权力关系［J］. 政法论坛，2004（6）.

［36］刘同君，夏民，陈静. 司法审查与大学管理的现代化［J］. 中国高等教育，2003（17）.

［37］刘亚敏. 大学内部权力结构及其调整［J］. 现代高校教育，2004（2）.

［38］卢祖元，陆岸. 论高校与学生的双重法律关系［J］. 苏州大学学报（哲学社会科学版），2001（10）.

［39］罗丹，肖水源. 个体危机干预中的伦理学问题［J］. 医学与哲学：人文社会医学版，2007（4）.

［40］罗时贵，彭勇. 德沃金的权利情结［J］. 传承，2010（8）.

［41］罗爽. 论高等学校法人制度的根本性质及其意义［J］. 高等教育研究，2014（3）.

［42］骆郁廷，郭莉. "立德树人"的实现路径及有效机制［J］. 思想教育研究，2013（7）.

［43］吕新建. 行政法视域下的正当程序原则探析［J］. 河北法学，2011（11）.

［44］马惠兰，侯志瑾，徐凯文. 心理咨询与治疗中的隐私权，保密及其他伦理问题［J］. 中国心理卫生杂志，2003（10）.

［45］马陆亭，陈浩. 法国高等教育契约管理模式探究［J］. 新疆师范大学学报，2016（2）.

［46］潘玉萍. 高校管理权与学生权利冲突及衡平［J］. 唯实，2013（7）.

［47］裴学进，郑攀君. 境外心理咨询资格认证制度与启示［J］. 医学与哲学：人文社会医学版，2012（1）.

［48］彭希林，肖平. 论高校与学生法律关系的双重性［J］. 高等农业教育，2006（12）.

［49］祁晓英. 推进"三转变"，充分发挥高校就业管理部门的职能作用［J］. 科教文汇，2005（8）.

［50］乔玉华. 试论高校学生处分听证制度的建立与完善［J］. 国家行政学院学报，2006（12）.

［51］秦启轩. 学生教育管理研究中的几个问题［J］. 高教论坛，2003（5）.

［52］沈岿. 析论高校惩戒学生行为的司法审查［J］. 华东政法学院院报，

2005（6）.

［53］沈小强，袁利平. 高校权力结构的反思与重构——兼论我国高校"去行政化"［J］. 教育发展研究，2010（23）.

［54］石磊. 对大学生与学校之间法律关系的思考［J］. 山东省青年管理干部学院学报，2003（11）.

［55］石正义. 高等学校法律地位研究述评［J］. 中国教育法制评论（第4辑），2006.

［56］苏万寿. 学校对受教育者实施处分的性质与法律救济［J］. 华北水利水电学院学报，1999（3）.

［57］孙佩瑜. 高校管理中学生的参与权研究［J］. 高教探索，2007（3）.

［58］谭晓玉. 权力与权利的冲突与平衡——当前我国高校学生管理法律纠纷透析［J］. 教育发展研究，2006（6）.

［59］汤芳. 心理咨询与治疗中双重关系的实然现状与应然追求：综述［J］. 中国心理卫生杂志，2013（7）.

［60］田鹏慧. 高校与学生法律关系的特征［J］. 教育评论，2007（6）.

［61］王丹. 论法律视角下的就业协议书［J］. 教育与职业，2010（30）.

［62］王辉. 学校规则及其合法性管窥［J］. 中国教育法制评论（第2辑），2004.

［63］王敏. 国家助学贷款中学校的法律地位问题研究［J］. 理论界，2008（2）.

［64］王铭，江光荣，闫玉朋，等. 我国心理咨询师与治疗师职业资格认证办法［J］. 中国心理卫生杂志，2015（7）.

［65］王潇雅. 高校学生助学贷款法律问题研究［J］. 思想政治与法律研究，2015（7）.

［66］卫敏杰. 矫正大学生维权过程中的偏差［J］. 太原师范学院学报（社会科学版），2008（7）.

［67］吴回生. 学校权力与学生权利问题探析［J］. 教育研究，2012（5）.

［68］吴建依．论行政公开原则［J］．中国法学，2000（3）．

［69］吴克禄，康凤，莫海兵．建设服务型，多功能的大学生就业指导中心［J］．北京教育（高教版），2004（5）．

［70］谢太淘．高校与学生之间的法律关系初探［J］．云南大学学报（法学版），2005（4）．

［71］邢鸿飞，芮令辉．论高校二元权力结构下的学生权利救济［J］．江苏高教，2014（4）．

［72］徐晴．大学生权利保护和依法治校［J］．高教探索，2005（6）．

［73］徐志强．高校勤工助学的法律性质辨析［J］．山东青年政治学院学报，2012（3）．

［74］许若群．学生助学贷款的法律分析［J］．江苏高教，2004（4）．

［75］闫屹，程晓娜．美日韩三国助学贷款比较及对我国的启示［J］．国际金融研究，2006（12）．

［76］严彦，杨朝晖．权利与权力平衡：高校学生管理法治化的基石［J］．教育学术月刊，2008（7）．

［77］杨昌宇，许军．特别权力关系之于我国高等学校与学生法律关系［J］．黑龙江省政法管理干部学院学报，2002（1）．

［78］杨建生，黄树标．美国高校助学贷款立法经验及其启示［J］．高等工程教育，2006（4）．

［79］杨彦辉，范树成．学生的权利及其保护［J］．河北师范大学学报（教育科学版），2000（3）．

［80］姚荣．中国公立高校与学生法律关系变迁的多重制度逻辑［J］．复旦教育论坛，2015（5）．

［81］尹力．试论学校与学生的法律关系［J］．北京师范大学学报（人文社会科学版），2002（2）．

［82］岳慧君．论高校管理权力与学生权利的冲突与平衡——从法治维度考

量［J］.国家教育行政学院学报，2009（6）.

　　［83］翟玉娟.高校毕业生就业协议的法律性质分析［J］.深圳大学学报（人文社会科学版），2007（2）.

　　［84］张慧平.诚实信用原则与法治的契合——作为宪法原则的诚实信用［J］.河北法学，2004（7）.

　　［85］张演善，张小远.英国心理咨询与治疗中法律问题评介［J］.医学与哲学：人文社会医学版，2015（6）.

　　［86］赵亮.我国助学贷款法律关系研究综述［J］.现代教育管理，2011（12）.

　　［87］郑尚元.劳动合同签订前当事人之权利义务分析——兼谈就业协议书的法律性质［J］.当代法学，2007（5）.

　　［88］周斌.试论独立学院学生群体"安全阀"机制建构［J］.扬州大学学报：高教研究版，2012（6）.

　　［89］周光礼.问题重估与理论重构——大学"学术权力"与"行政权力"二元对立质疑［J］.现代大学教育，2004（4）.

　　［90］周禹.略论高校学生管理中的听证制度［J］.高等教育研究，2009（4）.

　　［91］朱孔军.关于高校德育工作队伍建设理念及机制的几点思考［J］.中国高等教育，2010（1）.

　　［92］朱玉苗，赵伯祥.高校与学生：两种法律关系的法理分析［J］.学术界，2005（1）.

法律法规索引

一、法律

1.《中华人民共和国宪法》

2.《中华人民共和国立法法》

3.《中华人民共和国刑法》

4.《中华人民共和国刑事诉讼法》

5.《中华人民共和国民法通则》

6.《中华人民共和国民事诉讼法》

7.《中华人民共和国行政处罚法》

8.《中华人民共和国行政许可法》

9.《中华人民共和国行政复议法》

10.《中华人民共和国行政诉讼法》

11.《中华人民共和国教育法》

12.《中华人民共和国高等教育法》

13.《中华人民共和国民办教育促进法》

14.《中华人民共和国义务教育法》

15.《中华人民共和国职业教育法》

16.《中华人民共和国学位条例》

17.《中华人民共和国教师法》

18.《中华人民共和国物权法》

19.《中华人民共和国合同法》

20.《中华人民共和国侵权责任法》

21.《中华人民共和国公司法》

22.《中华人民共和国合伙企业法》

23.《中华人民共和国著作权法》

24.《中华人民共和国劳动法》

25.《中华人民共和国劳动合同法》

26.《中华人民共和国就业促进法》

27.《中华人民共和国公务员法》

28.《中华人民共和国突发事件应对法》

29.《中华人民共和国集会游行示威法》

30.《中华人民共和国未成年人保护法》

31.《中华人民共和国治安管理处罚法》

32.《中华人民共和国食品安全法》

33.《中华人民共和国精神卫生法》

34.《中华人民共和国传染病防治法》

35.《中华人民共和国道路交通安全法》

36.《中华人民共和国妇女权益保障法》

37.《中华人民共和国消费者权益保护法》

38.《中华人民共和国电子签名法》

39.《全国人民代表大会常务委员会关于维护互联网安全的决定》

40.《全国人民代表大会常务委员会关于加强网络信息保护的决定》

二、行政法规

1.《中华人民共和国学位条例暂行实施办法》

2.《中华人民共和国民办教育促进法实施条例》

3.《教育督导条例》

4.《中华人民共和国中外合作办学条例》

5.《学校卫生工作条例》

6.《学校体育工作条例》

7.《行政法规制定程序条例》

8.《社会团体登记管理条例》

9.《突发公共卫生事件应急条例》

10.《疫苗流通和预防接种管理条例》

11.《医疗事故处理条例》

12.《医疗机构管理条例》

13.《工伤保险条例》

14.《残疾人教育条例》

15.《劳动保障监察条例》

16.《物业管理条例》

17.《无照经营查处取缔办法》

18.《中华人民共和国电信条例》

19.《计算机软件保护条例》

20.《互联网信息服务管理办法》

21.《互联网上网服务营业场所管理条例》

22.《信息网络传播权保护条例》

23.《中华人民共和国计算机信息系统安全保护条例》

24.《计算机信息网络国际联网安全保护管理办法》

三、行政规章

1.《普通高等学校学生管理规定》

2.《高等学校章程制定暂行办法》

3.《高等学校信息公开办法》

4.《普通高等学校招生违规行为处理暂行办法》

5.《高等学校招生全国统一考试管理处罚暂行规定》

6.《学位论文作假行为处理办法》

7.《高等学校医疗保健机构工作规程》

8.《普通高等学校辅导员队伍建设规定》

9.《高等学校校园秩序管理若干规定》

10.《高等学校消防安全管理规定》

11.《学生伤害事故处理办法》

12.《学校食堂与学生集体用餐卫生管理规定》

13.《普通高等学校毕业生就业工作暂行规定》

14.《就业服务与就业管理规定》

15.《全国医院工作条例》

16.《餐饮业经营管理办法》

17.《餐饮服务食品安全监督管理办法》

18.《通信网络安全防护管理办法》

19.《电信和互联网用户个人信息保护规定》

20.《电子认证服务管理办法》

21.《互联网电子邮件服务管理办法》

22.《互联网视听节目服务管理规定》

23.《网络游戏管理暂行办法》

24.《非金融机构支付服务管理办法》

四、规范性文件

1.《国务院关于印发全面推进依法行政实施纲要的通知》国发〔2004〕10号

2.《教育部关于加强依法治校工作的若干意见》教政法〔2003〕3号

3.《教育部关于印发〈全面推进依法治校实施纲要〉的通知》教政法〔2012〕9号

4.《教育部关于印发〈依法治教实施纲要（2016—2020年）〉的通知》教政法〔2016〕1号

5.《教育部关于印发〈高等学校学生行为准则〉的通知》教学〔2005〕5号

6.《教育部关于明确高等学校新生复查内容的意见》教学函〔2014〕2号

7.《教育部、卫生部、中国残疾人联合会关于印发〈普通高等学校招生体检工作指导意见〉的通知》教学〔2003〕3号

8.《国务院学位委员会关于对〈中华人民共和国学位条例〉等有关法规、规定解释的复函》学位〔2003〕65号

9.《国务院关于建立健全普通本科高校、高等职业学校和中等职业学校家庭经济困难学生资助政策体系的意见》国发〔2007〕13号

10.《财政部、国家发展改革委、教育部关于完善研究生教育投入机制的意见》财教〔2013〕19号

11.《财政部、教育部关于印发〈普通本科高校、高等职业学校国家奖学金管理暂行办法〉的通知》财教〔2007〕90号

12.《财政部、教育部关于印发〈普通本科高校、高等职业学校国家励志奖学金管理暂行办法〉的通知》财教〔2007〕91号

13.《财政部、教育部关于印发〈普通本科高校、高等职业学校国家助学金管理暂行办法〉的通知》财教〔2007〕92号

14.《财政部、教育部关于印发〈研究生学业奖学金管理暂行办法〉的通知》财教〔2013〕219号

15.《财政部、教育部关于印发〈研究生国家助学金管理暂行办法〉的通知》财教〔2013〕220号

16.《财政部、教育部关于印发〈研究生国家奖学金管理暂行办法〉的通知》财教〔2012〕342号

17.《国务院办公厅转发中国人民银行等部门关于国家助学贷款管理规定（试行）的通知》国办发〔1999〕58号

18.《国务院办公厅转发中国人民银行等部门关于助学贷款管理若干意见的通知》国办发〔2000〕6号

19.《中国人民银行、教育部、财政部关于切实推进国家助学贷款工作有关问题的通知》银发〔2002〕38号

20.《关于贯彻执行〈中华人民共和国劳动法〉若干问题的意见》劳部发〔1995〕309号

21.《国务院办公厅转发教育部、财政部、人民银行银监会关于进一步完善国家助学贷款工作若干意见的通知》国办发〔2004〕51号

22.《财政部、教育部、国家开发银行关于在部分地区开展国家生源地信用助学贷款试点的通知》财教〔2007〕135号

23.《财政部、教育部、中国人民银行、银监会关于调整完善国家助学贷款相关政策措施的通知》财教〔2014〕180号

24.《高等学校学生应征入伍服义务兵役国家资助办法》财教〔2013〕236号

25.《财政部、教育部、民政部等关于实施退役士兵教育资助政策的意见》财教〔2011〕538号

26.《财政部、教育部关于印发〈高等学校毕业生学费和国家助学贷款代偿暂行办法〉的通知》财教〔2009〕15号

27.《财政部、教育部关于印发〈高等学校学生勤工助学管理办法〉的通知》教财〔2007〕7号

28.《财政部、教育部关于印发〈高等学校财务制度〉的通知》财教〔2012〕488号

29.《教育部、财政部关于认真做好高等学校家庭经济困难学生认定工作的指导意见》教财〔2007〕8号

30.《教育部关于加强高等学校思想政治教育进网络工作的若干意见》教社政〔2000〕10号

31.《中共中央、国务院关于进一步加强和改进大学生思想政治教育的意见》

中发〔2004〕16 号

32.《教育部关于整体规划大中小学德育体系的意见》教社政〔2005〕11 号

33.《教育部、共青团中央关于加强和改进高等学校校园文化建设的意见》教社政〔2004〕16 号

34.《教育部关于进一步加强和改进研究生思想政治教育的若干意见》教思政〔2010〕11 号

35.《教育部办公厅、中国银监会办公厅关于加强校园不良网络借贷风险防范和教育引导工作的通知》教思政厅函〔2016〕15 号

36.《国家教育委员会关于颁布试行〈中国普通高等学校德育大纲〉的通知》教政〔1995〕11 号

37.《教育部关于加强普通高等学校大学生心理健康教育工作的意见》教社政〔2001〕1 号

38.《教育部办公厅关于印发〈普通高等学校大学生心理健康教育工作实施纲要（试行）〉的通知》教社政厅〔2002〕3 号

39.《教育部、卫生部、共青团中央关于进一步加强和改进大学生心理健康教育的意见》教社政〔2005〕1 号

40.《教育部办公厅关于印发〈普通高等学校学生心理健康教育工作基本建设标准（试行）〉的通知》（教思政厅〔2011〕1 号）

41.《教育部办公厅关于印发〈普通高等学校学生心理健康教育课程教学基本要求〉的通知》（教思政厅〔2011〕5 号）

42.《教育部关于印发〈高等学校辅导员职业能力标准（暂行）〉的通知》（教思政〔2014〕2 号）

43.《教育部关于加强学校传染病预防工作的通知》教体艺厅〔2001〕2 号

44.《国务院办公厅转发教育部等部门关于进一步加快高等学校后勤社会化改革意见的通知》国办发〔2000〕1 号

45.《教育部关于切实加强高校学生住宿管理的通知》教社政〔2004〕6 号

46.《教育部办公厅关于进一步加强高校学生住宿管理的通知》教社政厅〔2005〕4号

47.《教育部办公厅关于进一步做好高校学生住宿管理的通知》教思政厅〔2007〕4号

48.《国家食品药品监督管理局关于印发餐饮服务食品安全操作规范的通知》国食药监食〔2011〕395号

49.《教育部、国家发展改革委、财政部、国家食品药品监督管理局、国家税务总局关于进一步加强高等学校学生食堂工作的意见》教发〔2011〕7号

50.《卫生部、教育部关于印发〈学校食物中毒事故行政责任追究暂行规定〉的通知》卫监督发〔2005〕431号

51.《教育部办公厅关于印发〈学校食堂从业人员上岗卫生知识培训基本要求〉的通知》教体艺厅〔2006〕7号

52.《教育部关于进一步加强高等学校清真食堂工作的通知》教发函〔2010〕4号

53.《教育部关于在各级各类学校厉行节约反对食品浪费的实施意见》教发〔2014〕5号

54.《国家发展改革委、教育部关于学校水电气价格有关问题的通知》发改价格〔2007〕2463号

55.《国务院批转国家教委关于改革高等学校毕业生分配制度报告的通知》国发〔1989〕29号

56.《国务院办公厅关于做好2014年全国普通高等学校毕业生就业创业工作的通知》国办发〔2014〕22号

57.《国务院关于进一步做好新形势下就业创业工作的意见》国发〔2015〕23号

58.《国务院办公厅关于深化高等学校创新创业教育改革的实施意见》国办发〔2015〕36号

59.《关于进一步改革普通高等学校招生和毕业生就业制度的试点意见》教学〔1994〕3 号

60.《教育部关于进一步深化教育改革，促进高校毕业生就业工作的若干意见》教学〔2003〕6 号

61.《国务院办公厅转发教育部等部门关于进一步深化普通高等学校毕业生就业制度改革有关问题意见的通知》国办发〔2002〕19 号

62.《教育部关于做好 2016 届全国普通高等学校毕业生就业创业工作的通知》教学〔2015〕12 号

五、司法解释

1.《关于贯彻执行〈中华人民共和国民法通则〉若干问题的意见（试行）》

2.《最高人民法院关于确定民事侵权精神损害赔偿责任若干问题的解释》

3.《最高人民法院关于审理利用信息网络侵害人身权益民事纠纷案件适用法律若干问题的解释》

4.《最高人民法院、最高人民检察院关于办理利用信息网络实施诽谤等刑事案件适用法律若干问题的解释》

5.《最高人民法院印发〈关于充分发挥知识产权审判职能作用推动社会主义文化大发展大繁荣和促进经济自主协调发展若干问题的意见〉的通知》

六、其他重要文件

1.《中共中央关于教育体制改革的决定》

2.《中共中央关于全面推进依法治国若干重大问题的决定》

3.《中共中央关于加强和改进思想政治工作的若干意见》

4.《中共中央国务院关于深化教育改革全面推进素质教育的决定》

5.《国家中长期教育改革和规划发展纲要（2010—2020 年）》

6.《法治政府建设实施纲要（2015—2020 年）》

后 记

历经一年有余，《良法与善治：高等学校学生管理法治化论纲》一书终于付梓。作为作者，内心不免百感交集。古人曾云"文章合为时而著"，在当前依法治国的时代背景下，高等学校学生管理法治化对于实现依法治校，提高人才培养质量，推进高等教育深入改革发展具有重要意义，是高校学生工作者所承担的重任和努力的目标。以此书为缘，本人能与诸位领导、专家、学者、学生工作同仁深入研究和探讨这一重大课题，学习交流，也是人生一大幸事。

本书的出版离不开领导、专家、学者和同事们的关心与支持。在此衷心感谢北京市委教育工委宣教处王达品处长、北京市教委政策研究与法制工作处薛文喆副处长、北京师范大学辅导员培训和研修基地王显芳主任给予本书的指导和建议；衷心感谢中国行政法学研究会会长、中国政法大学副校长马怀德教授为本丛书作了总序，中国政法大学党委副书记、副校长常保国教授对本书的指导理念、研究框架等核心内容给予了高屋建瓴的指导，衷心感谢社会学院马皑教授、法学院解志勇教授、法治政府研究院王敬波教授对本书提供了建设性的意见；衷心感谢解廷民、张永然、卜路军、许慧芳、熊元林、桑迪、韩萌萌、吴岳翔、李妍、王晓曦、刘端端、王超群、安朔、李蕾、陈肖悦、陈冬旭、迪达尔·马力克等同志对本书的贡献，他们做了大量前期的数据调研和资料收集工作。本书出版还得到了知识产权出版社的大力支持，在此一并感谢！

古人亦云"文章不写半句空"，虽然作者勉力而为，然终因本人能力有限，书中疏漏和不足之处在所难免，恳请各位领导、专家、学者、同仁和读者能不吝赐教、批评指正。

卢少华

2016 年 6 月于北京军都山下